한권으로 읽는
중국의 통치 체제

한 권으로 읽는
중국의 통치 체제

중국은 어떻게 작동하는가

조영남 지음

21세기북스

서문

중국 정치의
좋은 입문서를 꿈꾸며!

"한 권으로 읽는 ○○○○." 나는 이런 식의 제목을 단 책을 좋아하지 않는다. 뭔가 복잡하고 어려운 이야기를 쉽게 풀어 쓴 책이라는 인상을 주기 위해 이런 식의 제목을 붙이는데, 대개는 독자를 잘못된 길로 인도하거나, 아니면 독자가 책을 사도록 유혹하는 카피에 불과한 경우가 많기 때문이다. 세상을 조금이라도 열심히 살아본 사람은 이미 다 알고 있다. 세상사가 그렇게 만만치 않듯이, 지식의 세계나 학문의 세계도 그렇게 만만치 않다는 사실을. 그런데 나도 이 책의 제목을 『한 권으로 읽는 중국의 통치 체제』라고 붙였다. 그렇다면 나도 독자를 유혹하려고 하는 걸까?

나는 10년간의 연구와 집필 끝에 '중국의 통치 체제' 3부작을 완성했다. 1권인 『공산당 영도 체제』와 2권인 『공산당 통제 기제』는 2022년 가을에 출간했고, 3권인 『국가 헌정 체제』는 2025년 봄에 출간했다. 복잡하고 난해한 중국 정치를 체계적이고 깊이 있게 설명하려다 보니 책의 분량이 원래 계획보다 많이 늘어났다. 그래서 그런지 언제부터인가 이 3부작은 '붉은 벽돌 책'으로 불리기 시작했다. 이를 칭찬으로 생각한 나는 흐뭇한 마음을 금할 수 없었다.

그런데 올봄에 한 지인에게 '중국의 통치 체제' 3부작을 선물하면서 한 소리를 들은 이후부터는 마음이 조금 무거워졌다. "사람이 읽을 수 있게 책을 써야지, 이렇게 무지막지한 책을 쓰면 어떻게 하나!" 지인은 웃으면서 농담으로 건넨 말이지만, 내게는 뼈가 있는 진담으로 들렸다. 생각해보니 정말 그랬다! 대학원에서 정치학이나 중국학을 전공하는 석박사 학생이 아니라면, 또한 중국 업무에 종사하는 관계자가 아니라면, 세 권 합해 1,903쪽짜리 책을 누가 쉽게 읽으려고 하겠는가?

내용이 아무리 훌륭해도 중국에 관심 있는 독자조차 읽을 엄두를 내지 못한다면, 그것은 결코 잘 만든 책이라고 할 수 없다. 내가 『한 권으로 읽는 중국의 통치 체제』를 출간하게 된 이유는 바로 이 때문이다. 다시 말해, 이미 출간한 세 권짜리의 책을 한 권으로 짧게 요약한 책이라는 의미에서 제목에 "한 권으로 읽는"을 단 것이지, 독자를 유혹하려는 의도에서 그런 제목을 붙인 것이 아니다. 독자들이여, 부디 오해하지 마시길!

나는 이 책이 두 가지 역할을 했으면 좋겠다. 첫째는 중국 정치의 좋은 입문서다. 대학에 입학해서 중국 공부를 시작한 학생이나, 이제 막 중국 정치에 관심이 생겨 관련 지식을 갈구하는 독자에게는 좋은 입문서가 필요하다. 이 책은 '중국의 통치 체제' 3부작의 핵심 내용을 쉽고 간결하게 요약한 것으로, 이런 요구에 부응할 수 있도록 구성되었다. 그래서 지나치게 학술적이거나 복잡한 내용은 삭제했고, 각종 통계자료의 출처나 본문의 주석도 싣지 않았다. 또한 다양한 사례 중에서 한두 가지만 남겨두고 나머지는 모두 뺐다. 독자에게 쉽게 다가가기 위해서다.

둘째는 독자를 '중국의 통치 체제' 3부작으로 이끄는 좋은 안내서다. 미지의 세계를 유익하게 여행하려면 좋은 안내서가 필요하듯이, '중국의 통치 체제' 3부작이라는 드넓은 지식의 세계를 즐겁게 여행하려면 좋은 안내서가 필요하다. 이 책은 바로 이런 역할을 하도록 만든 것이다. 그래서 독자가 이 책을 읽은 후에 중국 정치에 대한 기초 지식을 쌓았다고 생각할 뿐만 아니라, 그것을 조금 더 깊이 있고 체계적으로 알고 싶다는 지적 욕구를 느낀다면, 그리하여 '중국의 통치 체제' 3부작을 이번에 꼭 읽어보겠다고 결심한다면, 내게는 더할 나위 없는 보람이자 영광이 될 것이다. 이 책이 부디 그런 안내서 역할을 할 수 있기를 바란다.

이 책을 쓰면서 여러분의 도움을 받았다. 서울대 국제대학원의 정종호 교수와 이현태 교수, 인천대의 안치영 교수와 구자선 교수, 국방연구원의 이강규 선임 연구원, 고려대 연구 교수인 이정호 박사, 서울대 국제대학원 박사과정의 강승원 석사와 석사과정의 박세혁 학사, 서울대 대학원 정치외교학부 박사과정의 왕흠우(王鑫宇) 석사와 석사과정의 조대건 학사는 초고를 꼼꼼히 읽고 오타를 잡아주었을 뿐만 아니라, 내용을 개선하는 데 필요한 훌륭한 조언을 많이 해주었다. 모두에 감사드린다. 또한 이번에도 책 출간을 흔쾌히 수락해주신 21세기북스의 김영곤 대표이사와 편집을 맡아 수고를 마다하지 않으신 이정미 편집자와 양으녕 팀장께도 감사드린다.

2025년 6~7월의 유난히 무더운 여름에 한국에서는 '시진핑 실각설'이 크게 유행했다. 내가 볼 때, 그것은 "부정 선거로 이재명이 대통령에 당선되었다"라는 일부 극우세력의 주장만큼이나 황당하고 악의적인 가짜 뉴스이거나, 소셜 미디어에 별 뜻 없이 떠다니는 근거 없는 헛소문일 뿐이다. 그래서 중국의 권력 변동에 대해 우리보다 훨씬 민감하게 반응하는 대만·일본·미국의 주요 언론은, 대만 독립을 주장하는 민진당 성향의 한 신문을 제외하고는, '시진핑 실각설'을 보도하지 않았다. 그러나 우리 언론은 달랐다. 만약 자신이 한국에서 시진핑(習近平) 주석 다음으로 유명한 중국 정치인으로 등극했다는 사실을 알게 된다면, 장유샤(張又俠) 부주석은 얼마나 황당해할까?

이런 일이 우리 사회에서 반복해서 일어나서는 안 된다. 중국은 더 이상 제멋대로 아무렇게나 이해해도 되는 그런 허접한 국가가 아니기 때문이다. 이미 한참 늦었지만, 이제라도 중국을 바로 알기 위해 우리는 진지하게 노력해야 한다. 급변하는 국제정세, 특히 치열하게 전개되는 미·중 간 패권 경쟁의 소용돌이 속에서 한국이 살아남기 위해서는, 그래서 지금처럼 앞으로도 계속 평화와 번영을 누리고 싶다면, 중국을 제대로 이해하기 위해 진지하게 노력해야 한다. 이 책이 우리 사회의 이런 노력에 조금이나마 도움이 될 수 있으면 좋겠다.

2025년 8월 2일
서울대 연구실에서
저자

서문 중국 정치의 좋은 입문서를 꿈꾸며! 4

1장 서론   중국의 정치체제: '당-국가' 체제
- ★ 당-국가 체제: 공산당이 국가를 영도하는 정치체제 14
- ★ 당-국가 체제의 두 요소: '공산당 영도 체제'와 '국가 헌정 체제' 16
- ★ 두 체제 간의 관계: 수용과 갈등 20
- ★ 공산당 영도 체제의 세 가지 필수 요소 22

제1부
공산당 영도 체제

2장   공산당 영도 원칙
- ★ 공산당의 특징: '집권당'이면서 '영도당' 29
- ★ 전면 영도 원칙: '공산당이 일체를 영도한다' 35
- ★ 민주집중제 원칙: '전 당원과 조직은 당 중앙에 복종해야 한다' 39
- ★ 당관간부 원칙: '공산당만이 간부를 관리한다' 44
- ★ 통일전선 원칙: '공산당 영도하의 다당합작' 45

3장   공산당 조직과 운영
- ★ 전국대표대회(당대회): '5년에 한 번 열리는 정치행사' 52

- ★ 중앙위원회: '1년에 한 번 열리는 정치행사'   57
- ★ 정치국: '명실상부한 공산당의 영도 핵심'   61
- ★ 정치국 상무위원회: '사실상의 당 중앙'   66
- ★ 총서기와 중앙서기처   71

4장   공산당원의 입당과 활동

- ★ 공산당 입당 조건과 당원의 의무   78
- ★ 입당 절차: '엄격한 선발과 체계적인 교육'   80
- ★ 공산당의 '조직 생활'   89

제2부
공산당 통제 기제

5장   인사 통제

- ★ 공산당 중앙의 간부 관리 제도   97
- ★ 공무원 제도: '당관간부' 원칙의 적용   101
- ★ 간부 교육 훈련 기관   106
- ★ 중앙당교의 간부 교육 훈련   107

6장   조직 통제

- ★ 당조의 성격과 임무   122
- ★ 당조의 설립 조건과 실제   125
- ★ 영도소조의 종류   129
- ★ 외교정책 결정 구조와 영도소조의 사례   139

7장 사상 통제

- ★ 정풍운동과 당원 학습 — 145
- ★ 후진타오 시기의 '선진성 교육 활동' 사례 — 149
- ★ 공산당의 국민 교육 운동 1: '법률 보급'과 '정신문명 건설' — 156
- ★ 공산당의 국민 교육 운동 2: '사회주의 애국주의 교육 운동' — 161

8장 무력 통제

- ★ 공산당의 무력 통제 기제: '권력은 총구에서 나온다' — 167
- ★ 주석 책임제: '민간인 주석이 군을 지휘한다' — 174
- ★ 정치위원 제도와 공산당 위원회의 집단지도 — 178
- ★ 정법위원회의 위상 변화 — 182
- ★ 정법위원회의 임무와 구성 — 184
- ★ '당관정법' 원칙 — 188

제3부
국가 헌정 체제

9장 정부의 조직과 운영

- ★ 국무원의 지위와 직책: '최고 국가 행정기관' — 198
- ★ 국무원의 조직구조 — 200
- ★ 국무원의 운영: 총리 책임제 — 206

10장 정부의 일상 시기 활동: 의료개혁 사례

- ★ 의료개혁의 절박함과 어려움 — 217

- ★ 의료개혁 추진과 개혁 방안의 작성　　225
- ★ 의료개혁 초안의 내부 심의와 공개 의견 청취　　228
- ★ 개혁 방안의 확정과 주요 조직의 역할　　230
- ★ 의료개혁의 집행: 성과와 한계　　233

11장 의회의 구조와 운영
- ★ 중국 의회의 구조와 운영: '이중구조 현상'　　237
- ★ 중국 의회의 역할 강화: '선택적 역할 강화 현상'　　248

12장 의회의 입법 활동
- ★ 중국의 입법 체제　　258
- ★ 공산당과 의회 간의 관계: 입법 자율성 문제　　260
- ★ 정부와 의회 간의 관계: 부서 이기주의 문제　　262
- ★ 입법제도의 개선과 발전　　265
- ★ 〈상하이시 노동계약 조례〉(2001년) 제정 사례　　271
- ★ 〈상하이시 소비자보호 조례〉(2002년) 수정 사례　　278

13장 결론 중국 정치체제의 평가와 전망
- ★ 세 가지 유형의 '당-국가' 체제　　285
- ★ 중국 정치체제의 전망　　292
- ★ 중국 정치발전의 평가와 전망: 나의 관점　　300

"국가에 〈헌법〉이 있듯이,
공산당에는 '당의 헌법' 〈당장〉이 있다.
중국에서 법 위에 당이 있다는 말은
단순한 비유가 아니다."

1장 서론

중국의 정치체제: '당-국가' 체제

당-국가 체제: 공산당이 국가를 영도하는 정치체제

중국 정치체제의 특징을 한마디로 설명하라면 무어라 해야 할까? 많은 학자는 '당-국가' 체제(party-state system)라고 주장한다. 중국뿐만 아니라 북한·베트남·쿠바 등 현존 사회주의 국가, 소련과 폴란드 등 이전 사회주의 국가도 마찬가지다. 이는 '공산당이 중심이 되는 정치체제로서, 공산당과 국가가 인적 및 조직적으로 결합해 있고, 실제 정치 과정에서 공산당이 국가를 영도할 뿐만 아니라 종종 대체하는 권위주의 정치체제'를 가리킨다.

첫째, 정치 엘리트뿐만 아니라 일반 국민 사이에서도 공산당이 국가보다 더 큰 정치적 권위와 신망을 누리고 있다. 이는 역사적 경험에 근거한 것이다. '혁명 국가' 중국에서는 국가보다 공산당이 먼저 만들어졌고, 공산당이 혁명에 성공함으로써 국가가 수립될 수 있었다. 그래서 당정간부는 말할 것도 없고, 일반 국민 사이에서도 가장 권위 있는 정치조직은 정부도 아니고 의회도 아닌 공산당이다.

둘째, 당-국가 체제에서는 공산당과 국가가 인적 및 조직적으로 결합해 있다. 예를 들어, 중앙과 지방에 있는 정부와 의회에는 '공산당 위원회(共産黨委員會, party committee)'가 구성되어 있다. 공산당 위원회는 해당 기관과 부서의 '영도 핵심(領導核心)'으로, 주요 업무를 결정할 뿐만 아니라 소속 공산당원도 관리한다. 국유기업과 인민단체도 마찬가지다.

사실 국가 공무원 중에는 80%가 공산당원이고, 영도간부(領導幹部), 즉 중앙 부서의 처급(處級: 한국의 과장급) 이상과 지방의 현급(縣級: 한국의 시장·군수급) 이상의 고위급 간부 중에는 95%가 공산당원이다. 따라서 국가기관은 공산당원이 국가 업무를 처리하면서 동시에 공산당의 조직 생활도 함께 전개하는 공간이다. 이 정도면 어디까지가 공산당이고 어디까지가 국가인지, 어디까지가 공산당원이고 어디까지가 국가 공무원인지 구별하기가 쉽지 않다.

셋째, 당-국가 체제에서 공산당은 국가를 영도하고, 정책과 인사 등 중요한 문제는 국가가 아니라 공산당이 결정한다. 또한 현실 정치 과정에서 공산당이 종종 국가 기능을 대체하기도 한다. 다만 그 대체 정도는 마오쩌둥 시기(1949~1976년)와 개혁기(1978년~현재)가 크게 다르다. 예를 들어, 개혁기에는 공산당이 아니라 정부가 경제발전을 주도하면서 공산당이 수행할 수 없는 자기만의 고유한 역할과 영역을 확대해왔다. 의회, 즉 인민대표대회(人民代表大會)와 법원도 마찬가지다. 따라서 개혁기에는 공산당이 국가의 기능을 대체하는 경우는 많지 않다.

당-국가 체제의 두 요소: '공산당 영도 체제'와 '국가 헌정 체제'

한편, 당-국가 체제는 두 가지 요소로 구성된다. 하나는 공산당이 영도하는 정치체제, 즉 '공산당 영도 체제'다. 다른 하나는 국가기관이 주요 구성요소인 정치체제, 즉 '국가 헌정 체제'다. 따라서 당-국가 체제는 공산당 영도 체제와 국가 헌정 체제가 결합해 있고, 실제 정치과정에서 공산당 영도 체제가 국가 헌정 체제를 영도할 뿐만 아니라 종종 대체하는 권위주의 정치체제라고 다시 정의할 수 있다.

〈그림 1-1〉은 이를 표현한 것이다.

당-국가 체제에서 공산당 영도 체제와 국가 헌정 체제가 서로 작용하면서 활동하는 모습을 보면, 주도권은 당연히 전자에 있다. 〈그림 1-1〉에서 교집합으로 검게 표시된 부분이 바로 공산당 영도 체제가 국가

그림 1-1 중국의 정치체제: '당-국가' 체제

헌정 체제를 영도 및 대체하는 영역을 가리킨다. 그래서 중국의 당-국가 체제를 그냥 '공산당 영도 체제'라고 불러도 큰 문제가 없다. 이는 마오쩌둥 시기와 개혁기 모두에 해당한다.

공산당 영도 체제

공산당 영도 체제(領導體制, leadership system)에 대해서는 〈공산당 장정(章程)〉(〈당장〉)과 당내법규(法規)(당규)가 상세히 규정하고 있다. 따라서 우리는 공산당 영도 체제를 '〈당장〉과 당규에 근거하여 구성되고 운영되는 정치체제', 간단하게는 '〈당장(黨章)〉에 근거한 정치체제'라고 부를 수 있다. 공산당 영도 체제는 우리가 흔히 말하는 공산당 일당 체제와 같은 개념이라고 보면 된다.

국가에 〈헌법(憲法)〉이 있듯이, 공산당에는 '당의 헌법(黨憲)'인 〈당장〉이 있다. 〈당장〉은 엄밀히 말하면 공산당 조직과 당원에게만 적용되는 법규일 뿐이지만, 실제로는 〈헌법〉과 동등하거나 〈헌법〉보다 더 높은 정치적 권위가 있다. 중국에서는 공산당이 국가보다 더욱 큰 정치적 권위가 있듯이, 공산당 조직과 당원에게는 〈당장〉이 〈헌법〉보다 더 큰 권위가 있기 때문이다.

〈당장〉과 당규를 기초로 공산당 영도 체제를 표시한 것이 **그림 1-2**다. 이 그림의 왼쪽이 보여주듯이, 공산당은 모든 국가기관과 사회조직에 대해 '영도'를 실행한다. 반면 그림의 오른쪽, 즉 인민해방군, 무장경찰 부대, 민병 등 군(軍)과 최고법원, 최고검찰원, 국무원의 공안부와 국가안전부 등 정법기관(政法機關)에 대해서는 '절대영도'를 시행한다.

그림 1-2 공산당 영도 체제: 공산당의 '영도'와 '절대영도'

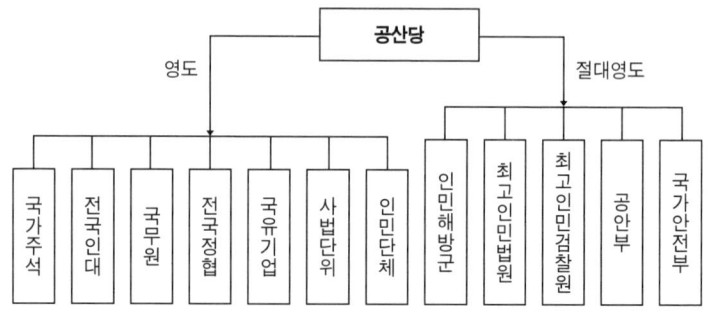

국가 헌정 체제

반면 국가 헌정 체제(憲政體制, political system of constitution)에 대해서는 〈헌법〉과 법률이 상세히 규정하고 있다. 따라서 우리는 국가 헌정 체제를 '〈헌법〉과 법률에 근거하여 구성되고 운영되는 정치체제', 간단하게 〈헌법〉에 근거한 정치체제'라고 말할 수 있다. 중국의 정치학 교과서가 설명하는 정치체제가 바로 국가 헌정 체제다. 이런 교과서는 〈헌법〉과 법률에 규정된 정치체제를 현실에서 실제로 운영되는 정치체제인 것처럼 설명한다. 물론 이는 전혀 사실이 아니다.

여기서 주의할 점이 있다. 이 책에서 말하는 '헌정 체제'를 민주주의에서 말하는 '입헌주의(立憲主義, constitutionalism)' 또는 '헌법 체제 (constitutional regime)'와 혼동하면 안 된다. 입헌주의는 국가가 〈헌법〉에 따라 운영되는 정치체제를 말하는데, 최소한 두 가지 조건을 만족해야 한다. 첫째는 〈헌법〉에 근거한 국가권력의 제한이다. 둘째는 개인 자유와 권리의 확고한 보장이다. 이런 조건에서 볼 때, 공산당 영도 체제는 입헌주의와는 거리가 멀어도 한참 멀다. 다시 한번 강조하는데, 이 책에서 말하는 국가 헌정 체제는 '〈헌법〉에 근거한 정치체제'를 말한다.

중국의 〈헌법〉은 민주집중제(民主集中制, democratic centralism)를 국가 정치체제의 구성 원칙이라고 규정한다. 이에 따르면, "국가 행정기관, 감찰기관, 심판기관, 검찰기관은 인민대표대회가 구성하고, 그에 책임지고, 그 감독을 받는다." 이처럼 중앙 단위를 사례로 말하면, 국가주석, 국무원, 최고법원, 최고검찰원, 중앙군사위원회, 국가감찰위원회는 전국인민대표대회(전국인대)가 구성하고 감독한다. 다른 기관, 즉 전국정협, 국유기업, 공공기관, 인민단체는 전국인대가 감독한다. 이는 지방에도 그대로 적용된다. **그림 1-3**은 국가 헌정 체제를 표시한 것이다.

여기서 주의할 관계가 있다. 즉 전국인대와 공산당 간의 관계가 그것이다. 이들은 '감독'과 '영도'의 복합적인 관계에 놓여 있다. 〈당장〉뿐

그림 1-3 국가 헌정 체제: 전국인대의 '구성'과 '감독'

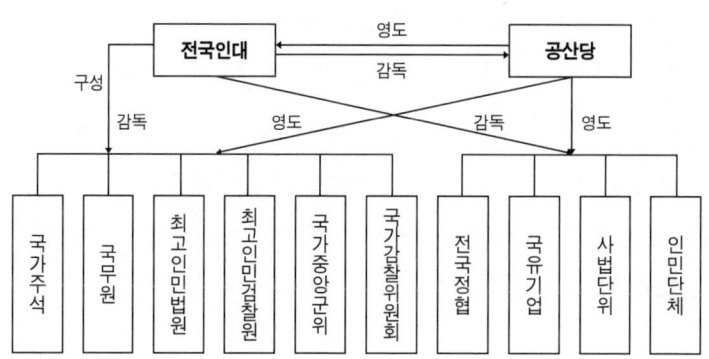

만 아니라 〈헌법〉에도 공산당 영도 원칙이 명시되어 있다. 따라서 공산당은 〈헌법〉에 근거하여 합법적으로 전국인대를 영도할 수 있고, 전국인대는 그것을 수용해야만 한다. 반면 전국인대는 공산당이 〈헌법〉과 법률에 따라 활동하는지를 감독할 수 있다. 물론 실제로는 그렇게 할 수 없지만, 최소한 법적으로는 그렇다는 것이다.

두 체제 간의 관계: 수용과 갈등

그렇다면 중국의 당-국가 체제에서 공산당 영도 체제와 국가 헌정 체제는 조화롭게 잘 작동하고 있을까? 그렇지 않다. 당-국가 체제는 국가 헌정 체제가 아니라 공산당 영도 체제가 주도하는 권위주의 정치체제다. 그 결과 국가 헌정 체제는 공산당 영도 체제와 부합하는 경우는 잘 작동하지만, 그렇지 않은 경우는 잘 작동하지 않는다. 즉 두 체제가 괴리될 경우, 국가 헌정 체제는 유명무실한 존재로 전락한다. 중국의 정치체제가 권위주의인 이유는 바로 이 때문이다.

결국 당-국가 체제에서 국가 헌정 체제는 공산당 영도 체제에 대해 '마땅히 그렇게 해야만 한다'라는 규범적 제약(normative restriction)을 행사할 수 있을 뿐이다. 즉 국가 헌정 체제는 공산당 영도 체제를 복종시킬 수 있는 법적 구속력 또는 실제적 권력을 아직 갖고 있지 못하다. 중국에서 정치적 민주화가 진행되어 공산당 영도 체제(즉, 공산당 일당 체제)가 해체되기 전까지는 이런 상황이 계속될 것이다.

공산당 영도 체제와 국가 헌정 체제 간의 갈등

공산당 영도 체제와 국가 헌정 체제가 괴리되고 갈등을 일으키는 현상은 현실 정치과정에서 흔하게 발견할 수 있다. 예를 들어, 지금까지 전국인대가 공산당을 상대로 법률감독을 집행한 적은 단 한 번도 없다. 심지어 〈행정소송법〉에서도 공산당은 행정소송의 대상이 아니다. 그래서 국민은 정부의 잘못된 정책이나 행위, 공무원의 위법행위에 대해서는 행정소송을 제기할 수 있지만, 공산당이 결정한 방침과 정책에 대해서는 행정소송을 제기할 수 없다.

그런데 현실적으로 볼 때, 정부의 주요 정책 중에서 공산당이 사전에 결정하지 않은 것은 거의 없다. 이는 법원과 검찰원도 마찬가지다. 따라서 정책 측면에서 정부의 잘못된 정책이나 위법행위, 또한 법원과 검찰원의 위법행위에 대한 책임은 당연히 공산당이 져야 한다. 그런데도 법률은 공산당에게 면죄부를 준다.

또한 〈헌법〉에 따르면, 전국인대는 국무원, 최고법원, 최고검찰원을 감독할 권한을 가질 뿐만 아니라, 중앙군위와 국가감찰위원회도 감독할 권한이 있다. 실제로 국무원, 최고법원·검찰원은 매년 전국인대 연례회의가 개최될 때 업무보고(工作報告)를 제출하고, 전국인대 대표들의 감독을 받는다. 최소한 형식적으로라도 그렇게 한다.

그런데 지금까지 중앙군위와 국가감찰위원회가 전국인대 연례회의에 업무보고를 제출하고 감독을 받은 적은 단 한 번도 없다. 즉 이들 기관은 단지 공산당 중앙의 감독을 받을 뿐이다. 왜 그럴까? 공산당 중앙의 감독이 전국인대 감독에 우선하고, 공산당 중앙의 감독을 받으면 전국인대의 감독은 받을 필요가 없다고 생각하기 때문이다. 이처럼 중국의 국가 헌정 체제는 공산당 앞에서는 무력해진다.

공산당 영도 체제의 세 가지 필수 요소

그렇다면 현실에서 공산당 영도 체제가 국가 헌정 체제를 영도 및 대체하면서 제대로 작동하기 위해서는 어떤 요소들이 필요할까? 최소한 세 가지의 필수 요소가 있어야 한다. **표 1-1**은 이것을 정리한 것이다.

공산당 영도 원칙

첫째는 공산당 영도 체제의 원칙, 줄여서 '영도 원칙'이다. 여기서 영도 원칙은, 공산당이 자신의 영도 체제를 유지 및 작동하기 위해 일

표 1-1 공산당 영도 체제의 필수 요소

종류	역할	세부 요소
공산당 영도 원칙	· 공산당 영도 체제의 이론적 정당화 · 실제 행동 원리와 활동 지침	· 공산당 전면 영도 원칙 · 민주집중제 원칙 · 당관간부(黨管幹部) 원칙 · 통일전선 원칙
공산당 조직과 당원	· 공산당 영도 원칙의 실현 수단	· 중앙조직/지방조직/기층조직 · 영도기관과 사무기구
공산당 통제 기제	· 공산당 영도 체제의 유지 수단 · 국가 헌정 체제를 통제하는 수단	· 인사 통제 · 조직 통제 · 사상 통제 · 무력 통제 · 경제 통제

상적으로 시행하는 여러 가지의 행동 원리와 활동 지침을 가리킨다.

공산당 영도 원칙에는 여러 가지가 있다. 그중에서 가장 중요한 원칙은 네 가지다. 첫째, '공산당 전면 영도(黨的全面領導)' 원칙이다. 둘째, '민주집중제(民主集中制)' 원칙이다. 셋째, '당관간부(黨管幹部: 공산당의 간부 관리)' 원칙이다. 넷째, '통일전선(統一戰線)' 원칙이다.

이런 네 가지 원칙은 각각의 원칙을 실현하는 데 필요한 세부 원칙 혹은 방침을 포함하고 있다. 예를 들어, 공산당 전면 영도 원칙에는 '의법치국(依法治國: 법률에 근거한 국가 통치)' 방침이 포함되어 있다. 또한 민주집중제 원칙을 실현하기 위해서는 '군중노선(群衆路線)'이 필요하다. 이런 측면에서 군중노선을 민주집중제의 세부 원칙(방침)이라고 부를 수 있다.

공산당 조직과 당원

둘째는 공산당 조직과 그 구성원인 당원이다. 공산당 영도 원칙은, 그것을 실현할 수 있는 구체적인 실행 수단(leverage)과 행위자(agent)가 있어야만 의미가 있다. 만약 그런 실행 수단과 행위자가 없다면, 영도 원칙은 현실적으로 아무런 의미도 없는 공허한 구호에 불과하다. 실행 수단이 바로 공산당 조직 체계고, 그런 조직 체계를 구성하고 운영하는 행위자가 바로 공산당원이다.

공산당 조직에는 여러 가지가 있다. 지역 층위별로는 '중앙-지방-기층'의 공산당 조직으로 나눌 수 있다. 중앙에는 공산당 중앙위원회, 지방에는 지방 각급(各級) 공산당 위원회, 기층에는 공산당 기층위원회(基層委員會)와 총지부(總支部) 및 지부(支部)가 있다.

기능별로는 공산당 조직을 '영도기관'과 '사무기구'로 나눌 수 있다. 공산당 중앙의 영도기관에는 공산당 전국대표대회(당대회), 중앙위원회, 정치국, 정치국 상무위원회가 있다. 공산당 중앙 사무기구에는 판공청, 조직부, 선전부, 통일전선부(통전부), 대외연락부, 사회공작부, 정법위원회, 정책연구실이 있다. 지방 상황도 이와 비슷하다.

공산당 통제 기제

셋째는 공산당 통제 기제(統制機制, control mechanism)다. 이는 공산당 영도 체제를 지탱해주는 여러 가지 조직·기구·제도의 총합을 말한다. 이것은 모두 다섯 가지로 구성된다. 첫째는 인사 통제, 둘째는 조직 통제, 셋째는 사상 통제, 넷째는 무력 통제, 다섯째는 경제 통제다. 그래서 나는 이를 공산당 영도 체제를 지탱해주는 '다섯 가지 기둥(five pillars)'이라고 부른다. **그림 1-4**는 이를 정리한 것이다.

그림 1-4 공산당 통제 기제: '다섯 가지 기둥'

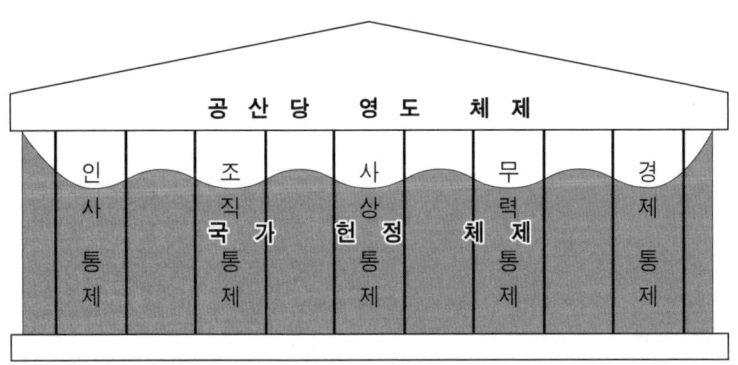

또한 공산당 통제 기제는 공산당 영도 체제가 국가 헌정 체제를 영도하고, 상황에 따라서는 그것을 대체할 수 있도록 만들어주는 핵심 수단이다. 다시 말해, 공산당은 다섯 가지 통제 기제를 동원해서 국가를 통치하고 사회를 영도할 수 있다. 다만 중국의 정치체제를 겉에서 보면 국가 헌정 체제(즉, 〈헌법〉에 근거한 정치체제)라는 '벽(wall)'에 가려서 공산당의 다섯 가지 통제 기제가 잘 보이지 않는다.

 공산당 통제 기제의 다섯 가지 기둥 중에서 첫째는 인사 통제다. 중국에서 공산당, 국가기관, 인민해방군, 국유기업, 공공기관, 인민단체의 인사권을 행사할 수 있는 정치세력은 공산당밖에 없다. 공산당은 무엇보다도 인사 통제를 통해 국가와 사회를 통치하고 영도할 수 있다. 그래서 이것을 레닌주의 체제의 기본 요소라고 부른다.

 둘째는 조직 통제다. 전국의 지역(地域)과 단위(單位)에는 모두 공산당 위원회가 설치되어 있고, 당원이 세 명 이상인 모든 곳에는 공산당 기층조직이 만들어져 있다. 마치 촘촘한 거미줄이 방에 가득 차 있는 것처럼, 공산당 조직이 중국 전역에 펼쳐져 있다. 이 밖에도 공산당은 국가기관·국유기업·공공기관·인민단체 등을 통제하기 위해 '특별한' 영도조직인 당조(黨組)와 영도소조(領導小組)를 설치하여 운영한다.

 셋째는 사상 통제다. 공산당은 간부와 당원뿐 아니라 국민을 대상으로도 생각을 빚어내고 감정을 조종하기 위해 다양한 학습 제도와 선전 활동을 전개한다. 신문과 방송 같은 전통 매체와 인터넷과 소셜 미디어(SNS) 같은 신매체는 공산당의 중요한 사상 통제 수단이다. 중국에서 민주주의가 아니라 민족주의(nationalism), 중국식으로는 애국주의(愛國主義, patriotism) 열풍이 전국을 휩쓴 데는 공산당의 사상 통제가 큰 몫을 담당했다. 이를 통해 공산당은 통치 정통성(legitimacy)을 확보할 수 있다.

넷째는 무력 통제다. 인민해방군과 무장경찰 부대는 공산당의 군대로서, 공산당 영도 체제를 수호하는 가장 확실하고 믿음직스러운 무기다. 1989년 6월 톈안먼(天安門) 민주화 운동의 무력 진압 사례가 보여주듯이, 군은 공산당 영도 체제를 유지하기 위해서라면 공산당의 지시에 따라 언제든지 무력행사에 나설 것이다. 또한 무력 통제 기제에는 공안(경찰)·법원·검찰원 등 정법기관도 포함된다.

다섯째는 경제 통제다. 공산당은 방대한 국유자산과 국유기업의 실질적인 소유주로서, 이를 통해 경제 영역에서도 공산당 영도 체제를 유지할 수 있다.

제1부 공산당 영도 체제

2장 공산당 영도 원칙

3장 공산당 조직과 운영

4장 공산당원의 입당과 활동

2장
공산당 영도 원칙

　이제 공산당 영도 체제를 유지 및 작동하는 데 필요한 몇 가지 영도 원칙에 대해 살펴보자. 우리가 공산당 영도 체제를 이해하기 위해서는 무엇보다 먼저 영도 원칙을 이해해야 한다. 여기서 영도 원칙은, 공산당이 자신의 영도 체제를 유지 및 작동하기 위해 일상적으로 실행하는 여러 가지의 행동 원리와 지침을 가리킨다.

　공산당은 다른 국가의 집권 여당과는 달리 유일한 '집권당'이면서 동시에 '영도당'이라는 성격을 갖고 있다. 이런 이유로 우리는 중국의 정치체제를 공산당 영도 체제와 국가 헌정 체제가 결합해 있고, 실제 정치과정에서는 전자가 후자를 영도 및 대체하는 권위주의 정치체제라고 부른다. 간단히 이를 '공산당 영도 체제'라고 부를 수도 있다.

　공산당 영도 체제는 몇 가지 원칙을 통해 유지되고 작동한다. 첫째는 '공산당 전면 영도' 원칙이다. 이 원칙은 다른 모든 원칙을 지배하고, 다른 모든 원칙에 우선한다. 둘째는 '민주집중제' 원칙이다. 이는 공산당의 조직 및 운영에 대한 원칙이다. 공산당이 이 원칙에 따라 조직 및 운영되기 때문에, 중국의 정치체제는 권력 집중형 체제가 된다. 반면 한국의 민주주의 정치체제는 권력 분산형 체제다. 셋째는 '당관간부' 원칙이다. 이는 공산당의 인사 독점권을 정당화하는 원칙이다. 넷째는 '통일전선' 원칙이다. 이는 공산당이 다양한 사회세력을 통합하여 영도하는 원칙이다.

공산당의 특징: '집권당'이면서 '영도당'

공산당의 영도 원칙을 살펴보기 전에 간략하게 공산당의 성격과 목표에 대해 살펴보자. 마오쩌둥 시기(1949~1976년)에서 개혁기(1978년~현재)로 넘어오면서 공산당의 성격과 목표는 크게 달라졌다. 이는 개혁기에 변화된 사회경제적 상황이 공산당 내에 반영된 결과로 볼 수 있다.

공산당의 성격과 목표

〈당장〉의 서문인 '총강(總綱)'은 공산당의 성격과 목표를 다음과 같이 말한다.

"중국공산당은 중국 노동자계급의 선봉대고, 동시에 중국 인민과 중화민족의 선봉대다. [또한 공산당은] 중국 특색 사회주의 사업의 영도 핵심(領導核心)으로, 중국 선진 생산력의 발전 요구를 대표하고, 중국 선진문화의 전진 방향을 대표하며, 중국의 가장 광범위한 인민의 근본이익을 대표한다. 당의 최고 이상과 최종 목표는 공산주의의 실현이다."

여기서는 공산당을 "중국 특색 사회주의 사업의 영도 핵심"으로 규정하면서 공산당이 단순한 '집권당(執政黨, ruling party)'이 아니라 동시에 '영도당(領導黨, leading party)'이라는 사실을 강조한다. 또한 이 규정에 따르면, 공산당은 혁명당(革命黨, revolutionary party), 전위당(前衛黨, vanguard party), 포괄정당(包括政黨, catch-all party: 모든 계층의 지지를 끌어모으려는 정당)의 특징을 함께 가지고 있다. 이는 공산당이 상호 모순되는 성격을 동시에 가지고 있다는 사실을 보여준다. 개혁기에 공산당이 처한 복잡한 상황을 보여주는 특징이다.

첫째, 공산당은 여전히 '공산주의의 실현'을 최고 이상과 최종 목표로 여기는 '혁명당'이다. 비록 현재는 중국에서 당장 공산주의를 실현해야 한다고 주장하지는 않지만 말이다. 동시에 혁명당으로서 공산당은 '중국 노동자계급의 선봉대'이며, 각계각층의 '선진분자(先進分子)'로 구성된 '전위당'의 성격을 갖고 있다. 혁명의 시대는 이미 끝났지만 공산주의 사회가 아직 실현되지 않았기 때문에 공산당의 전위당 성격은 유지된다.

둘째, 공산당은 '중국 인민과 중화민족의 선봉대'로서 중국 국적을 가진 모든 인민, 또한 한족(漢族)과 55개 소수민족 등 중화민족(中華民族)의 이익을 대변하는 '집권당'이다. 이런 점에서 보면 다른 국가의 집권 여당과 큰 차이가 없다. 즉 공산당도 전체 인민의 지지를 얻어 정권을 장악하고 국가를 통치하는 '포괄정당'의 성격을 갖고 있다는 것이다. 다만 선거 같은 민주적인 수단이 아니라 혁명이라는 폭력 수단을 통해 집행했다는 점에서는 큰 차이가 있다.

사회주의 초급단계의 기본 노선

지금도 공산당의 최종 목적이 '공산주의의 실현'이라고 한다면, 중단기 목표는 무엇일까? 이에 대해 〈당장〉은 구체적으로 설명한다.

사회주의 초급단계의 주요 모순: 경제발전 최우선 정당화

〈당장〉에 따르면, 현 단계에 공산당의 핵심 목표는 '사회주의 초급단계(初級階段, primary stage)의 주요 모순'을 해결하는 것이다. 1987년 공산당 13차 당대회에서는 중국이 '사회주의 초급단계'에 놓여 있고, 이 단계의 주요 모순은 "인민의 증가하는 물질문화에 대한 수요와 낙후된 사회생산 간의 모순"이라고 선언했다. 이에 따라 중국이 해결해야 하는 최대 당면 과제는 생산력을 발전시켜 인민의 '물질문화의 수요'를 만족시키는 일이 되었다. 당시에 공산당은 이런 논리를 이용하여 경제발전 최우선이라는 개혁·개방 정책을 정당화할 수 있었다.

그런데 2017년에 개최된 공산당 19차 당대회에서는 주요 모순을 "인민의 증가하는 아름다운 생활에 대한 수요와 불균등하고 불평등한 발전 간의 모순"으로 다시 규정했다. 그동안의 경제발전을 통해 인민의 물질문화의 수요는 어느 정도 해결했지만 아름다운 생활의 수요, 즉 '민주·법치·공평·정의·안전·환경 등에 대한 수요'는 해결하지 못했다는 것이다. 그리고 이런 문제를 초래한 주요 요인이 바로 '불균등하고 불평등한 발전'이라는 것이다.

덩샤오핑 이론: '하나의 중심과 두 개의 기본점'

그렇다면 사회주의 초급단계의 주요 모순을 해결하기 위해 공산당은 어떻게 해야 하는가? 덩샤오핑은 '하나의 중심과 두 개의 기본점(一個中心 兩個基本點)'이라는 사회주의 초급단계의 기본 노선을 제시했다. 중국에서는 이를 공산당의 '정치 노선'이라고 부르며, 조직 노선이나 사상 노선보다 우위에 있는 것으로 강조한다.

여기서 하나의 중심은 '경제 건설'을 말한다. 즉 공산당이 전체 인민과 민족을 총동원하여 경제발전에 매진하여 국가의 '종합 국력'을 키우고, 이를 통해 인민의 생활 수준을 높이는 것이 중심 과제다. 경제발전 없이는 나머지 과제를 제대로 해결할 수 없다는 의미에서 이를 '하나의 중심'이라고 부른다.

반면 두 개의 기본점은 '개혁·개방의 견지'와 '사항(四項) 기본원칙의 견지'를 말한다. 이는 하나의 중심을 실현하기 위한 구체적인 수단 혹은 방법을 의미한다. 무엇보다 경제 건설이라는 하나의 중심을 추진하기 위해서는 '개혁·개방'을 굳건히 견지해야 한다. 사유화(私有化, privatization), 시장화(市場化, marketization), 개방화(開放化, opening-up), 분권화(分權化, decentralization) 정책이 바로 그것이다.

이와 동시에 공산당 영도 체제를 굳건히 유지하기 위해서는 "첫째, 공산당 영도, 둘째, 인민 민주주의 독재, 셋째, 마르크스-레닌주의와 마오쩌둥 사상, 넷째, 사회주의 길(道路)"이라는 '사항 기본원칙'도 견지해야 한다. 여기서 가장 중요한 것이 바로 '공산당 영도'다. 공산당은 이를 통해 어떤 일이 있어도 권력을 절대로 포기하지 않겠다는 방침을 분명히 하고 있다.

이와 같은 '하나의 중심과 두 개의 기본점'이 바로 덩샤오핑 이론의 핵심 내용이다. 이를 통해 우리는 덩샤오핑 이론과 그것에 근거하여 추진되는 공산당의 개혁·개방 노선이 무엇을 의미하는지를 명확히 이해할 수 있다. 한마디로 말해, 경제발전이라는 최고 목표('하나의 중심')를 달성하기 위해 공산당 영도하에, 다시 말해 공산당 일당 체제를 굳건히 유지한 상태에서, 국가 주도로 개혁·개방 정책을 추진하자('두 개의 기본점')는 주장이 바로 덩샤오핑 이론의 핵심이자 공산당의 개혁·개방 노선이다.

이는 1960~1970년대 박정희 정부 시기에 군부독재 정권하에서 국가 주도로 산업 건설에 매진하여 경제 부흥을 달성하자는 주장, 소위 동아시아 발전국가(East Asian developmental state) 모델과 크게 다르지 않다. 대만의 장제스(蔣介石) 정부나 싱가포르의 리콴유(李光耀) 정부도 마찬가지였다. 그래서 중국의 개혁·개방 노선을 동아시아 발전국가 모델의 '사회주의적 변종(socialist version)'이라고 부르기도 한다.

공식 지도 이념

〈당장〉은 마르크스-레닌주의(Marx-Leninism) 이외에 마오쩌둥 사상, 덩샤오핑 이론, 삼개대표 중요사상(소위 '장쩌민 이념'), 과학적 발전관(科學發展觀)(소위 '후진타오 이념'), 시진핑 사상을 공산당의 지도 이념(ideology)으로 삼고 있다. 이를 통해 우리는 각 시대의 최고 지도자, 즉 마오쩌둥

(毛澤東), 덩샤오핑(鄧小平), 장쩌민(江澤民), 후진타오(胡錦濤), 시진핑(習近平)이 각각 자신의 통치 이념을 〈당장〉에 게재하는 방식으로 공산당의 공식 지도 이념으로 승격시켰다는 사실을 알 수 있다.

시진핑 사상

시진핑 사상—정식 명칭은 '시진핑 신시대 중국 특색의 사회주의 사상'—은 중국이 공산당 18차 당대회(2012년) 이후 '신시대(新時代)'에 진입했다고 선언한다. 그러면서 시진핑 사상은 신시대의 전체 목표로 '강대국(强國) 건설'을 통한 '중화민족의 위대한 중흥' 실현을 제시한다. 이것이 바로 '중국의 꿈(中國夢)'이다. 사실 중국의 꿈은 새로운 목표가 아니다. 덩샤오핑 시기부터 계속 이야기되어 온 것이기 때문이다. 다만 2049년 무렵에 미국에 버금가는 '세계 초강대국'이 되겠다고 선언한 점은 다르다.

또한 시진핑 사상은 주요 모순, 즉 '인민의 증가하는 아름다운 생활에 대한 수요와 불균등하고 불평등한 발전 간의 모순'을 해결하기 위한 방침과 정책도 제시한다. 공산당 19차 당대회(2017년)에서 제기한 소위 '14개 기본 방침'이 그것이다. 이 가운데 일부는 그동안 중국이 추진해왔던 것이고, 일부는 시진핑 집권 1기(2012~2017년)에 새롭게 추진한 것이다. 전자에 해당하는 것이 소위 '오위일체(五位一體)'의 달성이다. 여기에는 ① 경제 건설 달성, ② 정치 건설 달성, ③ 사회 건설 달성, ④ 문화 건설 달성, ⑤ 생태문명 건설 달성이 포함된다. 후자에 해당하는 것이 이른바 '네 개의 전면(四個全面)' 실현이다. 즉 ① 전면적 사회주의 현대화 건설, ② 전면적 개혁 심화, ③ 전면적 의법치국, ④ 전면적 공산당 엄격 관리 실현이 그것이다.

마지막으로, 시진핑 사상은 이를 총괄하여 2050년까지 중국이 추진할 '3단계 발전 전략'을 다시 제시한다. 이는 1987년에 확정된 덩샤오핑의 '3단계 발전 전략(三步走戰略)'을 계승 발전시킨 것이다. 1단계로, 2021년에는 '전면적 소강사회', 즉 절대 빈곤(중국 기준으로 하루 1달러 이하 생활, 세계은행 기준은 하루 1.25달러 이하 생활)이 없는 사회를 완성한다. 이는 2021년 2월에 이미 달성했다. 2단계로, 이를 토대로 2035년까지 '사회주의 현대화를 기본적으로 실현'한다. 이어서 3단계로, 2035년에서 2050년까지 '사회주의의 현대화된 강대국을 완성'한다. 이는 21세기 중엽에 경제력, 군사력, 연성권력(soft power) 등 종합국력(綜合國力) 면에서 중국이 미국을 추월하거나 미국에 버금가는 초강대국(superpower)이 되겠다고 선언한 것이다.

이제 공산당 영도 체제의 네 가지 영도 원칙을 하나하나 살펴보자. 그것은 공산당 전면 영도, 민주집중제, 당관간부, 통일전선 원칙이다.

전면 영도 원칙:
'공산당이 일체를 영도한다'

전면 영도 원칙: 마오쩌둥의 구호 복원

공산당 영도 체제를 실현하는 가장 중요하고 근본적인 첫 번째 원칙은 '공산당 전면 영도(黨的全面領導)'다. 한마디로 말해, 공산당은 '중국

사회주의 사업의 영도 핵심'으로 중국에서 벌어지는 '일체(一切)를 영도' 한다. 즉 "당(黨)·정(政)·군(軍)·민(民)·학(學)과, 동(東)·서(西)·남(南)·북(北)·중 (中)에서 당은 일체를 영도한다." 이 표현은 원래 마오쩌둥이 사용했던 것인데, 2017년 공산당 19차 당대회에서 시진핑이 〈당장〉 수정을 통해 이 표현을 다시 삽입했다.

이를 이어 2018년 3월에 개최된 13기 전국인민대표대회(全國人民代表大會)(전국인대) 1차 회의에서는 공산당 영도 원칙이 〈헌법〉에 다시 들어갔다. 이는 공산당 19차 당대회에서 〈당장〉 수정을 통해 공산당 전면 영도 원칙을 추가한 것과 같은 맥락이다.

> "사회주의 제도는 중화인민공화국의 근본 제도다. 중국공산당의 영도는 중국 특색 사회주의의 가장 본질적인 특징이다. 어떤 조직이나 개인도 사회주의 제도를 파괴할 수 없다." (《헌법》 제1장 총강(總綱) 제1조)

덩샤오핑 시기의 〈헌법〉(1982년 제정)에는 공산당 전면 영도 원칙이 삭제되었다. 이는 문화대혁명(1966~1976년)을 일으킨 공산당이 자기반성한 결과였다. 공산당이 10년 동안 문화대혁명이라는 '대동란(大動亂)'을 일으켜 인민을 고통과 도탄에 빠지게 만든 상황에서 무슨 염치가 있어 이 원칙을 인민에게 다시 강요할 수 있겠느냐는 것이다. 그런데 시진핑 정부는 공산당 전면 영도 원칙을 다시 〈헌법〉에 삽입한 것이다. 이는 공산당이 자신감을 표현한 것이며, 동시에 공산당 영도 체제를 장기간 유지하겠다는 의지를 표현한 것이기도 하다.

지난 40여 년 동안 추진한 개혁·개방 정책이 대성공을 거두면서 공산당은 문화대혁명의 피해의식에서 완전히 벗어날 수 있었다. 따라서 이제는 공산당 전면 영도 원칙을 공산당원뿐만 아니라 전체 국민에게도 요구할 수 있다고 판단한 것이다. 또한 이와 같은 성과를 낸 공산당 영도 체제를 더욱 공고히 유지하기 위해 공산당 전면 영도 원칙을 〈헌법〉에 명기한 것이다. 이후에도 공산당이 절대로 정치 민주화를 추진하지 않겠다는 결의를 선언한 셈이다.

전체 총괄 및 각 기관 조정 원칙과 의법치국 원칙

공산당 전면 영도 원칙은 두 가지 세부 원칙(방침)을 통해 실현된다.

전체 총괄 및 각 기관 조정 원칙

첫째는 '전체 총괄(總攬全局) 및 각 기관 조정(協調各方)' 원칙으로, 1997년 공산당 15차 당대회에서 결정되었다.

여기서 '전체 총괄'은 공산당이 국가기관과 사회조직을 영도하는 임무를 맡아 전략적이고 전체적인 방침과 정책을 제시하고, 중대한 정책 및 인사 문제를 결정하는 활동을 말한다. 반대로 말하면, 공산당은 각 국가기관과 사회조직의 세부적이고 일상적인 활동을 영도하지는 않는다. 이런 것은 각 기관과 조직이 알아서 하면 된다.

반면 '각 기관 조정'은 공산당이 국가기관과 사회조직이 당이 결정한 노선·방침·정책을 제대로 추진할 수 있도록 올바로 이끌고, 이들 간의 업무와 갈등을 효과적으로 조정하는 활동을 말한다. 이처럼 공산당은 '큰 문제'는 직접 관리하고, '작은 문제'는 국가기관에 위임하되 이들 간의 관계를 잘 조정하면서 국가를 통치하고 사회를 영도하겠다는 방침을 가지고 있다.

의법치국 원칙

둘째는 '의법치국(依法治國)' 원칙이다. 이와 관련하여 〈헌법〉에는 의법치국과 '사회주의 법치국가 건설'에 대해 명확히 규정하고 있다. 즉 "모든 국가기관과 무장 역량, 각 정당과 사회단체, 각 기업과 사업단위는 모두 반드시 〈헌법〉과 법률을 준수해야 한다. 〈헌법〉과 법률을 위반하는 모든 행위는 반드시 추궁(追究)한다." 또한 "어떤 조직이나 개인도 모두 〈헌법〉과 법률을 넘어서는 특권을 가질 수 없다." 공산당도 '각 정당'에 속하기 때문에 〈헌법〉이 규정한 의법치국의 의무를 반드시 이행해야 한다.

이와 비슷하게 〈당장〉도 의법집권(依法執政: 법률에 근거한 집권) 원칙을 규정하고 있다. 먼저 공산당은 "당의 영도, 인민의 주인화(人民當家作主), 의법치국의 유기적 통일"을 견지한다. 여기서 '당의 영도'는 공산당 전면 영도 원칙을 말한다. '인민의 주인화'는 인민주권론(人民主權論, popular sovereignty)을 강조한 표현이지만, 실제로는 별 의미가 없다. 국민이 직접선거로 국가 지도자를 선출하거나, 공산당 이외의 다른 정당을 결성하여 국가의 정책 결정 과정에 참여할 수 없기 때문이다. 따라서 공산당은 의법치국과 공산당 영도의 '유기적 통일'을 강조함으로써 공산당이 전면 영도하되, 그것을 〈헌법〉과 법률에 근거해서 영도하겠다는 방침을 천명한 것이다.

민주집중제 원칙:
'전 당원과 조직은 당 중앙에 복종해야 한다'

공산당 영도 체제를 유지하고 실현하는 두 번째 원칙은 '민주집중제(民主集中制, democratic centralism)'다. 이는 '민주 원칙'과 '집중 원칙'이 결합한 제도다. 민주집중제는 공산당의 조직 원칙이면서 동시에 운영 원칙으로, 중국이 러시아 혁명으로부터 배운 것이다. 소련을 포함한 이전 사회주의 국가와 현재의 사회주의 국가, 즉 중국·북한·베트남·쿠바는 모두 민주집중제를 기본 정치 원칙으로 삼고 있다. 그래서 민주집중제를 당관간부 원칙과 함께 레닌주의의 핵심 요소라고 말한다.

민주집중제 원칙: '네 개의 복종 원칙'

〈당장〉에 따르면, "민주집중제는 민주 기초 위의 집중과 집중 지도 하의 민주가 서로 결합한 것"이다. 즉 민주집중제는 민주와 집중의 유기적 통일을 가리킨다. 또한 민주집중제는 "당의 근본 조직 원칙이며, 군중노선(群衆路線)이 당의 생활 중에 운용(運用)된 것이다."

민주집중제의 여섯 가지 내용

이를 이어 〈당장〉은 민주집중제를 구성하는 여섯 가지 요소를 설명한다. 이는 매우 중요하기 때문에 모두 살펴볼 필요가 있다.

"[첫째] 당원 개인은 당 조직에, 소수는 다수에, 하급 조직은 상급 조직에, 전 당 각 조직과 전체 당원은 당의 전국대표대회와

중앙위원회에 복종한다. (네 개의 복종 원칙)

[둘째] 당의 각급(各級) 영도기관은, 그것을 파견한 대표기관과 당외(黨外) 조직에 설립한 당조(黨組)를 제외하고는, 모두 선거로 구성(産生)한다. (영도기관 구성 방법)

[셋째] 당의 최고 영도기관은 당의 전국대표대회와 그것이 선출한(産出) 중앙위원다. 당의 지방 각급 영도기관은 당의 지방 각급 대표대회와 그것이 선출한 위원회다. 당의 각급 위원회는 동급(同級)의 대표대회에 책임을 지고, 업무를 보고해야 한다. (영도기관 규정)

[넷째] 당의 상급 조직은 하급 조직과 당원 군중의 의견을 항상 청취하고, 때에 맞추어 그들이 제기한 문제를 해결해야 한다. 당의 하급 조직은 상급 조직에 지시를 요청(請示)하고 업무를 보고하며, 자기 직책 범위 내의 문제는 독립적으로 책임지고 해결해야 한다. 상급과 하급의 조직 간에는 정보를 소통하고, 상호 지지하며, 상호 감독해야 한다. 당의 각급 조직은 규정에 따라 당무(黨務)를 공개하여 당원이 당내 사무에 대해 더 많이 이해하고 참여할 수 있도록 해야 한다. (상·하급 조직 관계와 당무 공개 규정)

[다섯째] 당의 각급 위원회는 집단지도(集團領導: 집단 결정 의미-인용자)와 개인 분담 책임의 상호 결합 제도를 실행한다. 무릇 중대한 문제는 모두 집단지도[즉 집단 결정-인용자], 민주 집중, 개별 숙고(個別醞釀), 회의 결정의 원칙에 따라 당 위원회가 집단으로 토론하여 결정한다. 위원회 성원은 집단 결정과 개인 분담에 근거하여 자기 직책을 절실히 이행해야 한다. (집단지도 원칙)

[여섯째] 어떤 형식의 개인숭배도 금지한다. 당 지도자의 활동은 당과 인민의 감독 아래 놓이도록 보장해야 하고, 동시에 모든 당과 인민의 이익을 대표하는 지도자의 위신은 수호해야 한다.(개인숭배 금지 원칙)"

첫째, 민주집중제는 '네 개의 복종(四個服從)'을 강조한다. 즉 ① 개인은 조직에, ② 소수는 다수에, ③ 하부는 상부에, ④ 전 당원과 조직은 당 중앙에 복종해야 한다. 이 중에서 가장 중요한 것이 바로 '전 당원과 조직은 당 중앙에 복종해야 한다'라는 네 번째 복종의 원칙이다. 이에 근거하여 공산당 중앙은 전 당원과 조직에 대해 정치적 권위를 갖고 절대적인 복종을 요구할 수 있다. 이것이 공산당의 '정치 원칙(政治原則)'이자 '당성(黨性)'이다. 다시 말해, 당원이 당성을 가져야 한다는 말은, 곧 당원이 공산당 중앙에 절대로 복종하고, 당의 명령과 지시에 무조건 따라야만 한다는 것을 뜻한다.

둘째, 공산당 영도기관은 하급 기관의 선거를 통해 구성된다. 이렇게 구성된 공산당의 최고 영도기관은 전국대표대회(당대회)고, 당대회가 휴회 중일 때에는 중앙위원회(중앙위), 중앙위원회가 휴회 중일 때에는 정치국과 정치국 상무위원회(상위)가 그 직권을 대행한다. 또한 공산당의 하급 조직은 상급 조직에 지시를 요청하고 업무를 보고할 의무가 있고, 상급 조직은 하급 조직의 의견을 듣고 문제를 해결해야 할 의무가 있다. 동시에 상·하급 조직 간에는 상호 지지와 감독의 의무가 있다.

셋째, 공산당 영도기관은 '집단지도와 개인 분담 책임의 상호 결합'

이라는 집단지도(集體領導, collective leadership) 원칙에 따라 운영된다. 여기서 '집단지도'는 의미상 '집단 결정'을 가리킨다. 즉 중요한 문제는 공산당 총서기나 지방의 당서기가 단독으로 결정할 수 없고, 반드시 '집단'으로 결정해야 한다. 다만 문제의 중요도에 따라 구체적으로 어느 '집단', 즉 당대회, 중앙위원회, 정치국, 정치국 상무위원회 중에서 어느 단위의 회의를 소집하여 결정해야 할지가 달라진다.

반면 '개인 분담 책임'은 지도자 개인에게 '업무 분담(分工)' 원칙에 따라 주어진 특정한 임무가 있다는 뜻이다. 그래서 집단으로 결정한 사항을 각 지도자가 각자의 업무 영역에서 책임지고 집행해야 한다는 것이다. 예를 들어, 총서기는 공산당을 대표하고 개혁·개방을 지도할 책임이 있고, 국무원 총리는 행정과 경제 관리의 책임이 있다. 이것이 마오쩌둥 시기의 일인 지배 체제와 개혁기 집단지도 체제가 다른 가장 중요한 특징이다.

넷째, 공산당은 민주집중제 원칙에 따라 어떤 형식의 개인숭배도 반대한다. 이는 마오쩌둥과 같은 독재자가 다시 출현하는 일을 막자는 방지책이다. 물론 이 원칙은 과거에도 제대로 지켜지지 않았고, 현재도 마찬가지다. 즉 시진핑에 대한 개인숭배가 여전히 진행되고 있다. 다만 그 정도는 마오쩌둥 시대에 비하면 그렇게 심각한 편은 아니다.

군중노선 원칙: '군중에서 나와 군중으로 들어간다'

한편, 민주집중제 원칙과 밀접히 연관된 또 다른 원칙이 바로 군중노선(群衆路線, mass-line)이다. 군중노선은 러시아 혁명에서 도입한 것이 아니라, 중국의 혁명 경험에 근거하여 확립한 대중 활동 원칙이다. 군중노선은 혁명 과정에서는 마오쩌둥이 '소련 유학파(국제파)'의 교조주의(敎條主義), 즉 중국 현실을 무시하고 마르크스-레닌주의 원리를 무조건으로 적용하려는 태도를 비판할 때 강조했던 원칙이다.

〈당장〉에서 이미 살펴보았듯이, 민주집중제는 "군중노선이 공산당의 생활 중에 운용된 것"이다. 〈당장〉에 따르면, "당은 자신의 업무에서 군중노선을 실행"해야 하는데, 이것은 "모든 것은 군중을 위하고, 모든 것은 군중에 의지하며, 군중에서 나와 군중으로 들어가서 당의 정확한 주장을 군중의 자각적인 행동으로 변화시키는 것"을 말한다. 이처럼 민주집중제의 '민주' 원칙은 군중노선을 실행할 경우에만 실현될 수 있다. 그래서 민주집중제와 군중노선은 밀접히 연결되어 있다고 주장한다.

또한 군중노선을 지켜야 하는 이유는, "우리 당의 최대 정치우세가 군중과의 밀접한 연계고, 당 집권 이후의 최대 위험이 군중과의 괴리"이기 때문이다. 그래서 〈당장〉은 "당의 작풍(黨風) 문제, 당과 인민 군중 간의 연계 문제는 당의 생사존망(生死存亡)과 관련된 문제"라고 규정한다. 전국에 만연한 당정간부의 관료주의, 형식주의, 부정부패는 군중노선에서 이탈한 현실을 적나라하게 보여준다. 공산당이 정풍운동(整風運動, rectification campaign)과 부패 척결 운동(反腐敗運動, anti-corruption campaign)을 계속 추진하는 것은 이 때문이다.

당관간부 원칙: '공산당만이 간부를 관리한다'

공산당 영도 체제를 실현하는 세 번째 원칙은 '당관간부(黨管幹部, party's cadre management)'다. 이는 오직 공산당만이 공산당, 국가기관, 국유기업, 공공기관, 인민단체의 간부에 대한 인사권을 행사할 수 있다는 원칙이다. 이 원칙은 공산당이 당정기관과 사회조직 등에서 '영도 핵심'이 될 수 있도록 보장하는 가장 중요한 수단 중 하나다. 또한 이것은 공산당이 영도 체제를 유지하기 위해서는 절대로 포기할 수 없는 원칙이기도 하다.

당관간부 원칙의 규정

'당관간부'라는 말은, 1938년에 마오쩌둥이 제기하고, 1953년에 공산당 인사 관련 규정으로 확립된 이후, 개혁기에 들어서도 계속 사용되고 있다. 이 원칙의 의미는, 당정간부에 대한 관리 권한(즉, 인사권)은 공산당의 각급(各級) 위원회와 각 부서(예를 들어, 조직부)만이 행사할 수 있고, 기타 어떤 기관과 조직도 이에 대한 권한이 없다는 것이다. 이 원칙을 견지해야만 하는 이유는, 이것이 '공산당 전면 영도' 원칙을 보장할 수 있기 때문이다.

당관간부 원칙은 크게 네 개의 내용으로 구성된다. 첫째, 공산당은 제반 간부 업무를 영도한다. 즉 인사 방침은 공산당만이 결정할 수 있다. 둘째, 공산당은 중요 간부를 추천 및 관리한다. 이것이 가장 중요한 요소다. 셋째, 공산당은 간부 인사제도의 개혁을 지도한다. 넷째, 공산당은 간부 인사 업무의 거시 관리와 감독을 수행한다.

이 원칙의 실행 방식이 바로 '간부직무명칭표(幹部職務名稱表, nomenklatura)' 제도다. 이는 공산당이 소련공산당의 제도를 도입한 것으로, 1950년대 초부터 실행하여 지금까지 이어지고 있다. 이를 이어서 1990년대에는 자체적으로 국가 공무원 제도를 수립하여 운영하고 있다. 이에 대해서는 뒤에 나오는 제2부 5장 '인사 통제'에서 다시 살펴볼 것이다.

통일전선 원칙: '공산당 영도하의 다당합작'

공산당이 영도 체제를 실현하는 네 번째 원칙은 '통일전선(統一戰線, united front)'이다. 통일전선 원칙은 레닌이 이끄는 러시아 공산당이 고안한 혁명 전략으로, 낙후된 식민지·반(半)식민지 국가에서 미약한 노동자·농민 세력이 혁명을 주도하기 위해 민족 자본가계급 등 다른 계급과 연합해야 한다는 주장이다. 레닌은 러시아 혁명에서 이 전략을 일부 사용했고, 이후 통일전선은 다른 국가의 공산당에게도 전파되었다. 1924년에 공산당이 국민당과 합당한 국공합작(國共合作)이 대표적인 사례다.

1949년에 중국이 건국된 이후, 통일전선 원칙은 이전보다 역할이 많이 축소되었다. 그러나 현재도 공산당 밖에 있는 다양한 사회조직과 유력인사를 대상으로 공산당 영도를 실현하는 중요한 원칙으로 일정한 역할을 담당하고 있다. 공산당 영도하의 다당합작(多黨合作) 제도와 중국 인민정치협상회의(人民政治協商會議)(정협) 제도가 대표적이다. 또한 대만 및 화교와의 협력에도 이 원칙이 활용되고 있다.

통일전선 원칙의 규정

〈당장〉은 통일전선 원칙을 명확히 규정하고 있다.

> "중국공산당은 전국 각 민족의 노동자·농민·지식인과 일치단결하고, 또한 각 민주당파(民主黨派), 무당파 인사(無黨派人士), 각 민족의 애국 세력(力量)과도 일치단결한다. [공산당은] 전체 사회주의 노동자, 사회주의 사업의 건설자, 사회주의를 옹호하는 애국자, 조국 통일을 옹호하고 중화민족의 위대한 중흥을 위해 힘쓰는 애국자들로 구성된 가장 광범위한 애국 통일전선(統一戰線)을 더욱 발전시키고 장대(壯大)하게 한다."

이에 따르면, 공산당이 추진하는 통일전선의 대상은 여러 가지로 나눌 수 있다. 예를 들어, 민족 측면에서는 한족과 55개 소수민족을 포함하는 전체 중화민족(中華民族)이 통일전선의 대상이다. 계급 측면에서는 노동자·농민·지식인 등 전체 '인민'이 그 대상이다. 그 밖에도 정치세력 측면에서는 공산당 이외에 각 '민주당파(民主黨派), 무당파(無黨派) 인사, 각 민족의 애국 세력'이 대상이다.

또한 통일전선의 성격은 '애국 통일전선'이다. 여기에는 사회주의를 옹호하고, 중화민족의 단결과 발전을 지지하며, 중국과 대만의 통일을 옹호하고, 중화민족의 위대한 중흥을 실현하기 위해 힘쓰는 모든 사람이 포함된다. 따라서 애국 통일전선에는 중국 내의 '당외(黨外) 인사'뿐만 아니라, 홍콩·마카오·대만에 거주하는 중국인과 대만인, 동남 아시아를 포함하여 전 세계에 거주하는 화교(華僑)도 포함된다.

인민정치협상회의(정협) 제도

공산당의 통일전선 원칙을 국가 정치제도로 구체화한 것이 바로 인민정치협상회의(약칭 정협)이다. 정협은 중앙에 구성된 정협 전국위원회(全國政協)(전국정협)와 현급(縣級: 한국의 군 단위) 이상의 각급 지방에 구성된 정협 지방위원회(地方政協)(지방정협)로 나눌 수 있다. 〈헌법〉에 따르면, "중국 인민정치협상회의는 가장 광범위한 대표성을 가진 통일전선 조직으로, 중요한 역사적 역할을 발휘했고, 이후에도 국가의 정치 생활·사회 생활·대외 우호 활동에서, 또한 사회주의 현대화 건설 및 국가 통일의 수호와 단결 투쟁에서 더욱 중요한 역할을 발휘할 것이다."

게다가 정협은 "중국공산당이 영도하는 다당합작과 정치협상 제도로서 장기간 존재하고 발전할 것이다." 정협의 주된 기능(역할)은 공산당과의 정치협상(政治協商), 민주감독(民主監督), 정치참여(參政議政) 등 세 가지다. 그런데 정협은 이 모든 활동에서 "중국공산당이 영도 지위를 차지하며, 중국공산당의 영도 견지는 인민 정협이 반드시 준수해야 하는 근본적인 정치 원칙"이라는 점을 인정하고 준수한다.

표 2-1이 보여주는 것처럼, 전국정협과 지방정협에는 중국에서 '유일한 집권당(執政黨)'인 공산당 이외에, '참정당(參政黨)'이라 불리는 여덟 개의 민주당파(民主黨派), 상당한 사회적 영향력이 있는 '무당파(無黨派) 인사'가 참여한다. 이들 외에도 총공회(總工會, 노조연합회), 부녀연합회(婦聯), 공산주의청년단(共青團), 공상업연합회(工商聯) 등 인민단체도 정협의

표 2-1 전국정협을 구성하는 '민주당파'와 '무당파 인사'의 조직 상황

번호	정당	전국인대 대표	전국인대 상무위원	당원	성급(省級) 조직	창립 연도
1	중국국민당 혁명위원회 (民革)	44	6	131,401 (2017년)	30	1948년
2	중국민주동맹 (民盟)	57	9	282,000 (2016년)	30	1941년
3	중국민주건국회 (民建)	57	3	170,000 (2018년)	30	1945년
4	중국민주촉진회 (民進)	58	7	156,000 (2014년)	29	1945년
5	중국농공민주당 (農工黨)	54	7	144,000 (2014년)	30	1930년
6	중국치공당 (致公黨)	38	3	48,000 (2015년)	30	1925년
7	구삼학사(九三學社)	63	4	167,218 (2017년)	30	1946년
8	대만민주자치동맹 (臺盟)	13	3	3,000 (2017년)	18	1947년
9	무당파(無黨派) 인사	472	10	-	-	-
소계		856	52	1,101,628	197	
10	중국공산당	2,095	118	91,920,000 (2019년)	31	1921년
총계		2,980 (궐석 29)	175 (궐석 5)	-	-	

중요한 참여 세력이다.

이 중에서 민주당파는 중앙과 성급(省級)·지급(地級)·현급(縣級)에만 설립된다. 즉 향급(鄕級: 향과 진)과 기층에는 조직이 없다. 전체 당원은 약 100만 명 정도로 추산되지만, 정확한 통계는 알 수가 없다(중국이 발표하

지 않는다). 광범위한 기층조직과 일반 당원(평당원)을 보유한 공산당과 달리, 민주당파는 기층조직도 없고 일반 당원(평당원)도 없는 일종의 '간부정당(cadre party)'이다.

그러나 민주당파는 공산당 영도를 수용한 상태에서 공산당과의 정치협상에 참여하기 때문에 엄밀한 의미에서는 정당이라고 말할 수 없다. 독자적으로 정치권력을 장악하려고 시도하지 않기 때문이다(정당의 일차 목적은 권력 장악이다). 그래서 학자들은 이들을 공산당의 '들러리 정당(satellite party)'이라고 부른다.

공산당이 주도하는 통일전선 조직인 정협은, 실질적인 내용 면에서 보면 공산당과 다른 정치세력이 함께 참여하여 정치협상을 벌이는 '민간기구'의 성격을 갖고 있다. 그러나 법률적으로는 정협이 '국가기관'으로 분류되고, 그 실무자들도 국가 공무원에 포함된다. 이런 애매한 정협의 성격에 대해 제8기 전국정협 주석이었던 리루이환(李瑞環)은 1993년에 인도를 방문하면서 이렇게 재미있게 표현했다.

"관이라고 말하면 관이고, 민이라고 말하면 민이며, 관이기도 하고 민이기도 하고, 관이 아니기도 하고 민이 아니기도 하다(說官亦官, 說民亦民, 亦官亦民, 非官非民)."

3장
공산당 조직과 운영

공산당 조직은 지역별로는 '중앙(center)-지방(local level)-기층(basic level)'이라는 세 개의 층위로 나뉜다. 첫째는 공산당 '중앙조직'이다. 여기에는 공산당 전국대표대회(당대회), 중앙위원회, 중앙정치국, 중앙정치국 상무위원회, 중앙서기처, 중앙기율검사위원회(중앙기위), 중앙군사위원회(중앙군위)가 속한다.

둘째는 공산당 '지방조직', 즉 각급(各級) 공산당 지방위원회다. 여기에는 공산당 성(省)(자치구·직할시) 위원회, 공산당 시(市)(자치주) 위원회, 공산당 현(縣)(시·구) 위원회가 속한다.

셋째는 공산당 '기층조직'이다. 당 기층조직은 도시와 농촌 등의 기층 사회, 공산당·국가기관·국유기업·공공기관(사업단위)·인민단체 등 기층 단위, 인민해방군과 무장경찰 부대 등 군(軍)의 부대 단위에 설치된다. 당 기층조직은 다시 당원 규모에 따라 세 가지로 나뉜다. 당원이

100명 이상이면 당 기층위원회(黨委員會), 당원이 50명에서 100명 사이면 당 총지부(黨總支部), 당원이 3명에서 50명 사이면 당 지부(黨支部)를 설립할 수 있다.

또한 공산당 조직은 직능(역할)에 따라 '영도기관(領導機關)'과 '사무기구(辦事機構/辦公機構)'로 나눌 수 있다. 이를 우리 몸에 비유하면, 영도기관은 머리(두뇌)에 해당하고, 사무기구는 손발에 해당한다. 당 영도기관은 중요한 정책과 인사 문제를 결정하고, 전 조직과 당원을 영도하는 권력기관이다. 공산당 당대회, 중앙위원회, 정치국, 정치국 상무위원회가 대표적이다. 지방도 마찬가지다. 반면 공산당 사무기구는 영

그림 3-1 공산당 중앙의 영도기관과 사무기구(2022년 10월 기준)

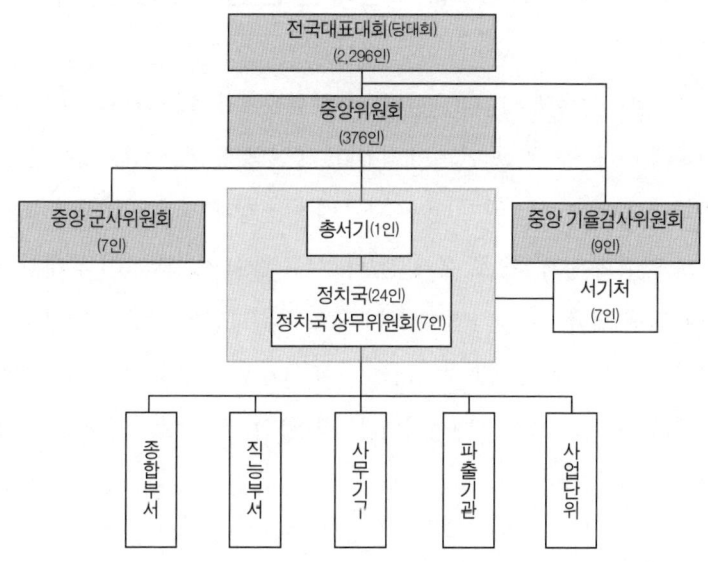

도기관이 결정한 정책을 세부 업무 영역에서 집행하는 실무 조직이다. 공산당 판공청, 조직부, 선전부, 통일전선부(통전부), 대외연락부, 사회공작부, 정법위원회, 정책연구실이 대표적이다.

이 중에서 우리는 공산당 중앙의 주요 기구를 살펴보려고 한다. 〈당장〉의 '제3장 당의 중앙조직'은 공산당 전국대표대회(당대회), 중앙위원회, 중앙정치국, 중앙정치국 상무위원회(常務委員會), 중앙서기처(書記處), 총서기(總書記), 중앙군사위원회(中央軍委)(중앙군위)를 중앙조직으로 열거하고 있다. 이 중에서 총서기, 서기처, 중앙기위를 제외한 나머지 영도기관을 '공산당 중앙', 줄여서 '당중앙(黨中央)'이라고 부른다. 이를 토대로 공산당 중앙의 조직 체계를 정리한 것이 **그림 3-1**이다.

전국대표대회(당대회): '5년에 한 번 열리는 정치행사'

공산당 전국대표대회(당대회)는 중앙위원회가 소집하며, 〈당장〉의 규정에 따라 5년에 한 번씩 개최된다. 공산당 창당 초기에는 매년 개최되었고, 마오쩌둥 시기(1949~1976년)에는 전쟁과 정치운동 등의 요인으로 인해 부정기적으로 개최되었다. 예를 들어, 공산당 7차 당대회가 1945년에 개최되고, 8차 당대회는 그로부터 11년이 지난 1956년에야 개최되었다. 공산당 9차 당대회는 다시 그로부터 13년 뒤인 1969년에야 개최되었다. 그러나 개혁기에는 〈당장〉의 규정대로 5년에 한 번씩 정기적으로 열린다.

직권: '쓸 일이 거의 없는 거대한 권한'

〈당장〉은 당대회 직권으로 모두 여섯 가지를 규정한다. 우리는 이를 크게 세 가지로 나눌 수 있다. 첫째는 공산당 노선과 방침의 결정이다. 〈당장〉이 규정한 "당의 중대 문제 결정"이 이를 의미한다. 둘째는 〈당장〉의 제정과 수정이다. 당의 헌법인 〈당장〉은 당대회만이 제정하거나 수정할 수 있다. 셋째는 공산당 중앙 영도기관의 선출과 감독이다. 〈당장〉이 규정한 "중앙위원회와 중앙기율검사위원회를 선거"하고, 이들 기관의 "업무보고를 청취 및 심의한다"가 이에 해당한다.

당대회의 회기에 대해서는 특별한 규정이 없다. 실제 개최 상황을 보면, 예비회의와 정식회의를 포함해 회기는 대략 1주일 정도다. 1주일은 약 2,000명의 대표들이 모여 중요한 문제를 깊이 있게 토론하기에는 너무 짧은 기간이다. 이는 당대회가 다루는 의제(agenda)가 사전에 이미 다른 곳에서 결정되고, 당대회는 이미 결정된 내용을 추인하여 합법화하는 역할을 담당한다는 점을 보여준다. 심하게 말하면, 당대회는 하나의 '통과의례' 또는 '요식행위'라고 말할 수 있다.

따라서 공산당 당대회는 두 가지 측면에서만 의의가 있다. 첫째, 당대회는 공산당 지도자의 업적을 신성화하고 합법화함으로써 이들의 권력행사에 정통성(legitimacy)을 부여한다. 둘째, 당대회의 준비와 개최를 통해 정치 엘리트들은 중요한 문제에 대해 합의(合意, consensus)하고, 이를 통해 공산당 지도부의 권력행사에 합법성(legality)을 부여한다. 만약 이런 합의가 없으면 공산당은 정책 노선과 인선 문제를 놓고 분열할 것이다.

표 3-1 당대회 대표, 중앙위원, 정치국원, 정치국 상무위원, 서기처 서기의 규모

단위: 명

당대회 시기	당대회 대표		중앙위원		정치국원		정치국 상무위원	서기처	
	대표	후보	위원	후보	위원	후보		서기	후보
8기(1956년)	1,021		193		23		6	-	
			97	96	17	6			
9기(1969년)	1,512		279		25		5	-	
			170	109	21	4			
10기(1973년)	1,249		319		25		9	-	
			195	124	21	4			
11기(1977년)	1,510		333		26		5	-	
			201	132	23	3			
12기(1982년)	1,690		348		28		6	11	
	1,545	145	210	138	25	3		10	1
13기(1987년)	1,997		285		18		5	5	
			175	110	17	1		4	1
14기(1992년)	2,035		319		22		7	5	
			189	130	20	2			
15기(1997년)	2,108		344		24		7	7	
			193	151	22	2			
16기(2002년)	2,154		366		25		9	7	
			198	158	24	1			
17기(2007년)	2,270		371		25		9	6	
			204	167	25	0			
18기(2012년)	2,309		376		25		7	7	
			205	171	25	0			
19기(2017년)	2,338		372		25		7	7	
			204	168	25	0			

〈해설〉 당대회 대표: 공산당 12차 당대회(1982년) 때에는 '정식 대표'와 '후보 대표'로 나누어 당대회 대표를 선출했는데, 이후에는 '후보 대표'를 뽑지 않았다. 대신 '일반 대표'(선출)와 '특별 대표'(임명)를 합해 '당대회 대표'라고 부른다.

당대회의 기본 단위: '대표단'

표 3-1은 1949년 중국 성립 이후 지금까지 개최된 역대 공산당 당대회 대표, 중앙위원회 위원(중앙위원), 정치국 위원(정치국원), 정치국 상무위원회 위원(상무위원), 중앙서기처 서기의 규모를 정리한 것이다. 이를 보면, 1992년 공산당 14차 당대회 이후 이들 규모가 일정하게 유지되고 있다는 사실을 알 수 있다.

그런데 당대회 대표는 개인이 아니라 대표단(代表團)의 일원으로 당대회에 참가한다. 대회 기간에 안건을 논의할 때도 대표단을 단위로 진행한다. **표 3-2**는 당대회 대표단의 구성 상황을 정리한 것이다.

표 3-2 당대회 대표단의 구성: 17차(2007년)와 18차(2012년) 당대회

대표단(개)	17차 당대회(2007년)(명)	18차 당대회(2012년)(명/%)
성급 지역(31)	1,491*	1,558(67.5)
공산당 중앙 직속기관(1)	-**	108(4.7)
중앙 국가기관(1)	-**	184(8.0)
인민해방군(1)	296	251(10.9)
인민 무장경찰 부대(1)	-**(인민해방군에 포함)	49(2.1)
중앙 국유기업(1)	47	52(2.2)
중앙 금융기관(1)	40	42(1.8)
대만(1)	-**	-**
홍콩 중앙공작위원회(1)		- 신설***
마카오 중앙공작위원회(1)		- 신설***
총계	대표단 38개/대표 2,270명	대표단 40개/대표 2,309명(100)

〈해설〉* 티베트(西藏) 대표는 통계자료가 없다; ** '-' 표시는 통계자료가 없다는 뜻이다; *** 홍콩 및 마카오 중앙공작위원회 대표단은 18차 당대회에서 신설했다.

이를 보면 당대회 대표단은 성급(省級: 성·자치구·직할시) 지방인 '지역', 공산당·국가기관·군(軍)·국유기업 등 주요 '단위'를 중심으로 구성된다는 사실을 알 수 있다. 대표단 총수는 공산당 17차 당대회(2007년)에서는 38개였다가 18차 당대회(2012년)부터는 40개로 늘어났다. 공산당 18차 당대회의 대표가 모두 2,309명이었는데, 이를 40개 대표단으로 나누면 대표단의 대표 수는 평균 57.7명이다.

당대회 예비회의와 대회 운영

예비회의 개최

공산당 당대회 개최 전날에 당대회 대표 전원이 참석하는 '예비회의(豫備會議)'가 열린다. 예비회의에서는 해당 당대회를 지도할 대회 주석단(主席團)이 선출되고, 당대회 대표의 자격을 심사할 대표자격심사위원회가 구성된다. 또한 당대회에서 심의할 정식 안건과 회의 규칙이 결정된다.

마지막으로 예비회의에서는 당대회에 참석한 각 대표단의 단장(團長)을 선출한다. 대표단 단장은 대개 지역과 단위의 최고 지도자(대개 당서기)가 선출되는 것이 관례다. 그런데 이런 예비회의의 결정은 당대회 직전에 개최된 중앙위원회에서 이미 결정된 내용을 추인하는 요식행위에 지나지 않는다.

당대회 전체회의와 대표단 회의

공산당 당대회의 회의는 크게 '전체회의'와 '대표단 회의'로 나눌 수 있다. 공산당 총서기가 발표하는 정치 보고를 청취하고 인선안을 표결하는 등 일부 안건은 전체회의를 열어서 처리한다. 그런데 당대회 전체회의는 몇 번밖에 열리지 않기 때문에 대부분의 당대회 회의는 대표단 회의를 중심으로 진행된다.

대표단 회의는 다시 두 가지로 구분된다. 하나는 '대표단 전체회의(全體會議)'고, 다른 하나는 '대표단 소조회의(小組會議)'다. **표 3-2**의 대표단 구성 상황이 보여주듯이, 대표단은 규모가 작지 않다. 그래서 대표단을 몇 개의 소조로 나누고, 각 소조의 조장(組長)을 중심으로 회의를 진행한 후에 그 결과를 대표단 전체회의와 당대회 주석단에 보고하는 방식으로 회의가 진행된다.

이처럼 당대회의 조직 체계는 '당대회 대표(개인) → 대표단 소조 → 대표단 → 대회 비서처 → 대회 주석단 상무위원회 → 대회 주석단'으로 구성된다. 여기서 당대회 비서처는 주석단의 지도하에 당대회의 일상 업무를 처리한다. 비서처 업무 가운데 대회 기간에 날마다 한두 번씩 '회의 소식지(簡報)'를 발행하는 일이 매우 중요하다. 회의 소식지는 각 대표단과 대표단 사이뿐만 아니라 각 대표단과 주석단 사이에서도 원활한 소통이 가능하게 만드는 중요한 통신 수단이다.

중앙위원회: '1년에 한 번 열리는 정치행사'

공산당 중앙위원회는 당대회와 마찬가지로 임기가 5년이다. 회의는 정(正)위원과 후보(候補)위원이 모두 참석하는 중앙위원회 전체회의, 정위원들만 참석하는 중앙위원회 회의로 구분된다. 일반적으로 회의는 전체회의 형식으로 개최된다. 이때 정위원은 발언권과 표결권을 행사하지만, 후보위원은 발언권만 행사한다.

중앙위원회 전체회의는 정치국이 소집하며, 매년 최소한 1회 이상 소집해야 한다. 실제 개최 상황을 보면, 어떤 때에는 1년에 두 번 소집되고, 어떤 때에는 1년 반이 지나서야 겨우 한 번 소집된다. 그런데 전체적으로 보면, 매년 평균 한 번씩 회의가 개최된다.

직권: '회의 차수별로 달리 행사되는 권한'

표 3-3은 중앙위원회의 직권(권한)을 정리한 것이다. 중앙위원회는 당대회 폐회 기간에 그 권한을 행사하기 때문에 명목적으로는 매우 중요한 직권을 많이 갖고 있다. 우리는 이를 크게 네 가지 범주로 나눌 수 있다. 첫째는 당대회 관련 권한, 둘째는 인사권, 셋째는 감독권, 넷째는 정책권이다.

그런데 중앙위원회 전체회의를 보면, 각 회의에서 다루는 안건(의제)은 회의 차수별로 일정한 유형으로 고정되어 있다. 예를 들어, 매기(每期) 중앙위원회 1차 전체회의—이를 '1중전회(一中全會)'라고 부른다—는 대개 당대회가 폐막하는 다음 날 오전에 개최된다. 이때 중앙위원회는 정치국원, 정치국 상무위원, 총서기를 선출하고, 정치국 상무위원회가 제출한 서기처 서기의 인선안을 통과시킨다. 또한 중앙군위 구성원(주석·부주석·위원)을 결정하고, 중앙기위가 제출한 인선안(서기·부서기·위원)을 비준한다. 이처럼 총서기나 정치국 상무위원 등은 당대회가 아니라 1중전회에서 선출된다.

또한 매기 중앙위원회 2차 전체회의(2중전회)는 매기 전국인대 1차 회

표 3-3 공산당 중앙위원회 직권(7개)

분류		세부 규정
당대회 관련		· 당대회 소집, 당대회 대표 수와 선거 방법을 결정 · 중앙위원회 보고, 중앙기위 보고, 〈당장〉 수정안의 당대회 회부 여부를 결정
인사권	선거	중앙 영도기구(정치국과 정치국 상무위원회)와 총서기
	통과	서기처 서기
	결정	중앙군사위원회 주석·부주석·위원
	비준	중앙 기율검사위원회가 선출한 상무위원회와 서기·부서기
감독권		· 정치국 업무보고 청취와 토론
정책권		· 공산당과 국가의 사업 발전 중 전체(全局) 중대 문제 및 사항의 토론 결정
인사권(추천)		· 국가주석·부주석, 전국인대 상무위원회, 국무원, 전국정협, 중앙군위, 국가 감찰위원회, 최고인민법원, 최고인민검찰원의 지도부(領導人員)
인사권(결정)		· 중앙위원 결원 시 보충 결정 · 중앙위원의 직무 취소(撤職), 당내 관찰, 제명(除名) 결정
기타 정책권		· 공산당의 국가 통치(治國議政) 및 당 관리(管黨治黨) 관련 기타 중대 문제와 중대 사항의 토론 결정

의가 개최되기 직전에 열린다. 매기 전국인대 1차 회의는 당대회가 개최된 다음 해 3월에 열린다. 예를 들어, 2012년 11월에 공산당 18차 당대회가 열렸고, 다음 해인 2013년 3월에 12기 전국인대 1차 회의가 열렸다. 이를 준비하기 위한 공산당 18기 2중전회가 2013년 2월에 열렸다. 이처럼 2중전회는 매기 전국인대 1차 회의를 준비하는 사실상의 예비회의라고 할 수 있다. 이때는 국가기관의 지도자 인선안—예를 들어, 국가주석, 국무원 총리, 전국인대 위원장, 전국정협 주석—이 결정된다.

매기 중앙위원회 3차 전체회의(3중전회)는 공산당이 생각하는 가장 중요한 의제, 주로 개혁·개방과 관련된 의제를 심의한다. 예를 들어, 1978년 12월에 개최된 공산당 11기 3중전회에서는 개혁·개방 노선이 결정되었다. 1984년 10월에 개최된 공산당 12기 3중전회에서는 〈경제체제 개혁의 결정(決定)〉이 통과되면서 도시 개혁(주로 기업 개혁) 방침이 확정되었다. 1993년 11월에 개최된 공산당 14기 3중전회에서는 '사회주의 시장경제론'에 근거한 전면적인 시장제도 도입이 결정되었다. 이때 〈사회주의 시장경제체제 건립 문제의 결정(決定)〉이 통과되었다.

반면 매기 중앙위원회 4차 전체회의(4중전회)나 5차 전체회의(5중전회)에서는 '국민경제 및 사회발전 5개년 계획' 초안이 상정된다. 중국은 1953년 이후 지금까지 5개년 계획을 작성하여 집행하고 있다. 5개년 계획은 국가의 중요한 경제·사회정책을 담고 있고, 전국인대 연례회의에서 통과되어야 법적 효력을 갖는다. 그런데 이것이 전국인대에 상정되기 전에 공산당 중앙위원회가 먼저 심의한다는 것이다.

중앙위원회 회의와 구성

공산당 중앙위원회 전체회의도 앞에서 살펴본 당대회와 비슷한 방식으로 운영된다. 중앙위원회 '전체회의'는 정치국의 업무보고나 기타 중요한 보고를 청취할 때, 또한 관련된 결의안을 표결할 때, 총서기와 정치국원 등 지도부를 선출할 때만 개최된다. 이를 제외한 안건 심의는 '소조회의'에서 이루어진다. 따라서 중앙위원회 회의에서도 '회의 소식지'가 발행되어 회의 지도부와 소조 간의 소통을 담당한다.

한편, 중앙위원회 위원, 줄여서 중앙위원은 당대회 대표단과 유사한 범주의 집단 중에서 선출된다. 첫째는 '지역'인데, 이는 성급(省級) 지방을 가리킨다. 중국에는 31개의 성급 단위—홍콩과 마카오를 포함하면 33개—가 있고, 여기에는 공산당 최고 지도자인 당 위원회 서기(당서기)와 행정 수장인 성의 성장(省長), 자치구의 주석(主席), 직할시의 시장(市長)이 있다. 당서기는 대개 정위원, 성장·주석·시장은 정위원 또는 후보위원으로 선출된다. 이처럼 지방 대표의 중앙위원은 성(자치구·직할시)마다 두 명씩 할당되어 62명 정도가 된다. 이는 1997년 공산당 15차 당대회 이후 거의 제도화되었다.

둘째는 '단위'인데, 이는 공산당 중앙기구, 국가 중앙기관, 인민해방군(무장경찰 부대 포함), 중앙 국유기업, 중앙 금융기관 등을 가리킨다. 이들 단위에 할당되는 구체적인 중앙위원의 규모(비중)는, 중앙 당정기구와 군(전체 중앙위원의 20% 정도)의 경우는 비교적 일정하게 유지되는 것에 비해 나머지는 상황과 조건에 따라 조금씩 달라진다.

정치국: '명실상부한 공산당의 영도 핵심'

'공산당 중앙'은 정치국과 정치국 상무위원회를 중심으로 운영된다. 이 말은, 정치국과 정치국 상무위원회가 명실상부한 공산당의 '영도 핵심(領導核心)'이라는 뜻이다. 이유는 간단하다. 당대회와 중앙위원회는 명목상 최고 영도기관이지만, 실제 정치과정에서는 그렇지 않기 때문이다. 당대회는 5년에 1회, 중앙위원회는 1년에 1회 정도 소집되는데, 이렇게 드물게 소집되는 조직이 일상 정치를 주도할 수는 없다.

반면 정치국과 정치국 상무위원회는 소규모로 구성되어 쉽게 만날 수 있다. 정치국은 25명 전후로 구성되어, 매달 한 번씩 소집된다. 정치국 상무위원회는 대개 7명으로 구성되어, 매주 한 번씩 소집된다.

그래서 공산당 중앙은 실제로는 정치국과 정치국 상무위원회를 지칭하는 경우가 많다. 법적으로도 〈당장〉의 '제3장 당의 중앙조직'에 따르면, 중앙위원회의 폐회 기간에는 정치국과 정치국 상무위원회가 중앙위원회의 직권을 대행한다.

집단지도 체제의 두 가지 특징과 필수 조건

정치국과 정치국 상무위원회는 집단지도(集體領導, collective leadership) 체제로 운영된다. '집단 결정과 개인 분담 책임의 상호 결합' 원칙이 그것이다. 그런데 이것이 가능하기 위해서는 마오쩌둥이나 덩샤오핑 같은 카리스마적 지도자, 국가 법률과 제도 위에 군림하는 '강권 통치자(strongman)'가 있어서는 안 된다. 이 밖에도 집단지도 체제가 운영되기 위해서는 두 가지 전제 조건이 더 필요하다.

첫째, '당규(黨規)'가 제정되어 정치국과 정치국 상무위원회의 직권(권한)을 명시하고, 이들 영도기관이 당규의 규정대로 회의를 개최하여 집단으로 직권을 행사해야 한다. 마오쩌둥 시기에는 이런 당규 자체가 없었고, 덩샤오핑 시기에는 당규가 있었어도 혁명원로는 이를 준수하지 않았다. 반면 장쩌민, 후진타오, 시진핑 시기는 다르다. 즉 이들은 당규에 따라 영도기관을 운영한다.

둘째, 정치국과 정치국 상무위원회가 실권을 행사하는 당정기관의 '현직 책임자'로 구성되어야 한다. 덩샤오핑 시기의 원로정치에서는 그렇지 않았다. 1987년 공산당 13차 당대회 이후 혁명원로는 대부분 공산당과 국가기관에서 은퇴했다. 그러나 이들은 개인적 명성과 '관시(關係)'를 통해 엄청난 정치적 영향력을 행사했다. 이런 방식이 지속된다면 집단지도는 불가능하다. 대신 정치국과 정치국 상무위원회가 공산당·국무원·전국인대·전국정협·중앙기위 등 당정기관의 현직 책임자들로 구성되고, 이들이 규정에 따라 권한을 집단으로 행사해야 한다. 이런 조건은 장쩌민 시기(1992~2002년)에 들어서 갖추어졌다.

직권: '중대하고 전국적인 문제의 결정 권한'

정치국은 중앙위원회가 폐회하는 동안 그것을 대신하여 공산당 및 국가와 관련된 중요한 문제를 결정한다. 정치국은 공산당 총서기가 소집하고, 의제(議題)도 총서기가 확정한다. 회의가 얼마나 자주 열리고, 회기는 어느 정도인가에 대한 규정은 없다. 그러나〈13기 중앙정치국 공작 규칙(시행)〉(1987년 제정)(비공개 규정)은 매월 1회 회의를 개최한다고 규정하고 있다. 실제로 정치국 회의가 개최된 상황을 보면, 정치국은 매월 1회 개최되고 있다. 회기는 특별한 경우가 아니면 하루다.

표 3-4는 정치국의 권한(직권)을 정리한 것이다. 이는 크게 세 가지 범주로 구분할 수 있다. 첫째는 중앙위원회 소집 권한이다. 중앙위원회의 소집 시기뿐만 아니라 심의 사항(즉, 안건)도 정치국이 사전에 결정한다. 다시 말해, 정치국의 심의를 거치지 않은 내용은 중앙위원회에 안건으로 상정될 수 없다.

둘째는 인사권이다. 이는 다시 두 가지로 구성된다. 하나는 중앙위원회가 폐회 중일 때, 중앙위원과 기타 중요한 영도간부 문제를 처리하고 다음 중앙위원회에 보고하여 비준받는 권한이다. 예를 들어, 정치국원이면서 충칭시 당서기였던 보시라이(薄熙來)와 쑨정차이(孫政才)의 당적 박탈(除名)은 정치국 회의에서 결정되었다.

표 3-4 공산당 정치국의 직권(5개)

분류	세부 규정
중앙위원회 관련	· 전체회의 소집 · 전체회의가 심의할 문제 및 사항의 결정과 제청
정책권	· 당 및 국가의 사업 발전 중 전체(全局) 중대 문제와 사항의 토론 결정
인사권	· 중앙위원회 폐회 기간에 중앙위원의 직무 취소(撤職), 당내 관찰, 제명(除名)의 결정과 중앙위원회 전체회의 보고(追認)
인사권	· '관련 규정(有關規定)'에 근거하여 간부의 추천·제청(提名)·임면(任免) · 공산당 영도간부의 처분 처리 사항 결정
기타 정책권	· 기타 정치국이 결정할 중대 문제 및 사항의 연구 결정

다른 하나는 영도간부 임명 권한이다. **표 3-4**에는 없지만, 비공개 규정인 〈13기 중앙정치국 공작 규칙〉(1987년)에 따르면, 성부급 정직(省部級正職), 즉 장관급 인사는 정치국 상무위원회가 제청(提名)하여 정치국이 비준한다(정부 장관급 인사에 대한 법적인 인사권은 전국인대나 전국인대 상무위원회가 행사하는데, 이는 요식행위에 불과하다). 공산당 중앙의 부서 책임자(예를 들어, 선전부 부장과 조직부 부장), 국무원의 부서 책임자(예를 들어, 외교부 부장과 상무부 부장), 성급 지방의 공산당 위원회 서기와 행정 수장(예를 들어, 성장) 등이 이에 속한다.

셋째는 정책권이다. **표 3-4**가 보여주듯이 "공산당 및 국가의 사업 발전 중 전체 중대 문제와 사항"은 매우 포괄적인 규정이다. 이 규정이 의미하는 바는, 전국적으로 영향을 미치는 중요한 사항은 모두 정치국이 결정 혹은 비준한다는 것이다. 예를 들어, 국무원이 매년 전국인대 연례회의에서 보고하는 업무보고와 예산결산안 보고, 국민경제 및 사회발전 5개년 계획의 연도별 보고, 〈헌법〉과 중요 법률 제정 및 수정 등은 모두 사전에 정치국이 논의하여 승인한 이후에야 공산당 중앙위원회에 상정될 수 있고, 이를 통과한 이후에야 전국인대 연례회의에 상정될 수 있다.

정치국의 구성

정치국이 이처럼 중요한 문제를 결정하기 위해서는 그렇게 할 수 있도록 구성되어야 한다. 즉 중앙뿐만 아니라 지방, 공산당뿐만 아니라 다른 국가기관을 대표하는 현직 지도자들로 구성되어야 한다는 것이다. **표 3-5**는 이를 잘 보여준다.

표 3-5 공산당 정치국의 구성 변화

단위: 명

중앙위원회 시기	총 수	공산당	국가기관	전국인대	지방	군
12기(1983~1987년)	28	6	9	2	1	10
13기(1987~1992년)	18	5	6	1	4	2
14기(1992~1997년)	21	5	7	3	6	2
15기(1997~2002년)	24	6	9	3	4	2
16기(2002~2007년)	25	7	8	2	6	2
17기(2007~2012년)	25	9	6	2	6	2
18기(2012~2017년)	25	8	7	2	6	2
19기(2017~2022년)	25	8	7	2	6	2
14기 이후의 평균	24.0	7.0	7.4	2.4	5.6	2.0

〈분류〉 '공산당'은 총서기, 서기처 서기, 부서 책임자(예: 조직부장과 선전부장), 중앙기위 서기 등 지칭; '국가기관'은 국무원의 총리·부총리·국무위원, 국가주석과 부주석, 전국정협 주석 등 지칭; '전국인대'는 전국인대의 위원장과 부위원장 지칭; '지방'은 성급 공산당 위원회 서기 지칭; '군'은 중앙군위의 주석과 부주석 지칭.
〈해설〉 겸직의 경우에는 주요 직위로 계산한다. 예를 들어, 공산당 총서기가 국가주석과 중앙군위 주석을 겸직할 경우, 주요 직위인 총서기로 계산한다.

표 3-5를 보면, 정치국이 중앙과 지방, 공산당과 주요 국가기관을 대표할 수 있도록 구성되었다. 공산당 14차 당대회(1992년) 이후에는 구성요소와 비율이 거의 고정되었다. 공산당은 평균 7명, 국가기관(국가주석·국무원·전국정협)은 7.4명, 전국인대는 2.4명, 지방은 5.6명, 군은 2명이다. 여기서 지방은 4대 직할시(베이징·톈진·상하이·충칭), 중앙에 재정 기여도가 높은 지역(최근에는 광둥성), 소수민족 자치구(최근에는 신장 위구르 자치구)의 당서기가 포함된다.

현역군인은 1997년 공산당 15차 당대회 이후에는 정치국 상무위원회에 포함되지 않는다. 대신 중앙군위 주석을 겸직하는 총서기가 정치국 상무위원회에서 군을 대표한다. 반면 정치국에는 현역 장성 2명, 대개 중앙군위 부주석에게 자리가 할당된다.

정치국 상무위원회: '사실상의 당 중앙'

회의와 직권

공산당의 영도기관 가운데 정치국 상무위원회가 사실상의 '당 중앙'이자 '영도 핵심'이다. 정치국 상무위원회는 총서기가 소집하고, 안건도 총서기가 확정한다. 회의는 매주 1회 개최된다.

정치국 상무위원회의 직권은 7개인데, 이것을 다시 다섯 가지 범주로 나눌 수 있다. 첫째는 공산당 중앙의 '일상 업무' 처리 권한이다. 중앙위원회와 정치국이 '공산당 중앙'으로 활동하는 기간은 1년에 20일을 넘지 않는다. 따라서 나머지 약 340일 동안에는 정치국 상무위원회

표 3-6 공산당 정치국 상무위원회의 직권(7개)

분류	세부 규정
일상 업무	· 공산당 중앙의 일상 업무 처리
정치국 관련	· 공산당과 국가사업 발전의 전체(全局) 중대 문제 및 사항을 연구 토론하여 정치국에 의견 및 심의 제기
정책권	· 공산당 및 국가 업무 가운데 중대한 문제와 사항을 연구 결정 · 중대 돌발성 사건에 대한 처리 결정과 업무 배치
감독권	· 서기처 업무보고, 중앙기위(국가감찰위), 전국인대 상무위원회 당조, 국무원 당조, 최고인민법원 당조, 최고인민검찰원 당조 등의 업무보고 청취
인사권	· '관련 규정'에 근거하여 간부의 추천·제청(提名)·임면(任免) · 관련 당정 영도간부의 처분 처리 사항을 결정
기타 정책권	· 기타 정치국 상무위원회가 결정할 중대 문제와 사항의 연구 결정

가 공산당 중앙으로서 일상 업무를 처리해야 한다.

둘째는 정치국 회의에서 심의할 안건(의제)을 사전에 논의하고 상정하는 권한이다. 정치국 상무위원회가 심의하지 않은 안건이 정치국에 바로 상정되는 일은 없다.

셋째는 정책권으로, 다시 두 가지 권한으로 나눌 수 있다. 하나는 정치국 폐회 기간에 공산당 및 국가와 관련된 '중대한 문제와 사항'을 연구하고 결정하는 권한이다. 다른 하나는 '중대 돌발성(突發性) 사건'의 처리 권한이다. 여기에는 지진·홍수·전염병과 같은 자연재해, 고속철도 충돌 사고 같은 사건과 사고, 미국의 '9·11 테러 사건'과 같은 국제 분쟁 등이 포함된다. 국내에서 발생하는 중대 돌발성 사건은 공산당 중앙 판공청을 통해 15분 이내에 총서기와 정치국 상무위원에 전달된다.

넷째는 인사권이다. 비공개 규정에 따르면, 정치국 상무위원회는 성부급 부직(省部級副職), 즉 차관급 인사를 결정(비준)할 권한이 있다(정부 차관급 인사에 대한 법적 인사권은 전국인대나 전국인대 상무위원회가 행사하는데, 이것 역시 요식행위에 불과하다). 여기에는 이들에 대한 징계 권한도 포함된다. 예를 들어, 공산당 중앙 조직부 부부장(副部長), 국무원 상무부 부부장, 베이징시 부시장(副市長) 등이 이에 해당한다. 또한 정치국이 결정하는 장관급 인사에 대한 제청 권한도 정치국 상무위원회가 행사한다. 다시 말해, 정치국이 결정하는 장관급 인사는 정치국 상무위원회에서 추천한다.

다섯째는 감독권이다. 정치국 상무위원회는 최소한 매년 1회 이상 다음 기관에 대한 업무보고를 청취하고 심의한다. 먼저 공산당 중앙기관 가운데는 중앙서기처와 중앙기위(국가감찰위)의 업무보고를 청취하고 심의한다. 또한 국무원, 전국인대, 전국정협, 최고법원·검찰원의 당조(黨組) 업무보고를 청취 및 심의한다. 이를 통해 전국인대가 선출하는 국가기관도 실제로는 전국인대가 아니라 정치국 상무위원회에 우선해서 책임지고 감독받는다는 사실을 확인할 수 있다.

운영: '집단지도' 원칙

집단지도 원칙, 즉 '집단 결정과 개인 분담 책임의 상호 결합' 원칙은 정치국보다 정치국 상무위원회에서 더욱 분명하게 나타난다. 먼저 중요한 문제는 정치국에서처럼 정치국 상무위원회에서도 회의를 거친 이후에 집단으로 결정된다. 다시 말해, 중요한 문제는 총서기 개인이 결정할 수 없다. 또한 각각의 정치국 상무위원에게는 고유한 책임이 있고, 집단으로 결정한 사항을 각자 책임에 따라 집행해야 한다. 중국에서는 이를 '업무 분담(分工)'이라고 부른다.

우리는 정치국 상무위원이 각각 어느 기관을 대표하는지를 알기 때문에 상무위원의 고유한 업무(책임)가 무엇인지를 알 수 있다. 첫 번째로 총서기는 공산당을 대표한다. 동시에 총서기는 중앙군위 주석과 국가주석을 겸직하고, 군과 국가를 대표한다. 따라서 총서기의 당내(黨內) 책임은 개혁·개방의 총괄 지도와 당 전체의 대표(총서기), 당외(黨外) 책임은 군사·안보(중앙군위 주석)와 외교(국가주석)다. 또한 1982년 공산당 12차 당대회에서 총서기가 다시 설치된 이후, 총서기의 가장 중요한 임무는 개혁·개방의 총괄 지도다. 이에 따라 총서기가 개혁위원회나 재경위원회 등 개혁·개방 관련 각종 영도소조의 조장을 맡고 관련 업무를 총괄 지도한다.

중앙서기처의 상무서기를 겸직하는 정치국 상무위원은 총서기를 보좌하여 서기처 업무를 총괄한다. 조직·선전·이념과 같은 공산당 업무, 즉 '당무(黨務)'가 바로 그것이다. 따라서 상무서기는 대개 중앙 선전 사상공작 영도소조 조장, 중앙 문명건설 지도위원회 주임, 중앙 개혁위원회 판공실 주임을 겸직하고 있다. 그 밖에 총서기를 대신하여 공산당 중앙서기처의 판공회의(辦公會議)를 개최하는 등 서기처 업무를 총괄한다. 참고로 후진타오 시기인 공산당 16차 및 17차 당대회 시기 (2002~2012년)에는 정법위원회 서기가 정치국 상무위원에 선임되었는데, 시진핑 시기에 들어 이들을 다시 정치국원에 선임하면서 이전 시기의 규범으로 돌아갔다.

두 번째로 국무원 총리와 상무 부총리를 겸직하는 정치국 상무위원은 경제 관리와 행정을 담당한다. 경제 관리에는 국내뿐만 아니라 대외 업무(예를 들어, 무역과 해외 투자)도 포함된다. 세 번째로 전국인대 상무위원회 위원장을 겸직하는 정치국 상무위원은 입법(立法)과 감독을 담당한다. 네 번째로 전국정협 주석을 겸직하는 정치국 상무위원은 통일전선 업무를 총괄한다. 이런 업무 분담에 따라 전국정협 주석은 소수민족·종교·지식인·화교 등 사회정책 전반을 책임진다. 다섯 번째로 중앙기위 서기를 겸직하는 정치국 상무위원은 부패 척결과 공산당 기율 감독을 책임진다.

구성

표 3-7은 정치국 상무위원회의 구성 상황을 정리한 것이다. 이를 통해 우리는 정치국 상무위원회가 1997년 공산당 15차 당대회 이후에는 공산당과 국가기관의 '현직 책임자'로 구성된다는 사실, 그래서 집단지도 체제가 제대로 작동할 수 있는 조건을 갖추었다는 사실을 확인할 수 있다.

구체적으로 공산당 15차 당대회(1997년) 이후 정치국 상무위원회는 공산당 대표 3인(총서기, 서기처 상무서기, 중앙기위 서기)—총서기가 중앙군위 주석을 겸직하기 때문에 여기에는 군 대표도 포함된다—, 국무원 대표 2인(총리와 상무 부총리), 전국인대 대표 1인(위원장), 전국정협 대표 1인(주석)으로 구성된다. 그리고 이들은 개인 차원에서 정치국 상무위원회의 구성원으로 참여하는 것이 아니라, 자신이 대표하는 당정기관의 현직 책임자로서 참여하는 것이다.

표 3-7 공산당 정치국 상무위원회의 구성 변화

중앙위원회 시기	총수	공산당 총서기	국무원 총리	전국인대 위원장	전국정협 주석	중앙기위 서기	서기처 상무서기	국무원 부총리	중앙군위 (부주석)	국가주석	정법위 서기	이념 선전 담당
12기(1982년)	6	0	0	-	-	0	-	-	0/0	0	-	-
13기(1987년)	5	0	0	-	-	0	0	0	-	-	-	-
14기(1992년)	7	0	0	0	0	-	0	0	0	-	-	-
15기(1997년)	7	0	0	0	0	0	0	0	-	-	-	-
16기(2002년)	9	0	0	0	0	0	0	0	-	-	0	0
17기(2007년)	9	0	0	0	0	0	0	0	-	-	0	0
18기(2012년)	7	0	0	0	0	0	0	-	-	-	-	-
19기(2017년)	7	0	0	0	0	0	0	-	-	-	-	-

〈해설〉 공산당 14차 당대회(1992년) 이후에는 총서기가 국가주석과 중앙군사위원회(중앙군위) 주석을 겸직했다. 단 공산당 16차 당대회(2002년)에서는 장쩌민이 중앙군위 주석에 선출되어 2년 동안 직무를 수행한 후에 후진타오에게 이양했다. 총서기 후계자로 선출된 후진타오와 시진핑은 중앙군위 부주석을 겸직했다.

총서기와 중앙서기처

총서기 직권: '회의 소집과 서기처 주재'

개혁기의 공산당 총서기는 마오쩌둥이나 덩샤오핑과는 완전히 다르다. 현행 공산당 〈당장〉에 따르면, 총서기의 직권(권한)은 간단하다. 즉 총서기는 "중앙정치국 회의와 중앙정치국 상무위원회 회의를 소집(召集)할 책임이 있고, 서기처 업무를 주재(主持)할 책임이 있다." 여기서 '소집'과 '주재'의 차이를 정확히 이해하는 것이 중요하다. '주재'는 총서기가 독자적인 권한으로 서기처를 지도한다는 뜻이다. 반면 '소집'은 말 그대로 회의를 개최하여 사회를 본다는 뜻일 뿐이다. 다시 말해, 총서기는 서기처를 지도하지만, 정치국과 정치국 상무위원회를 지도하지는 않는다.

이를 위해 총서기는 네 가지의 직권을 행사한다. 첫째는 회의 의제의 확정, 둘째는 회의 주재, 셋째는 회의 공보(公報)(회의 결과 성명서)의 배포, 넷째는 중앙 문건의 서명 배포다. 또한 이런 규정에는 없지만, 관례상 총서기는 인사 문제를 결정할 때, 다른 정치국 상무위원보다 더 큰 발언권을 행사한다. 게다가 총서기는 공산당 차관급(副部級) 직위에 대한 인사권(추천권)을 행사할 수 있다. 이는 신임 총서기에게 집권 초기에 권력 기반을 다질 수 있도록 일정한 인사권을 부여한 '비공식 규범'이다. 국무원 총리에게도 관례상 국무원 차관급 직위에 대한 인사권을 허용한다.

다양한 통치 스타일의 총서기

그렇다고 역대 총서기의 통치 스타일이 같은 것은 아니다. 미국 대통령이 매우 다른 통치 스타일을 보여주듯이, 총서기의 통치 스타일도 매우 다르다. 예를 들어, 한 중국 정치 전문가는 장쩌민을 '권력의 화신'으로 묘사했다. 1994년 무렵에는 혁명원로들이 사망과 질병으로 정치무대에서 퇴장하기 시작했다. 이로써 장쩌민은 총서기로서 권력을 제대로 부릴 기회를 잡은 셈이다. 장쩌민은 이런 기회를 놓치지 않고, 모든 수단과 방법을 총동원하여 정치권력을 거머쥐기 위해 분투했다. 그런 면에서 '권력의 화신'이라는 것이다.

반면 후진타오는 장쩌민과는 상당히 다른 통치 스타일을 보여주었다. 요컨대 그는 엘리트 정치의 제도화와 개방화를 위해 더욱 노력했다. 예를 들어, 정치국 상무위원회가 주요 문제를 결정할 때 상무위원 간의 협의와 타협을 강조했다. 또한 공산당 정치국 회의를 정기적으로 개최하고, 회의 의제와 결과를 대외에 공개했다. 이는 정치국 상무위원회에서 다수파였던 장쩌민 세력(상하이방과 태자당 연합)과 맞서기 위해 자신에게 우호적인 세력을 결집하려는 고육지책이었다.

한편, 시진핑은 장쩌민에 가까운 통치 스타일, 어쩌면 장쩌민을 능가하는 '권력의 화신'으로서의 모습을 보여주고 있다. 시진핑은 무엇보다 공산당 중앙과 총서기 개인으로 권력을 집중시켰다(지방에서는 지방 당서기로 권력이 집중된다). 또한 시진핑은 국무원과 전국인대 등 국가기관이 아니라 공산당이 모든 것을 영도하는 공산당 전면 영도 원칙을 강화했다. 이는 마오쩌둥 시기의 통치 방침을 부활시킨 것이다.

그 밖에도 시진핑은 공산당 19차 당대회(2017년) 이후 자신의 통치 이념인 '시진핑 신시대 중국 특색의 사회주의 사상'('시진핑 사상')을 공산당 전 조직과 당원에게 학습할 것을 요구하는 등 개인숭배를 조장해왔다. 이것도 장쩌민과 비슷하다. 마지막으로 시진핑은 장쩌민처럼 영도소조의 규모를 늘리고 권한을 강화해서 공산당 중앙의 영도, 궁극적으로는 자신의 통치를 강화하려고 시도하고 있다.

중앙서기처의 직권과 구성: '사실상의 영도기관'

중앙서기처는 네 가지 권한을 가지고 있다. 첫째는 중앙정치국과 그 상무위원회가 결정할 문제를 준비하는 책임이다. 둘째는 중앙의 일상 업무 처리다. 셋째는 중앙 명의로 반포하는 일반성 당무(黨務) 문건의 기초(起草)다. 넷째는 중앙정치국과 그 상무위원회가 부과하는 기타 사항의 처리다. 이런 직책을 수행하기 위해 서기처는 주요 부서 책임자들로 구성된다. **표 3-8**은 이를 정리한 것이다.

먼저 중앙서기처는 정치국 상무위원인 상무서기가 총괄한다. 또한 서기처 서기는 공산당 중앙 사무기구의 주요 책임자가 필수 구성원으로 참여한다. 중앙 판공청 주임, 조직부 부장, 선전부 부장, 중앙기위 부서기(서기는 정치국 상무위원)는 공산당 16차 당대회(2002년) 이후 항상 서기처 서기를 겸직한다. 정법위원회 서기는 공산당 17차, 18차 당대회

표 3-8 공산당 서기처 서기의 구성 변화

당대회 시기	총수	상무서기	판공청	선전부	조직부	통전부	중앙기위	정법위원회	정책연구실	국무원	인민해방군
13차(1987년)	5	○	○	○	-	○	○	-	-	-	-
14차(1992년)	5	○	○	○	-	○	○	-	-	-	-
15차(1997년)	7	○	○	○	-	○	○	-	○	○
16차(2002년)	7	○	○	○	○	-	○	○	-	-	○
17차(2007년)	6	○	○	○	○	-	-	○	-	-	-
18차(2012년)	7	○	○	○	○	○	○	-	-	○	-
19차(2017년)	7	○	○	○	○	○	○	-	-	-	-

〈해설〉 상무서기는 정치국 상무위원이 맡는다. 중앙기율검사위(중앙기위)는 공산당 13차·14차·15차 시기까지는 서기, 이후에는 부서기가 맡는다(중앙기위 서기는 정치국 상무위원에 선임되면서 서기처에는 참여하지 않는다). 정법위원회는 서기가 맡는다. 국무원은 공산당 15차 시기에는 부총리(원자바오), 18차 시기에는 판공청 비서장(양징)이 맡았다. 인민해방군은 15차 시기에는 중앙군사위원회(중앙군위) 부주석(장완녠), 16차 시기에는 인민해방군 총정치부 주임(쉬차이허우)이 맡았다.

시기에만 서기처에 불참했다. 마지막으로 통일전선부 부장은 공산당 18차 당대회(2012년) 이후에는 필수 구성원으로 바뀌었다. 참고로 서기처 필수 구성원은 동시에 정치국원을 겸직한다.

    중앙서기처 상무서기는 다른 업무에 바쁜 총서기를 대신해서 이들의 업무를 총괄 지휘한다. 또한 총서기가 아니라 상무서기가 서기처 판공회의를 주재하는 것이 관례다. 다른 서기는 보직에 따라 특정 업무를 전담한다. 예를 들어, 조직부 부장을 겸직하는 서기는 조직과 인사 계통, 선전부 부장을 겸직하는 서기는 선전과 이념 계통, 정법위원회 서기를 겸직하는 서기는 법원·검찰원·공안 등 정법 계통, 통일전선부 부장을 겸직하는 서기는 소수민족·종교·화교·지식인 등 통전 계통을 책임진다.

정리: 중앙 영도기관의 권한과 운영

    지금까지 우리는 공산당 중앙의 영도기관에 대해 자세히 살펴보았다. **표 3-9**는 지금까지 살펴본 영도기관 가운데 공산당 총서기, 정치국 상무위원회, 정치국, 서기처의 권한과 운영을 정리한 것이다.

표 3-9 공산당 총서기, 정치국 상무위원회, 정치국, 서기처의 권한과 운영

분류	인사권	정책 결정권	회의와 의결 방식
총서기	1. (비공식) 정치국 상무위원회의 인사 문제 결정 시 영향력 행사 2. (비공식) 일부 차관급 인사의 임면(任免)	중앙 문건 배포	1. 회의 의제 확정 2. 회의 주재 3. 회의 공보 배포
정치국 상무 위원회	1. 차관급(省部級副職) 간부 임면 '실질적' 결정(비준): 중앙 각 부·위원회의 부(副)부장·부주임, 성·자치구·직할시의 당 부(副)서기 및 부성장·부주석·부시장 2. 장관급(省部級正職) 간부 제청(提名): 정치국이 임면하는 간부를 사전에 심의하여 임면을 제청	1. 일상 중대 정책 결정과 긴급 사무 처리 2. 정치국이 결정한 방침 및 정책 집행	1. 주1회 회의 개최 2. 합의 도달 노력 3. 표결 시 다수결
정치국	장관급(省部級正職) 간부 '실질적' 임면 결정(비준): 중앙 각 부·위원회의 부장·주임, 성·자치구·직할시의 당서기와 성장·주석·시장	일상적이지 않고 긴급하지 않은 전체(全局) 성격의 문제 방침 및 정책 결정	1. 월1회 회의 개최 2. 합의 도달 노력 3. 표결 시 다수결
서기처	없음	1. 정치국과 정치국 상무위원회 회의 준비 2. 중앙의 일상 공작 처리 3. 중앙 문건 기초(起草)	1. 총서기 책임제 2. 판공회의 개최 (상무서기 주재)

4장
공산당원의 입당과 활동

2021년 7월 1일은 공산당 창당 100주년이 되는 기념일이었다. 창당 당시 공산당은 50여 명의 지식인으로 구성된 소모임에 지나지 않았다. 그런데 그로부터 100년이 지난 2021년 6월에는 당원 규모가 약 9,500만 명에 달하는 세계 최대의 '엘리트 결사체(elite association)'로 성장했다. 2025년 6월 말에 발표된 최신 통계에 따르면, 2024년 12월 31일 기준으로 당원은 1억 27만 명(전체 인구 14억 800만 명의 7%)으로, 사상 처음으로 1억 명을 돌파했다.

단순히 당원 규모로만 볼 때는 1억 4,000만 명의 당원을 자랑하는 인도인민당(BJP)이 세계 최대의 정당일 것이다. 그러나 인도인민당은 주로 선거 때만 움직이는 선거용 정당이라는 점에서 일상적으로 활동하는 공산당과는 성격이 다르다. 또한 당원 구성 면에서도 공산당은 각계각층의 상위 6~7%의 엘리트로만 구성된 '엘리트 결사체' 또는 '엘리트 정당(elite party)'이라는 점에서 다르다.

공산당이 국가와 사회를 통치하고 영도하는 '집권당' 및 '영도당'으로 살아남기 위해서는 끊임없이 우수한 당원을 충원해야 한다. 동시에 이렇게 충원된 공산당원들이 각자의 거주지와 근무지에서 공산당의 노선·방침·정책을 충실히 집행하는 '공산당인(共産黨人, communist)'으로 활동해야 한다.

이를 위해서는 무엇보다 먼저 엄격한 절차에 따라 자격 조건에 부합하는 사람만을 당원 후보(즉, 예비당원)로 선발해야 한다. 또한 그렇게 선발된 당원 후보를 체계적으로 교육해서 정식당원으로 육성해야 한다. 우리가 공산당의 당원 입당과 활동에 주목하는 이유는 이 때문이다.

공산당 입당 조건과 당원의 의무

세 가지의 입당 조건

〈당장〉'제1장 당원'의 제1조와 제2조에 따르면, 공산당의 입당 조건은 세 가지다. 첫째, 만 18세 이상자로, 중국 국적을 갖고 있어야 하며, 노동자·농민·군인·지식인 등 각계각층의 '선진분자(先進分子)'여야 한다. 둘째, 공산당의 강령과 〈당장〉을 승인해야 한다. 셋째, 공산당 조직에 참여하여 활동하고, 공산당의 결의를 집행하며, 기한에 맞추어 당비를 납부해야 한다.

여기서 가장 중요한 조건은 '선진분자', 우리식으로는 엘리트여야 한다는 규정이다. 이는 입당을 원한다고 해서 아무나 공산당원이 될 수 있는 것은 아니라는 사실을 보여준다. 누가 선진분자인가는 오직 공산당만이 결정할 수 있다. 따라서 공산당의 엄격한 심사를 통과한 사람만이 선진분자로 인정받아 공산당원이 될 수 있다. 그래서 내가 공산당을 각계각층의 상위 6~7% 정도의 엘리트들이 모인 '엘리트 결사체' 또는 '엘리트 정당'으로 부르는 것이다. 이는 다른 나라의 정당과 공산당이 다른 결정적인 차이점이다.

공산당원의 여덟 가지 의무와 권리

또한 〈당장〉은 공산당원이 반드시 지켜야 하는 여덟 가지의 의무와 여덟 가지의 권리를 나열하고 있다. 여덟 가지의 의무에는 다음이 포함된다. ① 마르크스-레닌주의 등에 대한 학습과 이를 통한 인민 복무 능력(本領)의 향상, ② 당의 기본 노선과 방침 정책 등의 관철 집행과 선봉 모범 역할의 수행, ③ 당과 인민 이익 최우선의 견지와 개인 이익의 당과 인민 이익에의 복종 견지, ④ 당 기율과 국가 법률의 자각적인 준수, 당과 국가 비밀의 엄격한 수호, ⑤ 당의 단결 및 통일 수호와 모든 파벌 활동에 대한 굳건한 반대, ⑥ 비판과 자기비판의 절실한 전개와 부패 반대 투쟁의 전개, ⑦ 군중과의 긴밀한 연계와 군중의 정당한 이익 수호, ⑧ 사회주의 신기풍(新風尙) 발양과 사회주의 핵심 가치(核心價値)의 선도적인 실천 등이 그것이다.

반면 공산당원으로서 누릴 수 있는 여덟 가지의 권리에는 다음이 포함된다. ① 회의 참가, 당 문건 구독, 당 교육 훈련 참가, ② 당 회의와 기관지를 통해 당의 정책 문제 토론, ③ 당 업무에 대한 건의와 창의(倡議: 제안) 제기, ④ 당 회의에서 당 조직과 당원 등에 대한 문제 제기와 처벌 요구, ⑤ 표결권·선거권·피선거권의 행사, ⑥ 자신의 처벌 문제 논의 시 변론과 증거 제시, ⑦ 당 결의와 정책에 동의하지 않는 경우 결의를 집행한다는 전제하에서 자신의 원래 의견 유지와 상급 조직에의 이의 제기, ⑧ 당 중앙 등 당의 상급 조직에 요청 및 고소 제기와 답변 요구 등이 그것이다.

입당 절차: '엄격한 선발과 체계적인 교육'

일반인이 공산당에 입당하려면 20~30개에 달하는 입당 절차를 밟아야 한다. 그만큼 입당 절차가 복잡하고, 입당이 어렵다는 의미다. 입당 절차는 크게 네 단계로 나눌 수 있다. 첫째는 '입당 적극분자(積極分子)'의 확정과 육성(培養) 교육이다. 둘째는 '발전대상(發展對象)'의 확정과 고찰(考察)이다. 셋째는 '예비당원(豫備黨員)'의 접수와 입당이다. 넷째는 예비당원의 교육 및 고찰과 '정식당원(正式黨員)'으로의 전환(轉正)이다.

입당 절차를 모두 밟는 데 걸리는 시간은 최소 2년 6개월에서 3년 정도다. 이 중에서 예비당원 기간은 1년인데, 필요할 경우는 1년을 더 연장할 수 있다. 따라서 입당에는 4년이 걸릴 수도 있다.

'입당 적극분자'의 확정과 육성 교육

공산당 입당을 원하는 사람은 '입당신청서'를 자신의 근무지('단위')에 있는 당 지부 또는 거주지('구역')에 있는 당 지부에 제출해야 한다.

그런데 실제 입당 신청 상황을 보면, 대개는 당 기층조직과 당원이 '적절한 사람', 즉 실력이 있고, 신망이 있으며, 정치적으로 믿을 만한 사람이 있으면 접근해서 입당을 권유하는 방식으로 입당이 시작된다. 즉 개인이 스스로 판단해서 입당하겠다고 신청하는 경우는 거의 없다는 것이다.

공산당 지부는 입당신청서를 접수한 이후 1개월 이내에 신청인을 만나 기본 사실을 파악하고 상황을 조사한 이후에 입당 신청의 수용 여부를 결정해야 한다. 수용 방식은 다른 정식당원이 추천하거나, 공청단(共青團) 지부가 추천하는 방식을 취한다. 이 중에서 당원의 70% 정도는 공청단이 추천한다. 따라서 공청단원 출신은 공산당 입당에 매우 유리하다. 심사를 거쳐 입당 신청이 수용되면, 신청인의 신분은 '입당 적극분자'로 전환된다.

입당 적극분자가 확정되면 다음 단계로 교육과 훈련에 들어간다. 먼저 정식당원 가운데 적당한 사람 한두 명을 골라 입당 적극분자를 교육하여 당원이 되도록 인도하는 '육성 연계인(培養聯係人)'으로 지정한다. 육성 연계인은 적극분자에게 공산당의 기본 지식을 소개하고, 육성 교육의 전체 과정에서 조언자와 인도자의 역할을 맡는다. 또한 육성 연계인의 중요 임무는 적극분자의 성장 상황을 정기적으로 당 지부에 보고하는 일이다.

입당 적극분자의 육성 교육은 다양한 방식으로 진행된다. 이들은 일반 당원과 함께 공산당 지부에서 실시하는 각종 정치 학습과 조직 활동에 참여한다. 이들에게는 다양한 봉사 활동의 임무가 주어지기도 한다. 또한 적극분자는 상급 당 기층위원회나 해당 당 지부가 주최하는 집중 교육 프로그램에 참여하기도 한다. 이를 통해 적극분자는 공산당의 성질과 강령, 조직 원칙과 기율, 당원의 의무와 권리를 알게 되고, 원래의 입당 동기를 가다듬게 된다.

발전대상의 확정과 고찰: 엄격한 '정치심사(政治審査)'

입당 적극분자는 1년 이상의 육성 교육을 거친 이후에 '발전대상'으로 확정할지가 결정된다. 공산당 지부는 먼저 적극분자가 가입하여 활동한 당 소조와 그들을 지도한 육성 연계인의 의견을 듣는다. 또한 일반 당원과 군중의 의견도 청취한다. 이후 당 지부 회의를 소집하여 확정 여부를 심의하여 결정한다. 당 지부는 이런 결정 사항을 반드시 상급 당 기층위원회에 보고하여 비준받아야 한다. 상급 당 기층위원회의 비준을 받은 이후에 적극분자는 발전대상에 편입된다.

발전대상에 편입되면 교육과 고찰이 다시 시작된다. 먼저 정식당원 가운데 다시 한두 명을 골라 발전대상의 '입당 소개인(入黨紹介人)'으로 임명한다. 입당 소개인은 이전의 육성 연계인이 맡는 것이 보통이고, 임무도 전과 같다. 즉 발전대상에게 당의 강령과 〈당장〉을 설명하고, 당원의 조건·의무·권리를 알려준다. 또한 발전대상의 입당 동기, 정치 각오, 도덕 품성, 업무 상황, 행동 등의 상황을 파악하여 당 지부에 보고한다. 그 밖에도 입당 소개인은 나중에 발전대상이 공산당 '입당지원서'를 작성하는 데 도움을 주고, 거기에 자신의 의견도 기록해야 한다. 특히 입당 소개인은 당 지부 당원대회가 개최되어 발전대상을 예비당원으로 확정할지를 놓고 투표를 할 때, 당원들 앞에서 발전대상을 소개할 의무가 있다.

발전대상은 적극분자 때와 비슷하게 공산당 상급 조직이 실행하는 각종 집중 교육 훈련 과정에 참여해서 교육받아야 한다. 발전대상에 대한 집중 교육 훈련은 공산당 기층위원회 혹은 그것의 상급 기관인 현급(縣級: 현·시·구) 당 위원회 조직부가 담당한다. 집중 교육 훈련 시간은 3일 혹은 24시간보다 많아야 한다.

이 단계가 전 단계와 다른 결정적인 차이는 '정치심사(政治審査)'가 있다는 점이다. 공산당 지부는 집중 교육 훈련을 받은 발전대상에 대해 반드시 정치심사를 진행해야 한다. 심사 내용은 네 가지다. 첫째는 공산당 이론과 노선·방침·정책에 대한 이해 및 태도다. 둘째는 공산당 역사와 '정치투쟁'(예를 들어, 1989년 톈안먼 민주화 운동)에 대한 태도다. 셋째는 국가 법률과 당 기율의 준수 여부, 사회도덕의 준수 여부다. 만약 세금 포탈 등 범죄 혐의가 있거나, 혼외정사 등의 심각한 추문이나 윤리적 문제가 있다면 당원이 될 수 없다. 넷째는 직계 친족과 본인의 사회관계와 정치 상황이다. 당원이 되기 위해서는 본인뿐만 아니라 직계 친족에게도 정치 문제가 없어야 한다(이런 면에서 공산당원에게는 연좌제가 적용된다). 정치심사 방법은 본인과의 대화, 관련 자료의 검토, 관련 단위 및 인원과의 면담 등이 포함된다.

예비당원 신청과 입당: 엄중한 '입당 의식'

정치심사를 통과한 발전대상은 '예비당원'이 될 자격이 있다. 발전대상이 예비당원 입당을 신청하면, 공산당 지부는 이를 상급 조직인 당 기층위원회에 보고하고, '예비 심사(豫審)'를 정식으로 요청해야 한다. 요청받은 상급 당 기층위원회는 발전대상의 조건, 육성 교육 상황

등에 대한 심사를 진행한다. 이때에는 경찰과 검찰원에 발전대상의 신원 조회를 의뢰한다. 이런 과정을 거쳐 예비 심사가 완료되면 상급 당 기층위원회는 당 지부에 심사 결과를 서면으로 통보하고, 발전대상에게도 공산당 '입당지원서'를 발부한다.

입단 결정과 상급 공산당 조직의 비준

이후 발전대상은 입당 소개인의 도움을 받아 입당지원서를 작성하여 공산당 지부 위원회에 제출한다. 당 지부 위원회는 이를 접수한 후에 당원대회를 개최하여 발전대상의 입당 여부를 안건으로 상정하여 토론에 부친다.

공산당 지부 당원대회에서는 먼저 발전대상의 보고, 즉 공산당에 대한 인식, 입당 동기, 본인의 경력, 가정 및 주요 사회관계에 대한 발표가 있다. 이어서 입당 소개인이 발전대상의 상황에 대한 설명과 함께 입당 여부에 대한 자신의 의견을 발표한다. 다음 순서로 당 지부 위원회가 발전대상에 대한 심사 결과를 보고한다. 마지막 순서로 당원 토론과 표결이 진행된다. 표결은 무기명 투표 방식으로 이루어진다. 예비당원 입당은 당원대회 참석자의 과반수 찬성으로 통과된다.

공산당 지부 당원대회에서 입당이 결정되었다고 입당 절차가 완료되는 것은 아니다. 발전대상의 예비당원 확정은 상급 조직인 당 기층위원회의 심사와 비준이 필요하기 때문이다. 이를 위해 당 지부 위원회는 당 기층위원회에 공식으로 비준(審批)을 요청해야 한다. 비준을 요청받은 상급 당 기층위원회는 비준 요청서를 접수한 이후 3개월 이내에 비준 심사를 완료해야 한다.

비준을 요청받은 상급 공산당 기층위원회는 먼저 당 기층위원회 위원 혹은 조직부 간부를 해당 당 지부에 파견하여 발전대상에 대한 실사(實査)를 진행한다. 이때는 발전대상은 물론 당 지부 위원회의 간부와 소속 당 소조의 조장 등과도 직접 만나서 대화한다. 다음 단계로, 상급 당 기층위원회는 발전대상에 대한 실사 자료를 참고하여 비준 여부를 심의하고 투표로 결정한다.

표결을 거쳐 비준이 결정되면, 상급 당 기층위원회는 비준 의견을 공산당 입당지원서에 기록하여 비준을 요청한 당 지부에 돌려준다. 그러면 당 지부 위원회는 이를 발전대상 본인에게 통보하고, 당 지부 당원대회에서도 선포한다. 또한 이런 사실을 다시 상급 당 기층위원회 조직부에 보고(備案)한다.

엄중한 입당 의식

이렇게 하여 발전당원의 예비당원 입당이 최종적으로 확정되면 입당 의식이 거행된다. 입당 의식은 대개 공산당 기층위원회나 총지부 위원회에서 거행된다. 특별한 날, 예를 들어 매년 7월 1일의 창당 기념일에는 특별 입당식이 전국적으로 거행되기도 한다. 입당 의식의 순서는 다음과 같다.

먼저, 공산당 기층위원회 혹은 총지부 위원회 서기의 개회 선언이 있다. 이어서 〈국제가(國際歌, The Internationale)〉 합창이 있다. 이후 당 서기의 축사가 있다. 다음으로 당서기 주재로 공산당 깃발(黨旗) 앞에서 예비당원 전체의 입당 선서가 진행된다. 선서 내용은 〈당장〉에 나와 있다.

"나는 중국공산당에 가입하기를 원하며, 당의 강령을 옹호하고, 당의 장정(章程)을 준수하며, 당원의 의무를 이행하고, 당의 결정을 집행하며, 당의 기율을 엄수하고, 당의 비밀을 수호하며, 당에 충성하고, 공작에 적극적이며, 공산주의를 위해 죽을 때까지 분투하고, 당과 인민을 위해 일체를 희생할 준비가 항상 되어 있으며, 영원히 당을 배반하지 않을 것이다(永不叛黨)."

선서 이후에는 예비당원의 입당 소감과 다짐 등이 이어진다. 마지막으로 당서기의 훈화(訓話)가 있다. 이렇게 하여 예비당원의 입당이 완료된다.

예비당원 교육 및 고찰과 '정식당원'으로의 전환

공산당 예비당원은 아직 정식당원이 아니기 때문에 당원의 경력 기간을 의미하는 '당령(黨齡)'에는 계상되지 않는다. 일종의 수습 기간이라고 할 수 있는 1년의 예비기(豫備期)가 지나야 정식당원이 될 자격이 주어진다. 예비당원은 예비기 동안에 일반 당원과 똑같이 당 지부와 당 소조에 편입되어 당의 조직 생활에 참여한다. 단, 예비당원에게는 표결권이 없다.

또한 예비당원이 정식당원이 되기 위해서는 당 지부 위원회에 '정식당원 전환 신청서'를 제출해야만 한다. 만약 1년의 예비기가 부족하다면 6개월을 연장할 수 있지만 1년을 넘길 수는 없다.

정식당원으로의 전환 절차는 그렇게 복잡하지 않다. 먼저 예비당원 본인이 전환 신청서를 당 지부 위원회에 제출한다. 당 지부 위원회는 전환 신청서를 접수한 이후 예비당원이 소속된 당 소조에 의견을 조회한다. 또한 예비당원에 대한 다른 당원과 일반 군중의 의견도 청취한다. 이후 당 지부 위원회는 회의를 소집하여 전환 여부를 심사한다.

심사에 통과할 경우, 당 지부 위원회는 지부 당원대회를 개최하여 정식 안건으로 상정한다. 당원대회에서 당원들은 토론과 표결을 거쳐 통과 여부를 결정한다. 통과될 경우, 당 지부 위원회는 관련 자료를 종합하여 상급 당 기층위원회에 제출하고 비준을 요청한다. 상급 당 기층위원회는 3개월 이내에 심사 결과(즉, 비준 여부)를 통보해야 한다.

이 모든 과정이 끝나면 예비당원은 정식당원으로 전환된다. 정식당원 전환에서는 별도의 입당 의식이 없다. 이후 공산당 지부 위원회는 정식당원 전환자에 대한 모든 자료를 취합하여 '당안(檔案, personal file)'을 만들어 보관한다. 입당지원서, 입당신청서, 정치심사 자료, 정식당원 전환 신청서, 육성 교육 고찰 자료 등이 이에 포함된다. 당안은 당 조직부가 보관하며, 당원이 죽거나 혹은 탈당할 때까지 유지된다. 물론 본인은 원칙적으로 당안의 내용을 볼 수 없다.

공산당원의 증가와 입당 비율

그렇다면 실제로 얼마나 많은 사람이 이런 복잡한 과정을 거쳐 정식당원이 될까? 표 4-1은 이를 정리한 것이다.

이를 보면, '입당 적극분자'가 되겠다고 신청한 약 2,000만 명 중에서 최후로 '정식당원'이 되는 사람은 약 100만 명에서 200만 명에 불과하다. 그 비율을 백분율로 표시하면 5%에서 10% 정도다. 쉽게 말해,

표 4-1 공산당원의 증가와 '발전(發展)' 상황(2006~2021년)

단위: 만 명

연도	당원(증가)	신청자(1)	적극분자(2)	발전당원(3)	2/1(%)	3/1(%)
2006	7,239.1(158.1)	1,907.3	1,002.2	263.5	52.55	-
2007	7,415.3(176.2)	1,950.6	998.9	278.2	51.21	14.59
2008	7,593.1(177.8)	-	-	280.7	-	14.39
2009	7,799.5(206.5)	-	-	297.1	-	-
2010	8,026.9(227.4)	2,101.7	1,055.5	307.5	50.22	-
2011	8,260.2(233.3)	2,160.4	1,068.4	316.7	49.45	15.07
2012	8,512.7(252.5)	-	-	323.3	-	14.94
2013	8,668.6(155.9)	2,166.1	1,051.3	240.8	48.53	-
2014	8,779.3(110.7)	2,181.5	1,029.7	205.7	47.20	9.50
2015	8,875.8(96.5)	2,224.7	998.3	195.5	44.87	8.96
2016	8,944.7(68.8)	2,026.4	940.2	191.1	46.40	8.59
2017	8,956.4(11.7)	1,927.5	916.1	198.2	47.53	9.78
2018	9,059.4(103)	1,922.6	918.5	205.5	47.77	10.66
2019	9,191.4(132)	1,892.2	902.4	234.4	47.69	12.12
2021	9,514.8(323.4)	2,005.4	1,005.7	473.9	50.15	25.04

매년 당원이 되겠다고 100명이 신청하면, 그 가운데 3~4년의 기간을 거쳐 실제로 정식당원이 되는 사람은 5명에서 10명 정도밖에 되지 않는다는 것이다. 이를 보면, 중국에서 공산당원이 되는 일은 매우 어렵다고 할 수 있다.

물론 한 번 입당했다고 해서 평생 공산당원 신분이 보장되는 것은 아니다. 예를 들어, 정당한 사유 없이 '당의 조직 생활'에 참여하지 않으면 당원 신분은 박탈된다. 또한 당 지부가 허용하는 특별한 이유 없이 당비를 6개월 이상 내지 않아도 제명된다. 그 밖에도 당 지부가 부과한 임무를 특별한 이유 없이 수행하지 않아도 역시 제명된다.

당적이 박탈되는 경우는 이것 외에도 많다. 당정간부의 경우는 뇌물 수수 등 부패 혐의와 관련된 범죄를 저지르면, 형사처벌을 받기 전에 먼저 당적이 박탈된다. 그 결과 매년 수십만 명의 당원이 제명된다.

공산당의 '조직 생활'

〈당장〉에 따르면, "모든 당원은 지위 고하를 막론하고 당의 조직 생활(組織生活)에 반드시 참여해야 한다." 이처럼 당원은 개인이 아니라 조직의 일원으로 활동하고, 당원 신분을 유지하는 한 반드시 '조직 생활'에 참여해야 한다. 이들이 참여하는 조직이 바로 공산당 기층조직이다.

공산당 기층조직은 당원이 세 명 이상인 곳에 설립된다. 기본 설립 단위는 크게 '단위(單位)'와 '구역(區域)'으로 나뉜다. 기업·학교·연구소·사회조직 등이 '단위'고, 도시의 사구(社區, community)와 농촌의 촌락이 '구역'에 해당한다.

또한 공산당 기층조직은 당원 규모에 따라 공산당 기층위원회 (基層委員會)(기층 당위)(당원 100명 이상), 공산당 총지부(總支部)(당 총지부)(당원 50~100명), 공산당 지부(支部)(당 지부)(당원 3~50명)로 나뉜다. 이와 같은 공산당 기층조직은 상급 당 위원회의 비준(批准)을 받아야만 설립할 수 있다. **표 4-2**는 이것을 정리한 것이다.

표 4-2 공산당 기층조직의 변화(2006~2021년)

단위: 만 개

연도	기층위원회	총지부	지부	총계
2006	17.3	21.5	317.6	356.4
2008	17.9	22.9	331.0	371.8
2010	18.7	24.2	346.3	389.2
2013	20.3	26.5	383.5	430.4
2015	21.3	27.6	392.4	441.3
2017	22.8	29.1	405.2	457.2
2019	24.9	30.5	412.7	468.1
2021*	27.3	31.4	427.7	486.4

〈해설〉 * 2021년 통계는 2020년 1월부터 2021년 6월 5일까지의 통계를 가리킨다.

삼회일과(三會一課: 세 개의 회의와 하나의 학습)

공산당원들이 반드시 참가해야 하는 조직 생활의 기본은 '삼회일과(三會一課: 세 개의 회의와 하나의 학습)'라고 부른다. 여기서 '삼회(三會)'는 첫째는 당원대회, 둘째는 당 지부 위원회 회의, 셋째는 당 소조(party cell) 회의를 가리킨다. '일과(一課)'는 흔히 '당과(黨課)'라고 불리는 당원의 정치 학습을 말한다. 즉 모든 당원은 세 개의 회의에 참석하고, 공산당이 주관하는 정치 학습에도 반드시 참여해야 한다.

이는 공산당원의 조직 생활을 간단하게 표현한 말이지, 조직 생활 전체를 표현한 말은 아니다. **표 4-3**은 각종 규정을 근거로, 공산당 기층조직이 수행하는 다양한 '당의 조직 생활'을 정리한 것이다.

표 4-3 공산당 기층조직이 수행하는 '당의 조직 생활' 종류와 내용

시기	종류	내용
매월	당 지부 위원회 회의	당서기, 부서기, 위원 참석. 현안 논의와 결정 등
	당소조(黨小組) 회의	일반 당원 참석. 현안 논의, 학습 등
	당원 활동일(主題黨日)	집중 학습, 봉사 활동 등 특별 활동 전개
매 분기	당 지부 당원대회	당 지부 위원회의 업무보고 청취, 당 지부 위원 선거, 당 대회 대표 추천, 예비당원 결정, 당원 상벌 결정 등
	당 학습(黨課)	당 이론, 노선, 정책 등 집중 학습(당소조 회의, 당원대회 등 다양한 형식 활용)
	당 지부 위원회 업무 보고	당 지부 당원대회에서 보고 및 토론
	당원 사상보고	지부 소속 당원의 정치사상 상황 보고
매년	당 지부(소조) 조직생활회	일반 당원의 활동 평가, 비판과 자기비판 전개
	당 간부 민주생활회	당 간부의 활동 평가, 비판과 자기비판 전개
	당원 민주평의(民主評議)	당원대회에서 입당 선서에 입각한 당원 활동 평가, 당성 분석, 상호 평가, 민주 평가(투표) 등 전개
일상	당원 대화(談心談話)	당 지부 간부와 일반 당원 간, 당원 간에 수시 진행

조직생활회와 민주생활회: '비판과 자기비판의 생활화'

공산당 기층조직이 전개하는 가장 중요한 조직 생활로는 두 가지가 있다. 하나는 일반 당원이 참여하는 '조직생활회(組織生活會)'고, 다른 하나는 간부 당원만이 참여하는 '민주생활회(民主生活會)'다.

평당원의 조직생활회

평당원의 조직생활회는 대개 매년 연말(12월)에 당 소조 회의 혹은 당 지부 당원대회 형식으로 개최된다. 이때는 모든 소속 당원이 참여해야 한다. 만약 당 소조 회의에서 조직생활회가 개최될 경우는 당시

기 같은 당 지부 위원회의 간부가 참석하여 감독한다. 반면 당 지부 당원대회에서 조직생활회가 개최될 경우는 상급 당 기층위원회의 간부가 참석하여 감독한다.

평당원 조직생활회의 순서와 내용은 다음과 같다. 먼저 각 당원은 자기의 활동과 정치사상을 발표한다. 이때는 지난 1년 동안 자신이 전개한 각종 활동과 자신의 정치사상을 객관적이고 솔직하게 평가해야 한다. 여기에는 당연히 자신의 문제점에 대한 비판, 즉 '자기 검토(自我檢查)'가 포함되어야 한다. 이런 내용을 담은 '자기 검토서'는 사전에 문서로 작성하여 당 지부 위원회에 제출하는 것이 원칙이다. 다음으로 다른 당원들은 발표자의 활동 내용과 정치사상을 평가하고 비판한다. 이런 식으로 당원 상호 간에 비판과 자기비판이 전개된다. 마지막으로 민주생활회 모임에 참석한 당 간부가 총괄 평가한다.

간부 당원의 민주생활회

간부 당원(영도간부)만이 참여하는 민주생활회는 매우 엄격하게 진행된다. 민주생활회는 공산당 기층조직에서부터 중앙조직에 이르기까지 영도기관과 영도간부가 있는 모든 지역과 단위에서 1년에 1회 이상 개최된다. 간부 당원은 당연히 일반 당원 신분으로 조직생활회에도 참석한다. 결국 간부 당원은 매년 최소한 두 번 이상의 생활회에 참석하는 셈이다.

민주생활회의 내용과 절차는 조직 층위와 관계없이 거의 같다. 따라서 우리는 공산당 중앙조직과 지방조직에서 진행되는 민주생활회 사례를 살펴봄으로써 공산당 기층조직에서 전개되는 민주생활회를 이해할 수 있다. 예를 들어, 공산당 중앙정치국은 매년 12월에 총서기가 주재하고 정치국원 전원이 참석하는 민주생활회를 개최한다.

2020년을 사례로 정치국의 민주생활회를 살펴보자. 그해 12월 24일과 25일 이틀 동안 시진핑 총서기의 주재하에 25명의 정치국원 전원이 참석한 민주생활회가 개최되었다.

이때 각 정치국원은 먼저 공산당 중앙이 제시한 '5개 중점(重點)'을 중심으로 지난 1년 동안 자신이 전개한 활동을 평가했다. 즉 '자기 검토'를 발표한 것이다. 5개 중점은 첫째, 시진핑 사상의 학습과 관철, 둘째, 공산당 전면 영도 강화의 실천, 셋째, 주요 갈등과 문제 해결 등 임무 수행, 넷째, 공산당 중앙의 결정 및 결의의 집행 관철, 다섯째, 중앙 '8항 규정(八項規定)'의 엄격한 준수 여부를 말한다. 이처럼 정치국원은 각자 자신의 활동과 정치사상을 검토하고 당성(黨性)을 분석했다. 이때 발표한 '자기 검토서'는 미리 정치국에 서면으로 제출했다.

발표 이후 다른 정치국원의 평가와 비판이 이어졌다. 이런 식으로 이틀 동안 정치국원 간에 자기비판과 상호비판이 진행되었다. 마지막으로 시진핑 총서기가 민주생활회를 결산하여 총괄 평가했다.

그런데 민주생활회는 연말에만 개최되는 것이 아니다. 공산당은 정풍운동(整風運動)을 전개할 때마다 일반 당원이 참여하는 조직생활회와 간부 당원이 참여하는 민주생활회를 개최한다. 2013년 하반기부터 약 1년 동안 전개된 '군중노선 교육 실천 활동(군중노선 활동)'이 대표적인 사례다.

이때 시진핑은 2013년 9월 23일부터 25일까지 3일간 진행된 허베이성(河北省) 공산당 위원회의 민주생활회에 직접 참석했다. 이 민주생활회는 공산당 성 위원회 전체 상황에 대한 당서기의 검토 보고, 당 위원회 위원들의 개인 검토 보고, 당 위원회 위원 간의 상호비판, 중앙이 파견한 민주생활회 감독조(監督組) 조장의 평가, 시진핑 총서기의 총괄 평가 순으로 진행되었다. 다른 지역과 기관에서도 비슷한 방식으로 민주생활회가 개최되었다.

민주생활회가 이렇게 진행되기 때문에, 이에 참여한 간부 당원은 서로에 대해 '진검승부'를 할 수밖에 없고, 그래서 '얼굴이 붉어지고', '진땀'을 흘릴 수밖에 없다. 다시 말해, 간부의 민주생활회는 결코 형식적으로 개최되지 않는다. 이후에는 민주생활회에서 제기된 문제를 해결하기 위한 개선 활동이 전국적으로 전개되었다.

제2부

공산당 통제 기제

5장 인사 통제
6장 조직 통제
7장 사상 통제
8장 무력 통제

5장

인사 통제

　공산당 영도 체제의 가장 효과적인 통제 기제는 공산당만이 간부를 관리한다는 원칙, 즉 '당관간부(黨管幹部)' 원칙이다. 공산당의 인사 통제는 모두 네 가지 제도를 통해 실현된다. 첫째는 인사 임명 제도로, 공산당이 주요 간부를 임명하거나 면직하는 통제 기제를 말한다. 공산당은 특히 영도간부(領導幹部)에 대해서는 철저하게 통제한다. 이를 실행하는 구체적인 방법이 바로 '간부직무명칭표(幹部職務名稱表)' 제도다. 이에 비해 공무원 제도는 주로 비(非)영도직무의 공무원을 관리하는 보조 수단으로 사용된다.

　둘째는 간부 교육 훈련 제도다. 간부의 충성심을 배양하고 업무 능력을 향상하기 위해서는 교육 훈련이 필수적이다. 이를 위해 공산당은 중앙에서 현급(縣級) 지방까지 당교(黨校, party school)와 각종 간부학원(幹部學院, cadre academy)을 운영하고 있다. 또한 일상적으로는 공산당 정치국 집단학습(集體學習) 제도를 포함하여 공산당 위원회(당조) 이론 중심조(中心組) 학습 제도와 당원 정치 학습 제도를 실행한다. 공산당은 전 세계의 어떤 국가에서도 찾아볼 수 없는 '학습형(學習型) 정당'이다.

셋째는 간부 인사 평가 제도다. 우수한 간부는 육성하고 무능한 간부는 도태시키기 위해서는 공정한 평가 기준과 객관적인 절차에 입각한 인사 평가가 이루어져야 한다. 게다가 인사 평가 제도는 공산당 중앙이 생각하는 정책의 우선순위에 따라 지방 간부가 정책을 집행하도록 유도하는 중요한 통제 수단이기도 하다. 따라서 인사 평가 제도가 잘 실행되어야만 공산당 중앙의 정책이 지방에서 제대로 집행될 수 있다.

넷째는 인사 감독 제도다. 중국과 같은 공산당 영도 체제에서는 당정간부가 공산당을 대신하여 인사권과 정책권 등 막강한 권한을 행사한다. 그래서 인사 감독이 제대로 이루어지지 않으면 간부의 부정부패가 만연하고, 이는 곧 국민의 불만을 불러일으켜 공산당의 통치 정통성에 치명상을 입힐 수 있다. 간부에 대한 철저한 감독과 통제가 필수적인 이유는 이 때문이다.

이와 같은 네 가지 제도 중에서 여기서는 앞의 두 가지를 살펴보도록 하자.

공산당 중앙의 간부 관리 제도

공산당은 두 가지 제도를 이용하여 인사를 임명하고 통제한다. 첫째는 간부직무명칭표 제도고, 둘째는 공무원 제도다. 간부직무명칭표 제도는 '영도직무'의 공무원, 즉 국가급(國家級)·성부급(省部級)·지청급(地廳級)·현처급(縣處級)·향과급(鄕科級) 간부 공무원을 관리하는 제도다. 반면 공무원 제도는 '비영도직무'의 일반 공무원을 관리하는 제도다.

공산당의 간부 인사제도는 소련공산당의 영향을 받아 만들어졌다. 단적으로 간부직무명칭표 제도는 소련의 '노멘클라투라(nomenklatura)'—중국어 번역은 '간부직무명단제(幹部職務名單制)'—를 도입한 것이다. 공산당은 이를 도입하여 중앙부터 기층에 이르기까지 국가기관, 공공기관, 인민단체 등 국가 재정으로 운영되는 조직의 인사를 체계적으로 관리한다. 따라서 중국에서는 공산당의 통제 밖에 있는 공적 영역(public sector)의 중요한 직위는 없다고 볼 수 있다. 단 민영기업 등 사적 영역(private sector)은 그렇지 않다.

공산당 중앙은 세 가지 종류의 간부 명단을 관리한다. 지방 공산당 위원회도 이와 비슷한 인사 제도를 운영한다. 첫째는 '중앙 관리 간부직무명칭표(中管幹部職務名稱表)'로, 여기에는 중앙이 직접 임명하는 간부 직위가 들어 있다. 둘째는 '중앙 보고 간부직무명단(向中央備案幹部職務名單)'으로, 여기에는 성부급(省部級) 기관이 임명하고 중앙에 보고하는 간부 직위가 들어 있다. 셋째는 중앙이 관리하는 '예비간부명단(後備幹部)'이다.

중앙 관리 간부직무명칭표

표 5-1은 '중앙 관리 간부직무명칭표'를 정리한 것이다. 중앙이 관리하는 간부인 '중관간부(中管幹部)' 혹은 성부급(省部級: 장차관급) 간부의 규모는 계속 줄었다. 예를 들어, 1984년 명칭표는 4,200명이고, 1990년

표 5-1 중앙 관리 간부직무명칭표: 1984년, 1990년, 1998년

		1984년		1990년		1998년
규모 (개)		4,200		4,100		2,562(1996년 통계)
종류	1	공산당 중앙 직속기구	1	공산당 중앙	1	공산당 중앙
	2	전국인대, 전국정협, 최고인민법원, 최고인민검찰원	2	공산당 중앙 직속기구	2	공산당 중앙 직속기구
	3	국무원	3	국가주석·부주석	3	국가주석·부주석, 중앙군위 주석·부주석·위원
	4	인민단체	4	전국인대, 전국정협, 최고인민법원, 최고인민검찰원	4	전국인대
	5	지방(성급) 조직	5	국무원	5	전국정협
	6	대학	6	인민단체	6	국무원
	7	기업단위와 사업단위	7	지방(성급·지급) 조직	7	최고인민법원, 최고인민검찰원
		-			8	인민단체
	9	지방(성급·부성급) 조직				
	10	대학				

명칭표는 4,100명이었는데, 1998년 명칭표는 2,562명이다. 이를 통해 성부급 간부가 약 3,000명 정도라는 사실을 알 수 있다. 성부급 간부는 다시 성부급 정직(省部級正職: 장관급) 간부와 성부급 부직(省部級副職: 차관급) 간부로 구분된다.

표 5-2 중앙 보고 간부직무명단: 1990년과 1998년

	1990년		1998년
1	당정기관 국처급(局處級) 간부와 주요 사회단체 영도간부	1	공산당과 정부, 사업단위, 기업단위 등 국사급(局司級) 간부
2	지방 청국급(廳局級) 간부와 지사급(地司級) 간부	2	지방 청국급(廳局級) 간부
3	주요 중점대학 서기·부서기, 총장·부총장	3	주요 17개 중점대학 부서기·부총장, 19개 주요 사업단위 영도간부
4	주요 특정 기업과 사업단체 영도간부	-	-

중앙 보고 간부직무명단과 예비간부명단

'중앙 보고 간부직무명단'도 1990년 명단과 1998년 명단이 조금 다르다. **표 5-2**는 이를 정리한 것이다. 1990년 명단은 이들을 모두 4개 범주로 구분했는데, 1998년 명단은 3개 범주로 구분했다. 또한 포함하는 직위에도 약간의 변화가 있다. 예를 들어, 1990년 명단에는 '주요 사회단체 영도간부'가 포함되었는데, 1998년 명단에는 이것이 빠졌다(대신 이들 중에서 '인민단체'는 앞에서 보았듯이 '중앙 관리 간부직무명칭표'에 포함되었다). 이는 공산당 중앙이 간접 방식으로도 인민단체를 제외한 사회단체 인사를 관리하지 않는다는 사실을 의미한다. 이를 제외한 나머지, 즉 중앙의 당정기관, 기업단위(국유기업), 사업단위(공공기관)와 지방 당정기관은 두 개 명단 모두에 포함되어 있다.

마지막으로, **표 5-3**은 공산당 중앙이 관리하는 '예비간부명단(後備幹部名單)'을 정리한 것이다. 이 명단은 간부직무명칭표 제도의 정식 구성 요소는 아니지만, 차세대 지도자를 육성한다는 측면에서 공산당 중앙

표 5-3 중앙 관리 예비간부의 규모(2010년)

단위: 명

급별	규모
성부급(省部級)	1,000
지청급(地廳級)	6,000
현처급(縣處級)	40,000
총계	**47,000**

은 1980년대부터 이와 같은 명단을 작성하여 운영했다.

중앙이 관리하는 '예비간부명단'에 포함된 간부들은 차후에 중앙 및 지방의 당정 지도자로 선발될 가능성이 매우 큰 사람들이다. 또한 공산당 중앙은 중앙당교(中央黨校) 등 전문 간부 교육기관을 통해 이들을 교육 훈련하는 별도의 프로그램을 운영하고 있다.

공무원 제도: '당관간부' 원칙의 적용

중국에서 공무원(公務員, public servants)은 첫째, 법률에 근거하여 공직을 수행하고, 둘째, 국가의 행정 편제(行政編制)에 편입되어 있으며, 셋째, 국가 재정으로 임금과 복지 비용을 부담하는 인원을 가리킨다. 따라서 공무원은 일반적으로 부르는 정치적 개념인 '간부(幹部, cadres)'와는 완전히 다른 법률적으로 엄격히 규정된 개념이다.

공무원 제도와 간부직무명칭표 제도의 결합

〈중국 공무원법〉에 따르면, 공무원이 되려면 일곱 가지의 조건을 갖추어야 한다. 첫째는 중국 국적, 둘째는 만 18세 이상, 셋째는 〈헌법〉을 옹호하고, 공산당의 영도와 사회주의 제도를 옹호할 것 등이다. 또한 이에 따르면, 공무원은 여덟 가지의 의무를 지켜야 한다. 그 가운데 첫째가 〈헌법〉에 충성하고 모범적으로 준수하며, 스스로 〈헌법〉과 법률을 수호하고, 공산당 영도를 스스로 수용할 것이다.

반면 〈중국 공무원법〉은 중국에서 공무원이 될 수 없는 사람으로 다섯 가지의 부류를 나열하고 있다. 그 가운데 첫째가 범죄로 실형을 받아 교도소에서 복역한 사람이고, 둘째가 공산당 당적에서 제적된 사람이다. 마지막으로 〈중국 공무원법〉 어디에도 공무원의 신분 보장에 대한 명확한 규정이 없다. 즉 중국에서는 다른 국가에서와는 달리 공무원의 신분이 법률로 보장되지 않는다.

이와 같은 공무원의 임용 조건과 의무를 보면, 흥미로운 점을 발견할 수 있다. "공산당 영도의 수용"과 "공산당 당적에서 제적되지 않았을 것"이라는 규정이 법에 명시되어 있다는 점이다. 이를 보면, 다른 나라에서 강조되는 공무원의 정치적 중립이 중국에서는 허용되지 않는다. 실제로 공무원의 80%, 영도간부의 95%가 공산당원이다.

〈중국 공무원법〉은 '당관간부' 원칙을 법제화했다는 점에서도 특징이 있다. 〈중국 공무원법〉 '제1장 총칙'의 제4조는 "공무원 제도는 공산당 영도를 견지"하고, "당의 간부 관리 원칙을 견지"한다고 명시하고 있다. 또한 〈중국 공무원법〉의 적용 대상도 '비(非)영도 인원', 즉 비영도직무 공무원임을 명시하고 있다.

반면 '영도직무', 즉 국가급·성부급·지청급·현처급·향과급 간부는 〈중국 공무원법〉이 아니라 〈공산당 영도간부 선발 임용 공작조례〉에 따라 관리한다. 영도직무는 간부직무명칭표 제도에 따라 관리한다는 점을 합법화한 것이다. 이렇게 되면서 공산당이 공무원 전체를 통제할 수 있는 법적 근거, 영도직무를 당규로 관리할 수 있는 법적 근거가 확보되었다.

공무원의 규모와 분류

공무원 규모는 약간의 변동은 있지만 계속 증가하고 있다. **그래프 5-1**은 이를 정리한 것이다. 이에 따르면, 공무원 규모는 2007년 688만 8,000명에서 2008년 659만 7,000명으로 29만 1,000명이 줄었다. 그런데 2009년부터 공무원 수가 다시 증가하기 시작해 2015년에는 716만 7,000명이 되었다. 이는 정부 개혁의 '악순환(怪圈)' 현상, 즉 부서와 인원이 '축소-팽창-재축소-재팽창'을 반복하는 현상이 최근까지 이어지고 있음을 보여준다.

그래프 5-1 국가 공무원의 증가 상황(2007~2015년)

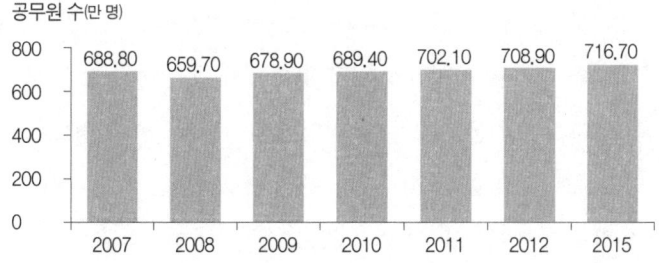

'영도직무'와 '비영도직무'

또한 〈중국 공무원법〉에 따르면, 공무원은 크게 '영도직무'와 '비(非) 영도직무'로 나눌 수 있다. '영도직무' 공무원은 간부직무명칭표 제도에 따라 공산당 위원회가 결정하고 당 조직부가 관리한다. 방식은 '아래 일급 관리(下管一級)'다. 예를 들어, 공산당 중앙(中央)은 성부급(省部級: 장차관급), 성급(省級) 당 위원회는 지청급(地廳級: 국장급), 지급(地級) 당 위원회는 현처급(縣處級: 처장급), 현급(縣級) 당 위원회는 향과급(鄕科級: 과장급) 인사를 결정한다. 이를 위해 각급 공산당 위원회는 각자의 간부직무명칭표를 작성하여 운영한다.

이에 비해 '비영도직무' 공무원은 해당 당정기관의 각 부서가 동급 공산당 조직부의 감독하에 관리한다. 이때도 해당 기관에 설치된 공산당 지도조직인 당조(黨組)가 이들 인사를 결정하고, 이런 면에서 보면 비영도직무 공무원에 대해서도 공산당이 인사권을 행사한다는 점은 같다. 다만 그것을 관리하는 주체(공산당 조직)의 행정등급이 상급이냐, 아니면 동급이냐의 차이가 있을 뿐이다.

표 5-4는 2007년 통계를 기준으로 공무원의 '영도직무'와 '비영도직무'의 분포 상황을 정리한 것이다. 이에 따르면, 공무원 영도직무는 모두 5등급으로 구분된다. 인원이 극소수(약 30명 정도)라서 **표 5-4**에는 규모를 표시하지 않은 국가급(國家級)—공산당 중앙정치국 위원—, 그리고 나머지인 성부급·지청급·현처급·향과급이 그것이다. 또한 영도직무와 비영도직무의 분포를 보면, 비영도직무는 약 487만 명으로 전체 공무원(약 688만 8,000명)의 70.7%다. 반면 영도직무는 202만 명으로 전체 공무원의 29.3%를 차지한다. 비율로 보면, 비영도직무가 영도직무

표 5-4 공무원 영도직무와 비영도직무의 규모(2007년)

직급	영도직무	비영도직무	소계
① 국가급(國家級)	(30명 이내)	-	(30명 이내)
② 성부급(省部級)(%)	2,485(100)	-	2,485(100)
③ 지청급(地廳級)(%)	31,223(65.1)	16,770(34.9)	47,993(100)
④ 현처급(縣處級)(%)	411,180(66)	211,820(34)	623,000(100)
⑤ 향과급(鄕科級)(%)	1,576,000(50)	1,576,000(50)	3,152,000(100)
⑥ 직원(科員/辦事員)(%)	-	3,063,000(100)	3,063,000(100)
총계(%)	2,020,888(29.3)	4,867,590(70.7)	6,888,478(100)

보다 2.5배가 많다.

또한 전체 영도직무 공무원(약 202만 명) 중에서 향과급의 기층간부(基層幹部)는 약 157만 6,000명으로, 이들이 영도직무의 78%를 차지한다. 이는 공무원 영도직무의 78%는 기층간부(基層幹部)고, 22%만이 현처급·지청급·성부급·국가급의 영도간부(領導幹部)라는 사실을 보여준다.

공무원의 기관별 및 행정등급별 분포

표 5-5는 2003년 통계를 기준으로, 공무원의 기관별 분포와 행정등급별 분포를 정리한 것이다.

이에 따르면, 기관별로 볼 때 공무원의 61.63%는 정부에 근무하고, 다음이 의회(인대)(18.61%), 공산당(11.32%), 법원·검찰원(7.07%), 민주당파와 공상련(1.41%), 정협(0.94%) 순이다. 행정등급별로 보면, 전체 공무원 중에서 44.02%가 현급 단위에 근무하고, 다음이 지급(23.58%), 향급

표 5-5 공무원의 기관별 및 행정등급별 분포 상황(2003년)

단위: 만 명/퍼센트(%)

기관별	규모(만 명)와 비중(%)	행정등급별	규모(만 명)와 비중(%)
공산당	72(11.32)	중앙(中央)	47(7.39)
정부	392(61.63)	성급(省級)	53(8.33)
의회(인대)	112(18.61)	지급(地級)	150(23.58)
정협	6(0.94)	현급(縣級)	280(44.02)
법원·검찰원	45(7.07)	향급(鄕級)	105(16.51)
민주당파 등	9(1.41)	총계	636(100)
총계	636(100)		

(16.51%), 성급(8.33%), 중앙(7.39%) 순이다. 이 중 현급과 향급을 합하면 전체 공무원의 67.6%로, 전체 공무원의 약 3/5이 현급 이하의 지방과 기층에서 근무하고 있다.

간부 교육 훈련 기관

현재 중국에는 모두 약 5,000개의 간부 교육 훈련 기관이 있다. 이 가운데 국가급은 '1교(校) 5원(院)'이라고 부른다. '1교'는 중앙당교, '5원'은 국가 행정학원, 옌안(延安) 간부학원, 징강산(井岡山) 간부학원, 푸둥(浦東) 간부학원, 다롄(大連) 고급경리학원(高級經理學院)을 가리킨다. 참고로 중앙당교와 국가 행정학원은 2018년부터 하나로 통합하여 운영한다(지방도 같다).

'1교 5원'은 공산당 중앙과 국무원이 직접 관리한다. 예를 들어, 다

표 5-6 공산당 당정간부 교육 훈련 기관

분류	규모(개)	종류
국가급(國家級)	6	중앙당교, 국가행정학원, 간부학원(푸둥·징강산·옌안·다롄)
성급(省級)	56	당교, 행정학원, 간부학원, 사회주의학원
지급(地級)	502	당교, 행정학원, 간부학원, 사회주의학원
현급(縣級)	약 2,600	당교, 행정학원, 간부학원, 사회주의학원
중앙 부서	약 200	간부훈련센터(培訓中心)
국유기업	약 1,700	간부훈련센터
고등교육기관	14	일반대학(베이징대학·칭화대학 등), 중국사회과학원 등
총계	약 5,000	

〈해설〉 행정학원은 원래 국무원과 지방 정부 소속이었는데, 시진핑 시기에 들어 당교와 통합 운영한다. 중앙과 성급에 47개, 지급 및 현급에 384개 등 모두 431개가 있다.

렌 고급경리학원은 국무원 국유자산감독관리위원회(국자위) 주임이 원장을 맡고 있고, 중앙당교와 나머지 네 개의 국가급 간부학원은 공산당 중앙 조직부 부장이 교장과 원장을 맡고 있다. **표 5-6**은 이런 각종 학교를 행정등급별로 나누어 정리한 것이다.

중앙당교의 간부 교육 훈련

전체 교육기관 중에서 중앙당교(中央黨校)가 가장 중요하고, 여기서 실시하는 교육과정과 교과목은 성급·지급·현급의 지방당교에도 적용된다. 중앙당교는 단순한 교육기관이 아니라 공산당과 정부에 이론과 정책을 제공하는 중요한 싱크탱크(智庫, think tank)이기도 하다. 특히

2005년에 푸둥학원 등 국가급 간부학원이 설립되면서 중앙당교의 싱크탱크 역할은 전보다 더욱 강조되고 있다.

교육과정: '주체반(主體班)'과 '주제 연구반(專題研討班)'

중앙당교가 개설하는 교육과정—중국어로는 '반차(班次)'—은 크게 '주체반(主體班)'과 '주제 연구반(專題研討班)'으로 나눈다. 여기서 주체반은 '당교에서 중심(主體)이 되는 반'이라는 뜻으로, '연수반(進修班)'과 '육성반(培訓班)'을 가리킨다. 반면 주제 연구반은 특정 주제에 대한 간부의 이해 및 업무 능력을 향상하기 위해 개설하는 전문 교육과정을 가리킨다. **표 5-7**은 이를 정리한 것이다.

주체반 1: 연수반(進修班)

연수반은 2개월에서 4개월 반(半)의 과정으로 운영된다. 연수반은 연수생의 직급에 따라 세 종류로 나뉜다. 첫째는 성부급(省部級: 장차관급) 간부 연수반, 둘째는 청국급(廳局級: 국장급) 간부 연수반, 셋째는 신임 현(縣) 당서기 연수반이다. 이 가운데 성부급 및 청국급 간부는 5년마다 3개월 이상 업무를 벗어나서 집체 교육을 받아야 한다는 〈간부 교육 훈련 공작조례〉에 따라 영도간부라면 누구나 한 번씩 받는 연수 과정이다. 그래서 이를 '순환 연수(輪訓)'라고 부른다.

현 당서기 연수반은 현 당서기로 승진하여 처음으로 받는 직무 연수다. 이는 농촌에서 현 당서기가 차지하는 중요성을 고려하여 중앙당교가 특별히 개설하는 과정이다. 일반적으로 현급 영도간부는 중앙당교가 아니라 성급(省級)이나 지급(地級) 지방당교에서 교육 훈련을 받기 때문이다.

표 5-7 공산당 중앙당교의 영도간부 교육과정(班次)

유형		세부 종류		대상(간부)	기간	특징
연수반 (進修班)		성부급(省部級) 간부		성부급	2~4개월	모든 영도간부는 5년에 3개월 이상 연수 필수/ 중앙 조직부 선발
		청국급(廳局級) 간부		청국급	2~4개월	
		현(縣) 당서기		신임 현 당서기	2~4개월	승진 후 직무교육
주체반 (主體班)	중청년 간부반 (中靑班)	1반		정(正) 청국급	4개월	성부급 승진 위한 예 비간부(後備幹部) 교육/ 중앙 조직부 선발
		2반		부(副) 청국급	1년	성부급 승진 위한 전략 (戰略) 예비 간부 육성/ 중앙 조직부 선발
	육성반 (培訓班)	민족 간부반 (民族 幹部班)	신장 (新疆)	지청급 (地廳級)	부(副) 지청급	4개월	신장·티베트 통치할 소수민족 핵심 간부 육성/신장·티베트 공 산당 위원회 조직부 선발
				현처급 (縣處級)	45세 이하 현처급	4개월	
			티베트 (西藏)	반년제	지청급· 현처급	4개월	
				1년제	45세 이하 현처급	1년	
주제 연구반 (專題 研討班)		성부급 간부		성부급	1~3주	특정 주제를 전문적으 로 연구 토론하여 전문 지식과 능력 향상
		청국급 간부		청국급	1~3주	
교수 양성반 (師資班)		석사 과정		당교 교수· 일반	2년	정식 학위 과정
		박사 과정		당교 교수· 일반	3년	

주체반 2: 육성반(培訓班)

'현재' 지도자를 교육하는 연수반과 달리, 육성반은 '미래' 지도자를 양성하는 교육과정이다. 그래서 이를 '연수(進修)'반과 구별하여 '육성(培

訓)'반이라고 부른다. 이는 공산당 영도 체제의 유지를 위해 매우 중요한 과정이기 때문에, 공산당 중앙 조직부가 직접 주관한다. 중앙당교도 공산당 중앙 조직부의 방침에 맞추어 육성반을 주체반의 하나로 특별 관리한다.

이런 육성반에는 두 가지 종류가 있다. 첫째는 '중청년 간부 육성반(中青年幹部培訓班)', 줄여서 '중청반(中青班)'이다. 둘째는 '민족간부 육성반(民族幹部培訓班)', 줄여서 '민족 간부반(民族幹部班)'이다.

중청년 간부 육성반(중청반)

먼저 중청반은 '1반'과 '2반'으로 나뉜다. 중청 1반은 4개월 반(半)의 과정으로, 청국급(廳局級) 정직(正職) 간부, 즉 청장(廳長)이나 국장(局長) 중에서 성부급(省部級) 부직(副職) 간부, 즉 부부장(副部長: 차관), 부성장(副省長), 부서기(副書記)로 승진할 가능성이 있는 간부를 대상으로 개설된다. 그래서 중청 1반을 '성부급 예비 간부반(後備幹部班)'이라고 부른다. 중청 1반의 교육생으로 선발되었다는 것은, 머지않아 성부급 부직(차관급) 간부로 승진할 가능성이 크다는 것을 의미한다.

반면 중청 2반은 1년 기간의 비교적 긴 과정으로, 우수한 청국급 부직(副職), 즉 부청장이나 부국장 중에서 장래에 성부급 부직(차관급)으로 성장할 가능성이 큰 간부를 대상으로 개설된다. 그래서 중청 2반을 '성부급 전략(戰略) 예비 간부반'이라고 부른다. 중청 2반의 교육생으로 선발되었다는 것은, 장래에 성부급(장·차관급) 간부로 승진할 가능성이 크다는 사실을 의미한다. 따라서 중청 2반은 공산당의 미래 지도자를 육성하는 대표적인 교육 프로그램이라고 할 수 있다.

공산당의 관점에서 볼 때, 중청반은 당과 국가의 미래 지도자를 양성하는 매우 중요한 과정이다. 그래서 중청반의 교육생을 특별 관리한다. 이런 이유로 당정간부들은 중청반의 교육생으로 선발되기 위해 매우 치열한 경쟁을 벌인다. 공산당 중앙이 미래의 지도자를 양성하기 위해 '예비간부명단'을 관리하는데, 여기에 포함된 청국급 간부들이 바로 중청반에서 교육받는 대상이다.

실제로 중청반을 통해 최고 지도자로 성장한 사람들이 많이 있다. 예를 들어, 후진타오 전 총서기, 후춘화(胡春華) 전 정치국원 겸 국무원 부총리, 쑨정차이(孫政才) 전 정치국원 겸 충칭시 당서기는 각각 1983년, 1996년, 2000년에 중청반에 선발되어 중앙당교에서 교육받았다. 공산당 19차 당대회(2017년) 시기의 중앙위원을 사례로 보면, 204명의 정위원 중에서 47명, 172명의 후보위원 중에서 38명이 중청반 출신으로, 이들은 전체의 23%를 차지한다.

민족간부 육성반

민족 간부반은 '신장반(新疆班)'과 '티베트반(西藏班)'으로 나누어 개설된다. 두 지역은 문화와 언어, 사회경제적 조건, 당면한 과제가 다르므로 별도로 운영된다. 이들은 현재 신장 위구르 자치구와 티베트 자치구를 통치하고 있거나, 미래에 이 지역을 통치할 소수민족의 핵심 간부를 육성하는 과정이다.

민족간부 육성반은 간부 등급에 따라 각각 두 개로 나뉘어 구성된다. 이 중에서 티베트 현처급 간부 육성반은 1년 과정으로, 중청 2반과 비슷하다. 즉 티베트 지역에서 예비 간부를 미리 선발하여 장기간에 걸쳐 육성한다는 성격을 갖고 있다.

주제 연구반과 교수 양성반

주제 연구반(專題硏討班)은 교육생의 급별에 따라 성부급 연구반과 청국급 연구반 두 가지가 있다. 공산당 중앙은 국가의 중대한 전략 배치와 공산당의 중점 사업을 둘러싼 주요 현안(issue)을 해결하기 위해, 또한 고위급 당정간부가 전문적인 정책과 업무를 제대로 이해할 수 있도록 돕기 위해 주제 연구반을 개설한다. 이 과정은 1999년 1월에 성부급 주요 영도간부를 대상으로 하는 금융 연수반을 개설한 것을 시작으로 지금까지 해마다 개설되고 있다.

다음으로 '교수 양성반(師資班)'은 당교 계통의 교수 요원을 양성하기 위한 과정이다. 이 반을 개설한 목적은 지방당교 교수의 학문적 자질과 능력을 향상하기 위한 것이다. 이전에 현급 지방당교의 교수는 석사나 박사 학위가 없는 사람이 많았다. 이들의 자질과 능력을 높이기 위해 2016년에 전국 당교계통(黨校系統) 교수연수학원(教師進修學院)을 중앙당교 내에 설립하고, 마르크스주의 이론 과정과 공산당 이론 과정을 개설했다. 인원은 2년 과정의 석사생 100명, 3년 과정의 박사생 200명이다. 당정간부나 일반대학 졸업생도 중앙당교의 석박사 과정에 진학할 수 있다.

공통 과정과 세부 과목

당교의 교육 내용은 크게 정치교육, 직무교육, 교양교육으로 나눌 수 있다. 표 5-8은 중앙당교가 개설한 공통 교육과정과 세부 교과목을

표 5-8 중앙당교의 공통 교육과정과 세부 교과목

교육과정	세부 교과목	특징
당 이론 교육과정 (三個基本)	① 마르크스-레닌주의 기본 문제 ② 마오쩌둥 사상 기본 문제 ③ 중국 특색 사회주의 이론 체계	연수반과 육성반의 필수 과목*
당성 교육과정	① 당성 이론 ② 역사 경험과 교훈 ③ 당장(黨章), 당기(黨紀), 당규(黨規) ④ 당성(黨性) 분석	-
당대 세계 과정 (五個當代)	① 당대 세계 경제 ② 당대 세계 과학기술 ③ 당대 세계 법제(法制) ④ 당대 세계 군사 ⑤ 당대 세계 사조(思潮)/당대 세계 민족 종교	연수반과 육성반의 필수 과목*
전략 사유와 영도 능력 과정	① 형세와 임무 보고 ② 마르크스주의 사유 방법 연구 ③ 전략 사유와 방법	

〈해설〉* 이 두 교과목은 주체반(즉, 연수반과 육성반)에 참여하는 모든 영도간부가 일생에 한 번은 반드시 이수해야 하는 필수 과목이다.

정리한 것이다. 이는 각급 지방당교에도 그대로 적용된다.

이를 통해 우리는 중앙당교의 교과목이 상당히 정례화되었다는 사실을 확인할 수 있다. 동시에 교과목이 정치교육, 직무교육, 교양교육이라는 간부 교육 내용에 맞추어 편성되었다는 사실도 확인할 수 있다.

당 이론 교육과정(三個基本)

첫째는 당 이론 교육과정이다. 이 과정은 세 개의 세부 교과목으로 구성된다. ① 마르크스-레닌주의 기본 문제, ② 마오쩌둥 사상 기본 문제, ③ 중국 특색 사회주의 이론 체계가 그것이다. 중앙당교는 이를 '세 개의 기본(三個基本)이라고 부른다. 이는 '당 기본 이론'을 대표한다. 이는 정치교육과 직무교육의 범주에 속하는 교과목이다.

여기서 세 번째 과목인 '중국 특색 사회주의 이론 체계'는 다시 덩샤오핑 이론, 삼개대표 중요사상, 과학적 발전관, 시진핑 사상으로 구성된다. 이 중에서 덩샤오핑 이론은 기본이지만, 나머지는 상황에 따라서 강조점이 달라진다. 예를 들어, 2017년 공산당 19차 당대회에서 시진핑 사상이 공산당의 지도 이념으로 결정된 이후, 중앙당교와 각급 지방당교는 시진핑 사상을 중국 특색 사회주의 이론 체계의 핵심 내용으로 교육한다.

당성 교육과정

둘째는 당성 교육과정, 즉 정치교육이다. 세부 교과목은 네 개다. ① 당성 이론, ② 역사 경험과 교훈, ③ 당장(黨章)·당기(黨紀)·당규(黨規) 교육, ④ 당성(黨性) 분석이다. 이 과정의 목적은 당정간부가 〈당장(黨章)〉의 종지(宗旨)에 헌신하고 공산당 중앙에 충성하는 '공산당인(共産黨人)', 당기와 당규를 철저히 준수하는 '혁명전사(革命戰士)', 부정부패를 저지르지 않고 주어진 업무를 충실히 수행하는 '청백리(淸白吏)'가 되도록 교육하는 것이다. 반대로 이런 간부가 되지 않으면 어떤 일이 벌어지는가를 이론과 실제 경험을 통해 생생하게 전달하는 것이 교육 목적이다.

이 교과목의 특징은, 강의뿐만 아니라 비디오 상영, 교도소 등 현장 방문 방법도 함께 활용한다는 것이다. 주제는 크게 세 가지다. 첫째, 당원의 올바른 행동이다. 둘째, 법률과 당규를 위반한 당원, 다시 말해 부정부패를 저지른 당원의 운명에 대한 경고다. 이때는 부정부패로 처벌받은 고위 당정간부가 어떻게 부패의 나락으로 떨어졌는지, 처벌 이후 이들이 어떻게 후회하는 삶을 살고 있는지에 대한 생생한 증언을 담은 비디오를 보거나, 교도소를 직접 방문하기도 한다. 셋째, 소련 및 동유럽 사회주의 국가의 붕괴다. 핵심 메시지는 공산당 정권이 붕괴하면 간부의 엘리트 지위도 동시에 상실한다는 점이다.

네 번째 과목인 '당성 분석'은 교육생이 각자 자신의 당성을 분석하여 발표한 이후 교육생 간의 상호비판과 자기비판을 통해 문제점을 발견하고 해결하는 과목이다. '자기 검토서(檢討書)'는 당연히 사전에 정해진 형식과 내용에 맞추어 서면으로 작성해서 제출해야 한다. 이를 통해 간부로서 새로운 삶을 살 수 있도록 결의를 다지고 심기일전하는 계기로 삼자는 뜻이다.

당대 세계 과정(五個當代)

셋째는 당대 세계 과정이다. 세부 교과목은 다섯 개다. ① 당대 세계 경제, ② 당대 세계 과학기술, ③ 당대 세계 법제(法制), ④ 당대 세계 군사, ⑤ 당대 세계 사조(思潮) 혹은 당대 세계 민족 종교가 그것이다. 중앙당교는 이를 '다섯 개의 당대(五個當代)'라고 부른다. 이는 직무교육과 교양교육의 범주에 속하는 교과목이다.

이 교과목의 교육 목적은, 교육생이 세계의 흐름을 정확히 파악하고, 그 속에서 중국이 당면한 과제, 더 좁게는 자신이 맡은 업무를 정확히 이해하고 수행할 수 있도록 도와주는 것이다. 법제 교육이 포함되었다는 점이 특징이다. 이는 1997년 공산당 15차 당대회에서 의법치국(依法治國) 방침이 채택되면서 당정간부에게 법치 교육을 강화할 목적으로 추가한 것이다.

전략 사유 및 영도 능력 과정

넷째는 전략 사유와 영도 능력 과정이다. 세부 교과목은 세 개, 즉 ① 형세와 임무 보고, ② 마르크스주의 사유 방법 연구, ③ 전략 사유와 방법이다. 이는 직무교육 범주에 속하는 내용으로, 영도간부로서 임무를 수행하는 데 꼭 필요한 업무 능력과 지도력을 갖추기 위한 교과목이다.

예를 들어, '형세와 임무 보고'는 영도간부가 늘 작성하는 각종 보고서를 제대로 작성하기 위한 교육이다. '전략 사유와 방법'도 마찬가지다. 즉 중대한 과제나 도전에 직면했을 때, 간부가 이를 해결하기 위해 어떤 방식으로 문제에 접근해서 어떤 전략을 실행할지를 교육하는 것이다.

과외 생활과 활동: 종엄 치교(從嚴治校: 엄격한 학교 관리)

〈공산당 당교(행정학원) 공작조례〉에는 당교의 다섯째 원칙으로 '종엄치교(從嚴治校)', 즉 '엄격한 학교 관리'를 규정하고 있다. 이는 교과 학습만을 가리키는 것이 아니라, 과외 생활과 활동에도 그대로 적용된다.

'엄격한 학교 관리'의 원칙에 따라 당교는 교육생의 당성을 함양하기 위해 군대식으로 교육한다. 첫 번째는 엄격한 생활이다. 교육생은 오전 8시에 시작하여 오후 9시에 끝나는 빽빽한 일과를 소화해야 한다. 교육생 간에는 친밀한 관계 유지가 권장되지만, 소그룹 형성은 엄격히 금지된다. '당내 파벌 엄금' 원칙이 여기에도 적용된다.

또한 교육생은 기율을 철저히 준수해야 한다. 교육생의 작은 일탈이라도 상부에 보고될 뿐만 아니라, 개인 인사파일인 '당안(檔案)'에 기록되어 평생 남는다. 이런 일탈이 승진에 결격 사유가 된다는 점은 말할 필요도 없다. 과외 생활도 엄격히 통제된다. 수업 외에도 교육생은 매주 독서 보고서를 제출해야만 한다. 음주는 당연히 허용되지 않는다.

두 번째는 비판과 자기비판의 생활화다. 이는 당성 강화를 통해 간부 개인의 생각과 특성을 억제하도록 훈련하기 위한 것이다. 앞에서 보았듯이, 정규 과목에도 당성 분석이 포함된다. 그런데 이런 정규 과목 이외에 임시로 조직된 당 지부와 당소조 모임에서도 '교류 비평(交流點評)'이라는 명목으로 상호 검토와 비판이 수시로 이루어진다.

상호비판과 자기비판 과정은 교육생들이 "얼굴이 붉어지고(臉紅), 식은땀이 흐르며(出汗), 견디기 힘들게(難受)" 설계되었다. 모두 자기의 개성을 억제하고 비판 수용을 생활화하라는 뜻이다. 이는 교육 기간 내내 교육생들에게 커다란 심리적 압박으로 다가온다. 물론 서로의 감정을 다치지 않도록 배려하기는 한다. 친한 사람들끼리 비판함으로써 불필요한 오해를 피하도록 하고, 비판할 내용을 미리 전달해 대비하도록 한다. 그래도 압박은 압박이다.

'간부가 되는 법' 교육

또한 당교의 생활과 교육은 간부가 되는 법, 즉 간부의 사회화

(socialization)가 이루어지는 과정이기도 하다. 중앙당교는 고급 간부로서 갖추어야 하는 올바른 언행을 교육한다. 예를 들어, 공개 석상에서 발언할 때 시진핑 총서기의 지시를 어떻게 인용할지를 교육하고 실습한다. 지방당교는 간부들에게 각 직급에 맞는 올바른 언행을 교육한다. 예를 들어, "기치를 선명히 한다(鮮明旗幟)"라는 표현은 국가급 지도자 혹은 최소한 성급(省級) 지도자만이 사용할 수 있다. 그 아래 간부들이 이 말을 사용하면 "독립왕국(獨立王國)을 세운다", 즉 자기 파벌을 형성한다고 비판받는다. '태도 표명(表態)'도 중앙 및 성급 지도자가 먼저 사용한 다음에 하급 간부가 하는 것이다. 그렇지 않으면 '야심가(野心家)'로 오해받는다.

간부들이 상급자에 의해 '저급 홍색 선전(低級紅)'과 '고급 흑색선전(高級黑)'으로 의심받지 않도록 행동거지도 교육한다. '저급 홍색 선전'은 공산당 지도자를 옹호하려고 선전했지만, 방식이 단조롭고 거칠어서 역효과를 초래하는 선전을 말한다. '고급 흑색선전'은 특정 지도자나 정책을 과도하게 칭찬하다가 오히려 반감을 초래해 결과적으로 그 지도자와 정책을 '먹칠하는(抹黑)' 선전을 가리킨다.

이를 위해 첫째, 상급자의 언행과 기타 미묘한 신호로부터 정치 분위기를 파악 및 판단하는 능력을 훈련한다. 둘째, 중앙의 문건을 정확히 읽고 이해하는 능력을 배양한다. 셋째, 기율 위반과 처벌에 대해 정확히 이해하도록 교육한다. 넷째, 올바른 당내 예절(manner)을 교육한다. 예를 들어, 회의 자리에서는 나이가 아니라 당령(黨齡: 입당 시기와 당 활동 기간)이 우선한다. 또한 상급자가 연설할 때는 반드시 받아 적어야 한다. 이는 이후에 상급자의 지시를 이행할 때 필요하고, 동시에 상급자에게 순종하는 모습을 보여주는 효과도 거둘 수 있다. 중국에서도 적자생존, 즉 '적는 자만이 생존한다'라는 관료 사회의 규범이 적용된다.

이처럼 과외 생활과 활동에서도 교육은 계속된다. 이와 같은 정치교육을 통해 당교는 두 가지 목적을 달성하려고 한다. 첫째는 당정간부를 공산당, 특히 당 중앙과 더욱 밀착시켜 하나가 되도록 만든다. 즉 '공산당 중앙과 간부의 일체화(一體化)'다. 둘째는 당정간부가 되는 법을 머리로 깨달을 뿐만 아니라 몸으로도 숙달하도록 만든다. 즉 '간부가 되는 법의 체화(體化)'다. 이런 이유로 당교를 '당정간부의 요람'이라고 부르는 것이다.

이외에도 교육생들은 당교 교육생으로 선발되었다는 것 그 자체를 영광으로 생각하고 공산당에 대해 더욱더 우호적이고 친밀한 감정을 갖게 된다. 당교에서 '특별한 교육'을 경험하면서 당으로부터 '특별 대우'를 받는다고 느낀다. 또한 교육생들은 상호 간에 밀접한 관계를 형성하여 연수 이후에도 끈끈한 관계를 계속 유지한다. 당교는 간부들에게 사교를 통해 교수와 교육생, 교육생과 교육생 간에 '관시(關係)'를 형성할 합법적인 기회를 제공하는 셈이다. 이렇게 형성된 관시는 이후의 업무 수행과 승진 과정에서 음으로 양으로 커다란 도움을 준다.

6장
조직 통제

공산당 밖에는 수많은 국가기관, 국유기업, 공공기관, 인민단체가 있다. 공산당이 이들을 영도하기 위해서는 간부에 대한 인사 통제만으로는 부족하다. 예를 들어, 공산당이 국유기업 경영자를 직접 임명한다고 해서 그들이 자기의 이익이 아니라 공산당의 이익을 위해 활동한다는 보장은 없다. 마찬가지로 공산당이 국무원 상무부(商務部) 간부를 임명한다고 해서 이들이 자기 부서의 이익보다 공산당의 이익을 최우선으로 생각하고 활동한다는 보장도 없다.

또한 공산당 중앙이 당 조직과 당원에 대해서는 지시를 내리고 복종을 요구할 수 있지만, 국가기관·국유기업·공공기관·인민단체에는 그렇게 할 수 없다. 법률적으로 이들은 공산당의 하부 기관이 아니기 때문이다. 예를 들어, 전국인민대표대회(전국인대)는 〈헌법〉에 따르면, 중국의 '최고 국가 권력기관'이다. 마찬가지로 국무원은 중앙 정부이자

'최고 행정기관'으로, 전국인대에 의해 구성되고, 전국인대의 감독을 받는다. 즉 공산당 중앙에 책임지는 국가기관이 아니다. 이 때문에 법률적으로는 공산당이 이들 국가기관에 직접 지시를 내릴 수 없다.

그렇다면 공산당 밖에 있는 수많은 기관과 조직을 어떻게 영도할 수 있을까? 각 기관과 조직 내에 구성된 공산당 위원회(당 위원회)만으로 충분할까? 공산당 위원회는 '원칙적으로는' 해당 기관과 조직에서 당의 노선과 방침을 집행하는 '영도 핵심' 역할을 담당해야 한다. 그런데 만약 이들 당 위원회가 공산당 '중앙' 혹은 '당 전체'의 이익이 아니라, 자기 기관과 조직의 이익을 위해 활동한다면 어떻게 할 것인가? 실제로 수많은 당 위원회는 자기 지역과 조직의 이익을 위해 활동한다. 중국에 존재하는 '지방 보호주의(地方保護主義, local protectionism)'와 '부서 이기주의(部門主義, departmentalism)'라는 말은 이런 문제가 흔하다는 사실을 증명한다.

결국 공산당 영도 체제를 유지하기 위해서는 당 위원회 이외의 확실한 조직 통제 기제가 필요하다. 공산당은 대안을 가지고 있다. 즉 두 가지의 '특별한' 영도조직을 활용해 이런 문제를 해결할 수 있다는 것이다.

첫째는 당조(黨組, party group)다. 당조는 공산당 밖의 중요한 국가기관, 국유기업, 공공기관, 인민단체, 즉 중요한 '비당(非黨) 조직'의 지도부들로만 구성된 공산당의 '핵심 영도기관'이다. 당조는 이들 기관과 조직에 구성된 당 위원회와는 성격이 다른 일종의 '파견기관'이다. 이 때문에 당조는 소속기관이 아니라 자신을 파견한 당 위원회의 이익을 위해 활동해야 하고, 그것의 명령과 지시에 무조건 복종해야 한다. 따라서 공산당은 비당 조직을 통제하는 수단으로 당조를 활용할 수 있다.

둘째는 영도소조(領導小組, leading small group)다. 공산당 영도 체제를 유지하기 위해서는 당조만으로 충분하지 않다. 선결 과제가 하나 더 남아 있기 때문이다. 공산당, 정부, 의회, 법원, 검찰원, 정협(政協), 군 등 다양한 당정기관의 각 부서를 통일적으로 조정하고 영도하는 과제가 그것이다. 이 과제를 잘 수행해야만 공산당은 국가와 사회에 대한 '전면 영도'와 함께 전체 총괄(總攬全局) 및 각 기관 조정(協調各方)의 '영도 핵심' 역할을 제대로 발휘할 수 있다. 이런 역할을 담당하는 '특별한' 조직이 바로 영도소조다.

이처럼 공산당은 기본 조직인 당 위원회와 기층조직 이외에 당조와 영도소조라는 '특별한' 영도조직을 가지고 국가와 사회를 통치하고 영도한다. 이 장에서 살펴보려고 하는 것이 바로 이것이다.

당조의 성격과 임무

1982년 공산당 12차 당대회에서 수정된 〈당장〉은 당조의 구성 범위를 확대하여 "경제조직, 문화조직 및 기타 비당(非黨) 조직의 영도기관"에 당조를 설립할 수 있다고 규정했다. 이런 규정은 지금까지 이어지고 있다.

당조의 성격: '비당(非黨) 조직의 핵심 영도기관'

당조의 두 가지 특징

당조는 일반적인 공산당 위원회(당 위원회)나 기층조직과는 성격이 완전히 다르다. 첫째, 당조는 어떤 한 등급의 당 조직이 아니라, 공산당 위원회가 공산당 밖의 기관과 조직에 설립한 일종의 '파견기관'이다. 따라서 당조에는 조직부나 선전부와 같은 별도의 사무기구 혹은 업무부서가 없다. 또한 당조에는 일반 당원도 없고, 당 지부 등 기층조직도 없다.

대신 당조에는 각 기관과 조직의 책임자로 구성된 서기·부서기·성원만이 있다. 예를 들어, 국무원 상무부(商務部) 당조는 상무부 부장, 부부장, 기검조(紀檢組) 조장 등 10명 내외의 영도간부로만 구성된다. 당연히 일반적인 당 위원회가 담당하는 당원의 접수와 훈련 등의 일상활동도 전개하지 않는다.

둘째, 당조의 지도부, 즉 서기·부서기·성원은 선거로 구성되지 않는다. 대신 당조의 설립을 비준한(혹은 파견한) 공산당 위원회가 직접 결정(임명)한다. 또한 당조는 설립을 비준한 당 위원회의 영도에 무조건 복종하고, 그에 책임진다. 다시 말해, 당조는 자신을 파견한 당 위원회의 영도를 대신하여 본 기관과 조직 내에서 당 업무를 지도한다.

반면 일반적인 공산당 위원회의 지도부, 즉 당서기·부서기·위원은 소속 당원의 투표로 선출되고, 상급 당 조직의 비준을 받아 확정된다. 또한 당 위원회 지도부는 정기적으로 당원대회 등을 개최하여 당원에게 업무를 보고하고 감독을 받아야 한다. 이런 면에서 당 위원회는 일차적으로 소속 당원에게 책임진다.

당조의 임무: '공산당 중앙의 노선과 방침 집행'

〈공산당 당조 공작조례〉는 당조의 직책을 12개 항목으로 나열한다. ① 공산당 중앙 및 상부 당 조직의 결정 사항 집행, ② 법규 제정과 문건 작성, ③ 업무 발전 전략, 중대 배치 및 사항의 결정, ④ 중대 개혁 사항의 추진, ⑤ 인사 임면(任免), ⑥ 중대 프로젝트(項目)의 배치, ⑦ 대규모 자금의 사용과 자산 처리 및 예산의 배정, ⑧ 기구 조정과 인원 편제의 배치, ⑨ 각종 감독 사항의 추진, ⑩ 중대 사상(思想) 행동의 정치 인도, ⑪ 당 건설, ⑫ 기타 당조가 토론 결정할 중대 사항이 그것이다. 이를 보면, 해당 지역과 기관의 모든 중요한 정책·인사·조직 문제는 당조가 결정한다는 사실을 확인할 수 있다.

또한 〈공산당 당조 공작조례〉에 따르면, 당조는 '당조 회의' 형식을 통해 주요 문제를 처리한다. 당조 회의는 당조 서기가 매달 1회 소집하고, 중요한 사항이 있으면 언제든지 소집할 수 있다. 회의 의제는 당조 서기가 제출하거나, 당조 성원이 건의한 이후 당조 서기가 종합적으로 고려하여 확정한다. 회의 성원은 일반 안건은 재적 인원의 1/2 출석, 인사 안건은 2/3가 출석해야 성립한다. 표결은 구두, 거수, 무기명 투표, 기명 투표 방식을 사용한다.

당조의 설립 조건과 실제

당조의 설립 조건

당조는 중앙(中央), 성급(省級), 시급(市級), 현급(縣級) 단위의 첫째, 정부·의회·정협·법원·검찰원 등 국가기관, 둘째, 국가기관의 직속 사업 부서, 파견기관, 공공기관(사업단위), 셋째, 공산주의 청년단(共靑團)을 제외한 인민단체, 넷째, 중앙 관리 기업(中管企業)에 설립한다. 또한 전국을 포괄하는 중요한 문화조직과 사회조직에도 대개 당조가 설립된다. **표 6-1**은 이를 정리한 것이다.

특이한 점은, 인민단체 중에서 공청단에만 당조가 설치되지 않는

표 6-1 공산당 당조(黨組)의 설립 규정

분류	설립 기관
설립 필수	(1) 현급(縣級) 이상의 인대, 정부, 정협, 법원, 검찰원 (2) 현급 이상의 정부 공작 부서, 파출기관(가도판사처 제외), 직속 사업단위 (3) 현급 이상의 총공회(總工會), 부녀연합회(婦聯) 등 인민단체 (4) 중앙 관리 기업(中管企業) (5) 현급 이상의 정부가 설립한 유관 위원회의 공작 부서 (6) 기타 당조 설립이 필요한 단위
설립 가능	(1) 전국 성격의 중요한 문화조직과 사회조직 (2) 기타 당조 설립이 필요한 단위
설립 불가	(1) 영도기관의 당원 지도자(領導成員)가 3인 미만인 곳 (2) 공산당 기관과 합병하여 설립된 곳 (3) 공산당 기관이 대신 관리하여 당 기관에 들어온 곳 (4) 현급 이상 정부 직속 단위 이외의 기타 사업단위 (5) 공청단(共靑團) 조직 (6) 중앙 관리 기업(中管企業)의 소속 기업과 지방 국유기업 (7) 지방의 문화조직과 사회조직

다는 점이다. 공청단은 공산당이 직접 관리하기 때문에 당의 파견기관인 당조가 필요 없기 때문이다. 〈당장〉에는 공산당과 공청단 간의 직접적인 영도-복종 관계를 명시하고 있다. 즉 "공청단 중앙위원회는 당 중앙위원회의 영도"를 받고, "공청단의 지방 각급 조직은 동급 당 위원회의 영도와 공청단 상급 조직의 영도"를 받는다고 규정한다. 이는 공산당이 공청단을 그만큼 중시한다는 사실을 의미한다.

한 기관 내 복수의 당조 설립

한편, 당조는 한 기관과 조직 내에 층위에 따라 여러 개가 설립될 수 있다. 예를 들어, 국무원에는 층위에 따라 각기 다른 세 종류의 당조가 설립된다. 첫째는 국무원 전체를 지도하는 '국무원 당조'로, 총리·부총리·국무위원 등 국무원 지도부만으로 구성된다.

둘째는 국무원 기관 당 위원회 내에 설립된 당조, 즉 '기관(機關) 당조'다. 국무원 기관 당 위원회는 공산당 중앙에 설립된 '중앙 국가기관 공작위원회'의 파견기관이다. 국무원 소속 당원은 기관 당 위원회에 소속되어 '당의 조직 생활'에 참여한다. 여기에도 당조가 설립된다는 것이다. 참고로 국무원 자체의 당 위원회를 조직하지 않는 것은, 국무원 소속 당원이 자체 이익만 추구할 가능성을 배제하기 위해서다. 마찬가지로 전국인대와 전국정협에도 국무원에서처럼 기관 당 위원회가 설치되어 있다.

셋째는 상무부, 외교부, 교육부 등 국무원 각 부서에 설립되는 '분(分) 당조'다. 여기에는 각 부서 지도부, 즉 부장과 부부장 등 10여 명 내외가 참여한다. 이런 '기관 당조'와 '분 당조'는 '국무원 당조'의 영도하에 활동한다. 이와 같은 당조 구성은 전국인대와 전국정협도 마찬가지다. 즉 '전국인대 당조', '전국인대 기관 당조', '전국인대 분 당조'가 설립된다.

표 6-2는 국무원, 전국인대, 전국정협에 구성된 최상층 당조의 구성 상황을 정리한 것이다. 이에 따르면, 당조는 각 기관의 지도자로만 구성된다. 예를 들어, '국무원 당조'는 총리·부총리·국무위원으로만 구성된다. '전국인대 당조'는 전국인대 위원장과 부위원장, '전국정협 당조'는 전국정협 주석과 부주석만으로 구성된다. 또한 당조는 공통으로 조

표 6-2 국무원·전국인대·전국정협 당조의 구성 상황(2021년 1월 말 기준)

기관	당조 직위	기관 직위	구성원
국무원 (10명)	서기(1명)	총리	리커창(李克强)
	부서기(1명)	상무 부총리	한정(韓正)
	성원(8명)	부총리	쑨춘란(孫春蘭), 후춘화(胡春華), 류허(劉鶴)
		국무위원	웨이펑허(魏鳳和), 왕융(王勇), 왕이(王毅), 샤오제(肖捷), 자오커즈(趙克志)
전국인대 (10명)	서기(1명)	위원장	리잔수(栗戰書)
	부서기(1명)	상무 부위원장	왕천(王晨)
	성원(8명)	부위원장	차오젠밍(曹建明), 장춘셴(張春賢), 천야오야오(沈躍躍), 지빙쉬안(吉炳軒), 아이리겅·이밍파하이(艾力更·依明巴海), 왕둥밍(王東明), 바이마츠린(白瑪赤林), 양전우(楊振武)
전국정협 (12명)	서기(1명)	주석	왕양(汪洋)
	부서기(1명)	상무 부주석	장칭리(張慶黎)
	성원(10명)	부주석	류치바오(劉奇葆), 루잔궁(盧展工), 왕정웨이(王正偉), 마뱌오(馬飈), 샤바오룽(夏寶龍), 양촨탕(楊傳堂), 리빈(李斌), 바터이(巴特爾), 왕융칭(汪永淸), 허리펑(何立峰)

장·부조장·성원으로 이루어지고, 그 규모는 10명 안팎이다.

국무원 '분(分) 당조', 즉 국무원 각 부서에 설치된 당조나, 전국인대 '분 당조', 즉 전국인대 각 전문위원회(한국의 국회 상임위원회)에 설립된 당조도 이와 같다. 즉 부장, 부부장, 기검조 조장 등 보통 10명 안팎의 각 부서 지도자로 구성된다.

당조의 분포 상황

당조의 분포 상황에 대해서는 공산당이 통계자료를 발표하지 않아 정확히 알 수 없다. 다만 정부 내의 당조에 대해서는 2008년에 발표한 통계자료가 있다. 〈2008년 공산당 당내 통계 공보(公報)〉에 따르면, 전국의 행정기관(즉, 정부) 내에는 모두 8만 6,000개의 당조가 설립되어 있다. 이 중에서 국무원의 부서 당조(즉, '분 당조')는 64개, 31개 성급(省級) 정부의 부서 당조는 1,377개(성 정부마다 평균 44.4개), 333개 시급(市級) 정부의 부서 당조는 1만 5,000개(시 정부마다 평균 45개), 2,846개 현급(縣級) 정부의 부서 당조는 약 7만 개(현 정부마다 평균 24.6개)였다.

지방 차원에서는 공산당 상하이시(上海市) 위원회가 행정기관의 당조에 대한 통계자료를 발표한 적이 있다. 이에 따르면, 2010년 상하이시 지역의 정부 기관 당조는 모두 516개였다. 이 중에서 상하이시 정부의 부서 당조는 44개, 시할구(市轄區) 정부의 부서 당조는 444개, 현(縣) 정부의 부서 당조는 28개였다. 만약 광둥성(廣東省)이나 쓰촨성(四川省)처럼 성 소속의 시 정부나 현 정부가 더 많은 지역에서는 정부 당조가 더 많이 설치되었을 것이다.

영도소조의 종류

이제 공산당의 두 번째 특별 영도조직인 영도소조에 대해 살펴보자.

영도소조의 성격과 임무: '정책 결정 의사 조정 기구'

2018년 2월 공산당 19기 중앙위원회 3차 전체회의(19기 3중전회)에서 공산당과 국가기구에 대한 개혁 방안을 설명하면서 시진핑 총서기는 영도소조의 성격을 "정책 결정 의사 조정 기구(決策議事調協機構)"라고 규정했다. 이로써 영도소조는 원래 성격인 '의사 기구'와 '조정 기구'에 더해, '정책 결정(決策) 기구'의 성격도 아울러 갖게 되었다. 이후로 중국에서 영도소조는 '정책 결정 의사 조정 기구'라고 부른다.

영도소조의 세 가지 임무

중앙 단위를 사례로 살펴보면, '정책 결정 의사 조정 기구'로서 영도소조의 임무는 크게 세 가지다. 이는 지방 단위에도 그대로 적용된다. 첫째는 정책(의사) 조정과 결정이다. 즉 정치국 상무위원회와 정치국이 심의할 주요 정책을 사전에 조율하고 결정하는 일이다. 예를 들어, 외교 문제는 외사공작위원회, 재정 경제 문제는 재경위원회가 당·정·군의 관련 부서 간에 의견을 조정하여 정치국 상무위원회와 정치국이 결정할 정책 초안을 작성한다.

둘째는 정책 집행 감독이다. 즉 정치국 상무위원회와 정치국이 결정한 정책을 당·정·군의 각 부서가 제대로 집행하도록 촉구하고 감독하는 일이다. 영도소조는 당·정·군을 망라하여 관련 부서의 책임자로 구성되기 때문에 이 기구를 통해 각 부서의 정책 집행을 촉구하고 감독할 수 있다. 특히 영도소조 산하에 설치된 영도소조 판공실은 상설 기관으로, 해당 부서들의 업무 수행을 일상적으로 감독하는 역할을 담당한다.

셋째는 특정한 목적을 달성하는 임무다. 예를 들어, 2020년에 중국이 코로나19 방역 활동을 전개할 때 중앙과 지방에 코로나19 방역을 지도할 목적으로 '코로나19 방역 영도소조'를 설립했다. 목적이 달성되면 이런 영도소조는 해체하거나 활동을 중지한다. 이처럼 임시 영도소조는 상설 영도소조와는 성격이 다르다. 따라서 이를 구분하여 살펴볼 필요가 있다.

'탸오-콰이 관계'와 당조 및 영도소조

지금까지 살펴본 공산당 당조와 영도소조를 한데 묶어서 종합적으로 살펴보도록 하자. 사실 이 두 가지의 특별한 영도조직은 서로 깊이 연관되어 있다.

'콰이-콰이 관계'와 당조

앞에서 당조는, 공산당 위원회가 동급의 국가기관·국유기업·공공기관·인민단체 등 '비당(非黨) 조직'에 설립한 파견기관 성격의 '핵심 영도기관'이라고 말했다. 목적은 해당 조직에서 공산당 영도를 관철하는 것으로, 당조는 해당 조직의 지도자들로만 구성된다. 여기서 우리가 알 수 있는 것은, 공산당 위원회와 동급의 국가기관·국유기업·공공기관·인민단체 등 '비당 조직' 간에는 수평적인 영도-복종의 관계를 맺고 있다는 점이다.

이처럼 공산당이 동급의 국가기관 및 사회조직 등과 맺고 있는 수평적인 영도-복종의 관계, 간단히 줄여서 수평관계(橫向關係, horizontal relationship)를 중국에서는 '콰이-콰이 관계(塊塊關係)' 혹은 '콰이 관계(塊關係)'라고 부른다. 당조는 공산당 위원회가 '콰이 관계'에 있는 비당 조직에 설립한 영도기관인 셈이다.

중앙 단위를 사례로 들면, 공산당 중앙위원회(정치국·정치국 상무위원회)와 전국인대, 국무원, 전국정협, 최고인민법원·검찰원 간의 수평관계가 '콰이 관계'다. 베이징시를 사례로 들면, 베이징시 공산당 위원회와 시 정부·인대·정협·법원·검찰원 간에는 '콰이 관계'가 있다고 말한다.

여기서 '콰이(塊)'는 '하나의 덩어리(cluster)' 정도로 이해하면 된다. 중앙 단위에서는 공산당 중앙위원회(정치국·정치국 상무위원회)의 영도하에 전국인대·국무원·전국정협·최고법원·최고검찰원 등이 한 덩어리로 활동하고, 베이징시에서는 베이징시 당 위원회의 영도하에 시 정부·인대·정협·법원·검찰원이 한 덩어리로 활동한다는 의미에서 '콰이 관계'라고 부른다.

국무원도 역시 영도기관, 즉 국무원 전체회의와 상무회의의 영도하에 각 부서가 한 덩어리로 활동한다는 뜻에서 국무원 영도기관과 각 부서 간의 관계를 '콰이 관계'라고 부를 수 있다. 베이징시 정부 내부의 관계도 역시 마찬가지다.

'탸오-탸오 관계'와 영도소조

그런데 중국 정치체제에서는 동급의 수평적인 영도-복종의 관계뿐만 아니라, 같은 업무 영역(계통)별로 상·하급 기관 간에 맺는 수직적인 영도-복종의 관계, 줄여서 수직관계(縱向關係, vertical relationship)도 존재한다. '외사 계통(外事系統)'과 '정법 계통(政法系統)' 내에 있는 중앙과 지방의 여러 기관과 부서가 바로 그런 수직적인 영도-복종의 관계에 놓여 있다. 이처럼 같은 '계통' 내에서 수직관계에 있는 여러 부서를 공산당이 통일적으로 영도하기 위해 만든 특별한 영도조직이 바로 영도소조다.

참고로 외교나 정법 같은 특정한 업무 영역을 중국에서는 '계통(系統, system)'이라고 부를 뿐만 아니라 '구(口, gate)'라고도 부른다. 일반적으로 '구'는 '계통'보다 조금 넓은 범위의 업무 영역을 가리킨다. 그런데 현실에서는 이 두 가지를 명확히 구분하지 않고 섞어서 쓴다. 예를 들어, '농업계통(農業系統)'을 '농업구(農業口)'라고 부르기도 한다. 모두 농업과 관련된 당정기관과 부서를 가리킨다.

이처럼 같은 '계통'이나 '구'에 속한 당정기관 간의 수직적인 영도-복종의 관계를 '탸오-탸오 관계(條條關係)', 줄여서 '탸오 관계(條關係)'라고 부른다. 예를 들어, 공산당 중앙 조직부는 아래 등급인 베이징시 당 위원회 조직부, 그 아래 등급인 베이징시 하이뎬구 당 위원회 조직부와 '조직 계통의 탸오 관계'에 있다. 즉 이들은 모두 같은 '조직 계통' 내에서 수직적인 영도-복종의 관계에 있다. 비슷하게, 중앙 정부인 국무원 교육부는 베이징시 교육위원회, 베이징시 하이뎬구 교육위원회와 '교육 계통의 탸오 관계'에 있다.

여기서 '탸오(條)'는 '하나의 선(line)' 정도로 이해하면 된다. 공산당 중앙 조직부와 각급 당 지방위원회 조직부는 같은 '조직 계통'으로서, 하나의 선으로 연결된 영도-복종의 관계라는 의미에서 '탸오 관계'라고 부른다. 비슷하게, 국무원 교육부와 각급 지방 정부의 교육위원회(혹은 교육청)는 역시 같은 '선전 계통'으로서, 하나의 선으로 연결된 영도-복종의 관계라는 의미에서 '탸오 관계'라고 부른다.

이런 '탸오 관계'에서 하급 기관(부서)은 상급 기관(부서)의 영도를 따라야 한다. 예를 들어, 베이징시 당 위원회 조직부는 중앙 조직부의 영도, 베이징시 정부 교육위원회는 국무원 교육부의 영도를 따라야 한다.

이처럼 중국 내에 있는 모든 당정기관은 '탸오-콰이 관계(條塊關係)'라는 수평관계와 수직관계의 복잡한 영도-복종의 관계망(network) 속에 놓여 있다. 예를 들어, 베이징시 공산당 위원회 조직부는 베이징시 당 위원회와는 '콰이 관계(수평적 영도-복종 관계)'에 있고, 공산당 중앙 조직부와는 '탸오 관계(수직적 영도-복종 관계)'에 있다. 따라서 베이징시 당 위원회 조직부가 자신의 업무(조직과 인사)를 수행할 때는 베이징시 당 위원회와 공산당 중앙 조직부의 영도를 동시에 받아야 한다. 이를 '이중 영도 관계(雙重領導關係)'라고 부른다.

'계통(口)'과 소속기관 및 부서

그렇다면 중국에는 모두 몇 개의 '계통(口)'이라는 업무 영역이 존재할까? 크게 일곱 가지의 계통(口)으로 나눌 수 있다(학자에 따라 구분법이 조금씩 다를 수 있다). **표 6-3**은 이것을 정리한 것이다.

표 6-3 공산당 영도 체제의 '계통(구)'과 주요 소속 부서

계통	주요 소속 부서
조직	공산당 조직부, 국무원 인력자원·사회보장부, 인민단체
선전	공산당 선전부, 국무원 교육부, 언론·방송·출판·영화·여행·문화 등 관련 부서
정법	공산당 정법위원회, 국무원 공안부, 국가안전부, 민정부, 사법부, 최고법원, 최고검찰원 등 치안 및 집법(執法) 관련 부서
재경	국무원 국가발전개혁위원회, 공업정보부, 재정부, 자원환경부, 교통부, 수리부(水利部), 농업농촌부, 상무부, 인민은행, 심계서, 국유자산감독관리위원회, 은행·증권·보험 감독관리위원회 등 재정과 경제 관련 부서
외사	공산당 대외연락부, 국무원 외교부, 신화통신사 등 외교 관련 부서
통전	공산당 통일전선부, 정협, 민주당파, 공상련, 국무원 국가민족위원회, 국가종교사무국, 대만판공실, 홍콩·마카오판공실, 화교판공실 등 부서
군사	인민해방군, 무장경찰 부대, 민병 등 군사 관련 부서

    일곱 개의 계통 중에서 첫째는 조직 인사 계통으로, 줄여서 '조직(組織) 계통'이라고 부른다. 둘째는 선전 교육 계통으로, 줄여서 '선전(宣傳)' 혹은 '선교(宣敎) 계통'이라고 부른다. 셋째는 정치 법률 계통으로, 줄여서 '정법(政法) 계통'이라고 부른다. 넷째는 재정 경제 계통으로, 줄여서 '재경(財經) 계통'이라고 부른다. 다섯째는 통일전선 계통으로, 줄여서 '통전(統戰) 계통'이라고 부른다. 여섯째는 '외사(外事) 계통'인데, 외교 관련 업무 영역을 가리킨다. 일곱째는 '군사(軍事) 계통'이다. 이런 계통에는 공산당, 정부, 인대, 정협, 법원, 검찰원, 군 등 당정기관의 관련 부서가 모두 포함된다.

    이상에서 살펴본 '탸오-콰이 관계'와 당조, 영도소조, 계통과의 관계를 그림으로 정리한 것이 **그림 6-1**이다.

그림 6-1 '탸오-콰이 관계(條塊關係)'와 당조 및 영도소조

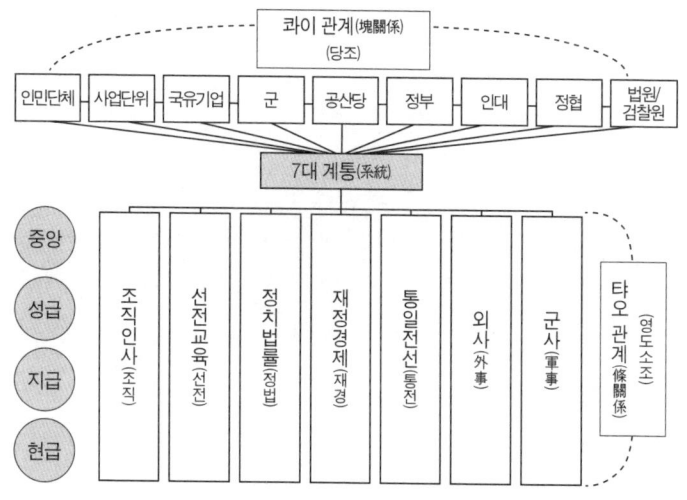

'계통'과 영도소조의 분류

공산당 영도소조는 위에서 살펴본 특정한 업무 영역, 즉 '계통(口)'과 밀접히 연관되어 있다. 다시 말하면, 영도소조는 공산당이 특정한 '계통(口)' 내에서 수직적인 영도-복종의 관계에 있는 주요 당정기관과 부서를 통일적으로 조정하고 영도하기 위해 설립한 특별한 영도조직이다. 공산당은 영도소조라는 조직 통제 기제를 통해 당·정·군을 망라한 전체 기관과 부서의 업무를 총괄하여 조정하고 영도할 수 있다. 이를 정리한 것이 **표 6-4**다.

표 6-4 '계통' 분류와 영도소조

계통	영도소조
조직	중앙 기구편제(編制)위원회, 중앙 당건설공작 영도소조, 중앙 인재공작 조정소조(協調小組), 중앙 당무(黨務)공개공작 영도소조
선전	중앙 선전사상공작 영도소조, 중앙 정신문명건설 지도위원회, 중앙 교육공작 영도소조, 중앙 문화체육 개혁발전공작 영도소조, 중앙 당사(黨史) 학습교육 영도소조
정법	중앙 전면 의법치국(依法治國)위원회
재경	중앙 재경위원회, 중앙 농촌공작 영도소조, 중앙 심계(審計)위원회
외사	중앙 국가안전위원회, 중앙 외사(外事)공작위원회, 중앙 대만(臺灣)공작 영도소조
통전*	중앙 통일전선공작 영도소조, 중앙 티베트(西藏)공작 조정소조, 중앙 신장(新疆)공작 조정소조, 중앙 홍콩·마카오(港澳)공작 조정소조
군사	중앙 군민(軍民)융합발전위원회

⟨해설⟩ * 중앙 홍콩·마카오(港澳)공작 조정소조는 중앙 대만공작 영도소조처럼 넓은 의미의 외사 영도소조로도 분류할 수도 있다.

공산당 중앙 소속의 영도소조

표 6-5에 따르면, 2021년 2월 1일을 기준으로 공산당 중앙 산하에는 모두 36개 이상의 영도소조가 있다.

여기서 주의할 점은, 중앙 영도소조 중에는 공산당이 공개한 것도 있지만 그렇지 않은 것도 있어 이를 현재 공산당 중앙에 소속된 모든 영도소조로 볼 수 없다는 점이다. 즉 공산당 중앙 소속의 영도소조는 이것보다 더 많을 수 있다. 또한 일부 영도소조는 공식적으로 해체를 결정하지 않았지만 실제로는 활동을 중지한 것도 있다. 이 점을 기억하고 보아야 한다.

표 6-5 공산당 중앙 소속의 영도소조(2021년 2월 1일 기준)

번호	영도소조 명칭	번호	영도소조 명칭
1	중앙 전면심화(深化) 개혁위원회	19	전국 황색 출판물 소제 및 불법 출판 활동 타격 공작소조(小組)
2	중앙 국가안전위원회	20	중앙 인재공작 조정소조(協調小組)
3	중앙 재경위원회	21	중앙 문화체육 개혁발전공작 영도소조
4	중앙 사이버안전과 정보화위원회	22	중앙 홍콩·마카오(港澳)공작 조정소조
5	중앙 대만(臺灣)공작 영도소조	23	중앙 상업뇌물처리(治理) 영도소조
6	중앙 외사(外事)공작위원회	24	전국 흑악(黑惡) 제거투쟁 조정소조
7	중앙 전면 의법치국(依法治國)위원회	25	중앙 당무(黨務)공개공작 영도소조
8	중앙 심계(審計)위원회	26	중앙 순시(巡視)공작 영도소조
9	중앙 군민(軍民)융합발전위원회	27	중앙 선진(先進) 기층당 조직 건설과 우수당원 쟁취활동 영도소조
10	중앙 기구편제(編制)위원회	28	중앙 티베트(西藏)공작 조정소조
11	중앙 농촌공작 영도소조	29	중앙 신장(新疆)공작 조정소조
12	중앙 직칭(職稱)개혁공작 영도소조	30	중앙 반(反)부패공작 조정소조
13	중앙 당건설공작 영도소조	31	중앙 당 군중노선 교육실천활동 영도소조
14	중앙 선전사상공작 영도소조	32	중앙 통일전선공작 영도소조
15	중앙 정신문명건설 지도위원회	33	중앙 보건위원회
16	당국가 공훈영예표창 공작위원회	34	중앙 교육공작 영도소조
17	중앙 보밀(保密)위원회	35	중앙 당사(黨史) 학습교육 영도소조
18	중앙 암호(密碼)공작 영도소조	36	중앙 국가 헌법개정공작 영도소조

〈참고〉 2023년 3월에 중앙금융위원회, 중앙 과학기술위원회라는 새로운 영도소조가 설치되었다.

영도소조의 특징

영도소조는 일반적인 당정기관과 다른 몇 가지 특징을 가지고 있다. 첫째, 영도소조는 당정기관의 공식 조직표에는 없는 '은닉성(隱匿性)' 기구다. 영도소조는 문패도 없고, 특별한 사무 공간도 없다. 대신 영도소조 판공실은 관련 기관의 부서가 대행하는 방식으로 운영된다. 이와 같은 성격으로 인해 영도소조의 실제 규모와 구성 상황, 활동 등을 파악하기가 매우 어렵다.

둘째, 영도소조는 특정한 임무를 전문적으로 수행하기 위해 설립된다. 그래서 영도소조에 대해 "일이 있으면 만들어지고(因事設組), 일이 끝나면 해체한다(事畢撤組)"라고 말하기도 한다. 이는 주로 임시 영도소조를 가리키는 표현이지만, 상설 영도소조도 특정한 임무 수행을 위해 만들어진다는 성격, 즉 '특정한 임무 수행을 위한 영도조직'이라는 성격은 변함이 없다.

셋째, 영도소조는 모두 간헐적으로만 활동한다. 일부 영도소조는 비록 뜸하기는 하지만 정기적으로 활동한다. 예를 들어, 중앙 전면 개혁위원회(개혁위원회)는 시진핑 집권 1기(2012~2017년)에는 매달, 집권 2기(2017~2022년)에는 두세 달에 한 번씩 회의를 소집했다. 반면 대부분의 영도소조는 평상시에는 잠을 자다가 필요할 때만 일어나서 활동한다. 예를 들어, 외사공작위원회는 중요한 외교 사건이 터지거나, 외교정책을 조정할 필요가 있을 때 주임(총서기)이 소집한다. 물론 영도소조가 소집되지 않을 때도 각 영도소조 판공실은 일상적으로 활동한다.

넷째, 이런 특징으로 인해 영도소조의 내부 조직은 간단하게 구성된다. 소조와 판공실이 바로 그것이다. 소조에는 조장·부조장·성원이 있고, 판공실은 대개 공산당이나 국무원의 유관 부서에 위탁하여 설치한다. 예를 들어, 중앙 선전사상공작 영도소조 판공실은 공산당 중앙 선전부, 중앙 교육공작 영도소조 판공실은 국무원 교육부 산하에 둔다.

다만 영도소조 중에서 중요하고 업무가 많은 여덟 개의 영도소조는 공산당 중앙(실제로는 중앙 판공청 산하)에 판공실을 둔다. 개혁위원회, 국가안전위원회, 사이버안전과 정보화위원회, 재경위원회, 대만공작영조소조, 외사공작위원회, 군민 융합발전위원회, 기구편제위원회가 그것이다.

외교정책 결정 구조와 영도소조의 사례

그림 6-2는 외교 분야를 사례로 입체적인 방식으로 영도소조와 다른 기구 간의 관계를 정리한 것이다. 외사 계통의 정책 결정 및 집행 체계는 크게 네 개의 층위로 구성된다. 이는 조직, 선전, 정법 등 다른 계통에도 그대로 적용된다.

첫 번째 층위는 공산당 중앙, 즉 정치국 상무위원회와 정치국이다. 외교정책은 공산당 중앙이 최종적으로 결정한다. 마오쩌둥 시기(1949~1976년)와 덩샤오핑 시기(1978~1992년)에는 마오와 덩이 외교정책을 거의 독점적으로 결정했다. 따라서 이때의 최고 정책 결정권자는 정치국이나 정치국 상무위원회가 아니라 마오와 덩이라고 해야 한다. 그러나 덩샤오핑 이후 시기에는 그렇지 않다.

두 번째 층위는 영도소조다. **그림 6-2**는 외교정책과 관련된 영도소조를 정리한 것이다. 중요한 순서대로 말하면, 국가안전위원회—약칭

그림 6-2 중국 외교 안보 정책의 결정 및 집행 구조

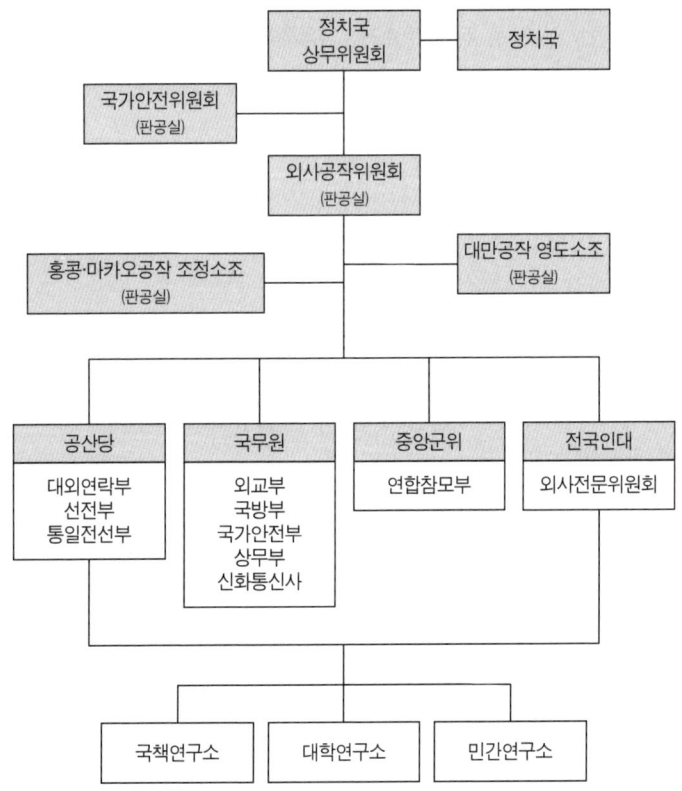

은 국안위(國安委)—, 외사공작위원회—약칭은 외사위(外事委)—, 대만공작 영도소조(對臺工作領導小組)—약칭은 대만영도소조—, 홍콩·마카오공작 조정소조(協調小組)—약칭은 홍콩·마카오소조—가 그것이다. 그러나 이것이 전부가 아니다. 만약 여기에 군사 안보와 관련된 영도소조를 더한다면 관련 영도소조는 더욱 많다.

세 번째 층위는 외교정책을 집행하는 공산당·국가기관·군의 중앙 실무기구다. 공산당 중앙에는 대외연락부·선전부·통일전선부, 국무원에는 외교부·국방부·국가안전부·상무부·재정부·국가발전개혁위원회·신화통신사, 중앙군위에는 연합참모부, 전국인대에는 외사위원회가 있다. 이외에도 다양한 부서들이 직간접으로 외교정책의 집행에 관여한다. 이들은 공산당 중앙이 결정한 정책을 집행하는 핵심 부서다.

네 번째 층위는 외교정책을 연구하고 제안하는 연구기관이다. 이는 국책연구소, 대학연구소, 민간연구소 등 세 가지로 나눌 수 있다. 이 중에서 민간연구소는 현재 거의 없다고 보아도 무방하다. 전에는 활동하는 민간연구소가 있었는데, 시진핑 시기(2012년~현재)에 들어서는 대부분 활동을 중단했기 때문이다. 따라서 외교정책의 연구와 제안은 국책연구소와 대학연구소가 주도한다.

7장

사상 통제

　공산당 영도 체제를 유지하는 데는 인사 통제와 조직 통제만으로도 충분해 보인다. 그러나 공산당은 여기에 만족하지 않는다. 인사 통제와 조직 통제만으로는 공산당 영도 체제를 유지하는 데 한계가 있다고 생각하기 때문이다. 인사 통제와 조직 통제는 비유하자면 사람을 '외면'에서 통제하려는 시도다. 그런데 만약 어떤 사람이 '내면', 즉 자기의 생각과 감정을 숨기고 겉으로만 복종하는 척한다면 어떻게 할 것인가? '외면'의 통제만으로는 이런 상황을 막을 수 없다. 공산당이 사람의 '내면'까지 통제하려고 시도하는 것은 이 때문이다.

　공산당은 이를 '사상 정치공작', 줄여서 '사상공작(思想工作)' 또는 '정치공작(政治工作)'이라고 부른다. 1944년에 마오쩌둥은 인민해방군의 정치공작이 얼마나 중요한지를 설명하면서 이렇게 주장했다. "공산당이 영도하는 혁명에서 정치공작은 혁명 군대의 생명선(生命線)이다." 1955년에도 그는 "정치공작은 모든 경제 공작의 생명선"이라고 강조했다.

공산당의 사상 통제는 인사 통제와 조직 통제보다 더욱더 체계적이고 정밀하다. 실제로 공산당은 사상 통제를 통해 당원과 지지자를 결집하고 국민의 성원을 끌어내어 국민당과의 싸움에서 승리할 수 있었다. 또한 공산당이 지난 40여 년 동안 개혁·개방 정책을 추진하면서도 정치권력을 굳건하게 장악할 수 있었던 중요한 요인 중의 하나가 바로 당원과 국민에 대한 사상 통제에 성공했기 때문이다.

사상 통제의 대상은 공산당원과 일반 국민으로 나눌 수 있다. 공산당원도 다시 간부 당원(당정기관에서 근무하는 당원)과 일반 당원으로 나눌 수 있다. 사상 통제의 내용과 목표는 이와 같이 구분된 통제 대상에 따라 크게 달라진다.

예를 들어, 공산당원에게는 체계적이고 종합적인 사회주의 이론과 공산당 노선·방침·정책을 교육한다. 이를 통해 이들이 자신의 일터와 거주지에서 교육받은 바를 믿고 실천하는 '공산당인(共産黨人)'으로 활동하도록 육성하는 것이 목표다. 반면 일반 국민은 '사회주의' 중국을 사랑하고, '공산당'이 혁명과 국가 건설에서 거둔 성과를 인정하며, 공산당 영도 체제를 수용하는 '애국자(愛國者)'로 만드는 것이 목표다.

공산당의 사상 통제 기제는 몇 가지로 나눌 수 있다. 첫째는 공산당이 당정간부를 대상으로 실행하는 사상 통제다. 이는 공산당 중앙당교와 각급 지방당교, 행정학원, 간부학원 등이 주로 담당한다. 그런데 간부 교육은 사상 통제의 성격과 함께 업무 능력 배양의 성격도 동시에 띠고 있다. 이에 대해서는 앞에서 이미 살펴보았다.

둘째는 공산당 중앙에서 기층조직까지 간부 당원과 일반 당원을 대상으로 일상적으로 실행하는 다양한 정치 학습 제도다. 공산당 정치국의 집단학습(集體學習, group study session) 제도, 당 위원회(당조) 이론학습 중심조(中心組)의 학습 제도, 일반 당원의 정치 학습 제도, 즉 '당과(黨課)' 제도가 그것이다.

셋째는 정풍운동 기간에 이루어지는 공산당원의 집중 학습과 사상 통제다. 정풍운동은 두 가지 목적을 가지고 있다. 당원의 정치 학습을 통해 전당의 사상 통합과 조직 단결을 높이고, 당원 간의 상호비판과 자기비판 활동을 통해 당의 문제를 해결하는 것이 첫 번째 목적이다. 최고 지도자가 정치적 권위를 높이고 권력을 공고히 다지려는 것이 두 번째 목적이다. 그래서 정풍운동 기간에는 당원에 대한 강력한 사상 통제가 이루어진다.

넷째는 일반 국민을 대상으로 전개하는 선전과 국민 교육 운동이다. 사상 통제의 일차 대상은 당정간부와 공산당원이지만, 이들이 전부는 아니다. 일반 국민이 공산당 통치를 수용하고 지지하도록 교육하고 선전하는 일은 공산당 영도 체제를 굳건히 유지하기 위해서는 반드시 수행해야 하는 활동이다. 이를 위해 공산당은 일상적으로 정치 선전을 진행할 뿐만 아니라 정기적으로 국민 교육 운동을 전개하기도 한다.

이 중에서 공산당원을 대상으로 실시되는 정풍운동과 일반 국민을 상대로 실시하는 국민 교육 운동을 사례로 공산당의 사상 통제 기제를 살펴보자.

정풍운동과 당원 학습

정풍운동은 당정간부의 업무 태도와 사업 풍토를 개선하기 위해 공산당이 전 조직과 당원을 대상으로 학습과 자기비판을 집중적으로 전개하는 일종의 자체 정화 활동이다. 또한 정풍운동은 공산당 주석이나 총서기 등 최고 지도자가 자신의 권력을 공고하게 만들기 위해 전개하는 정치운동이기도 하다.

정풍운동의 전개 방식: '옌안 정풍운동의 계승 발전'

최초의 정풍운동은 산시성(陝西省) 옌안(延安)에서 1941년부터 1945년까지 약 4년 동안 사상교육 운동의 형태로 전개되었다. 왕밍(王明) 등 '소련 유학파' 지도자에 대한 비판과 마오쩌둥의 권위 확립이 옌안 정풍운동의 주요 목적이었다. 이는 1945년 4월에 개최된 공산당 7차 당대회에서 마오의 권위가 확립되면서 막을 내렸다. 이때〈당장〉수정을 통해 '마오쩌둥 사상'이 공산당의 지도 이념으로 결정되었다(동시에 이때부터 '마오쩌둥 사상'이라는 개념이 공식적으로 인정되었다). 이로써 마오는 그 누구도 도전할 수 없는 최고 지도자가 되었다.

정풍운동의 절차와 방식

옌안 정풍운동에서 사용된 절차와 방식은 이후 다른 정풍운동에도 그대로 적용된다. 정풍운동은 보통 네 단계로 진행된다. 첫 단계는 정풍운동 문건의 집중 학습이다. 공산당 간부와 일반 당원들은 공산당 중앙의 계획에 따라 마르크스-레닌주의 원전, 마오쩌둥·덩샤오핑·

장쩌민·후진타오·시진핑의 주요 연설과 저작, 공산당의 정책 문건 등을 집중적으로 학습한다. 대개 정풍운동을 위해 조직된 중앙 영도소조는 해당 정풍운동만을 위한 특별 학습 자료집을 발간하여 전국에 배포한다.

둘째 단계는 개별 당원들의 당성(黨性) 검토와 그 결과를 정리한 '자기 검토서(檢討書)'—일종의 자기비판 문서—의 작성이다. 공산당 중앙은 자기 검토서를 작성하는 방식과 거기에 반드시 들어가야 하는 필수 요소를 정리한 '지침서'를 하달한다. 그러면 모든 당원은 이에 맞추어 자기 검토서를 작성해서 소속 당 지부 위원회에 서면으로 제출해야 한다. 이때 당원은 개인의 사상과 활동을 해당 지역 및 단위의 업무와 관련하여 체계적으로 조사하고 비판적으로 검토해야 한다. 그리고 이를 '자기 검토서'에 자세히 정리해야 한다.

셋째 단계는 공산당원 간의 자기비판과 상호비판이다. 공산당이 주기적으로 전개하는 정풍운동 기간에는 영도간부가 참여하는 '민주생활회(民主生活會)'와 평당원이 참여하는 '조직생활회(組織生活會)'가 개최된다. 이런 생활회가 개최되면 당 간부와 평당원은 자기 검토서의 내용을 중심으로 먼저 자기비판을 진행한다. 이후 당원 간에 상호비판이 뒤따른다. 자기비판과 상호비판을 할 때는 잘못된 사상과 행위의 구체적인 내용을 지적하고, 그것이 발생한 원인과 해결책도 함께 제시해야 한다. 또한 이때에는 동급 당 조직의 간부나 상급 당 조직의 간부가 회의에 참석하여 자기비판과 상호비판 활동을 감독한다.

넷째 단계는 전 당원의 인식 제고와 경험 총괄이다. 이는 정풍운동의 정리 단계다. 이 단계에서 개별 당원은 공산당 중앙의 지침에 따라 사상과 인식을 통일하고, 이를 토대로 당성, 즉 공산당 중앙에 대한 충성과 당 이념에 대한 헌신을 강화하여 업무에 더욱 매진할 수 있도록 결의를 다진다. 또한 자기비판과 상호비판 과정에서 제기된 문제를 어떻게 해결할지에 대한 계획서를 작성하고, 그것을 토대로 문제 해결을 위한 구체적인 실천에 들어간다.

정풍운동 기간에 당원들이 제출한 자기 검토서는 각자의 인사 기록부인 '당안(檔案)'에 기록된다. 영도간부의 자기 검토서, 민주생활회에서의 비판과 자기비판 내용은 종합하여 상급 당 조직에 보고되고, 역시 이들의 당안에 기록된다. 이런 식으로 층층이 관련 자료가 상부로 보고된다.

이런 방식을 통해 공산당 중앙은 전국에서 진행된 정풍운동의 내용과 결과를 자세히 파악할 수 있다. 또한 이렇게 수집된 자료에 대한 분석과 평가를 통해 공산당 중앙은 성부급(省部級: 장·차관급) 간부의 상황과 문제점을 파악할 수 있고, 이는 이후 이들에 대한 인사 통제 자료로도 활용된다.

개혁기의 정풍운동

표 7-1은 개혁기에 공산당이 전개한 주요 정풍운동을 정리한 것이다. 이에 따르면, 정풍운동은 쉬지 않고 계속 이어져 왔다. 구체적인 횟수를 보면, 장쩌민 시기(1992~2002년)에는 두 번, 후진타오 시기(2002~2012년)에는 네 번, 시진핑 집권 1기와 2기(2012~2022년)에는 모두 다섯 번의 정풍운동이 있었다.

또한 정풍운동은 대개 부패 척결 운동(反腐敗運動)과 함께 진행되면

표 7-1 개혁기 주요 정풍운동의 전개

시기	주제(제목)	연도	특징
덩샤오핑 (1978~1992년)	· 정신오염 제거 운동 · 정당운동(整黨運動) · 자산계급 자유화 반대 운동	1983 1983~1986 1986	· '좌파'의 개혁파 공격 · 문화대혁명 세력 척결 · '좌파'의 개혁파 공격
장쩌민 (1992~2002년)	· '삼강(三講)' 교육 운동 · 삼개대표 학습 교육 활동	1999~2000 2001~2002	· 장쩌민 권위 수립 · 장쩌민 이론 권위 수립
후진타오 (2002~2012년)	· 삼개대표 학습 활동 · 공산당원 선진성 유지 교육 활동 · 과학적 발전관 학습 실천 활동 · 학습형 정당 건설 조직 활동	2003~2004 2005~2006 2008~2009 2010~2012	· 장쩌민 이론 권위 수립 · 후진타오 권위 수립 목적 · 후진타오 이론 권위 수립 · 일상 활동
시진핑 (2012~2022년)	· 군중 노선 교육 실천 활동 · '삼엄삼실(三嚴三實)' 운동 · '양학일주(兩學一做)' 운동 · 초심 사명 주제 교육 활동 · 군중을 위한 일(實事) 실천 활동/ 당사(黨史) 학습 교육 운동	2013~2014 2015 2016~2017 2019 2021	· 시진핑 권위 수립 · 일상 활동 · 일상 활동 · 시진핑 이론 권위 수립 · 공산당 100년 기념 활동

〈해설〉 '삼강' 교육 운동의 정식 명칭은 '삼강(三講)을 주요 내용으로 하는 당성과 당풍 교육'이다. '삼강'은 '학습(學習)·정치(政治)·바른 태도(正氣)의 강조'를 뜻한다. '삼엄삼실(三嚴三實)' 운동의 '삼엄(세 가지 엄격함)'은 '수신·권력 사용·자기 규제의 엄격함', '삼실(세 가지 견실함)'은 '일 도모·사업·사람됨의 견실함'을 말한다. '양학일주(兩學一做)' 운동에서 '양학(두 가지 학습)'은 '당헌(黨章)·당규와 시진핑 연설 학습', '일주(하나 되기)'는 '자격이 충분한 당원 되기'를 말한다. '초심 사명' 주제 교육 활동의 정식 명칭은 '초심을 잊지 말고 사명을 기억하자 주제 교육'이다. '초심'은 '중국 인민의 행복 도모', '사명'은 '중화민족의 중흥 도모'를 뜻한다. '군중을 위한 일' 실천 운동의 정식 명칭은 '군중을 위해 실제적인 일(實事) 실천 활동'이다. 공산당 당원이 일반 국민을 위해 좋은 일을 하는 실천 운동이다. 이때는 '당사(黨史) 학습 교육 운동'도 함께 전개되었다.

서 일반 간부뿐만 아니라 고위 간부도 부정부패로 처벌되었다. 이는 시진핑 시기에 들어 더욱 두드러지게 나타났다. 즉 시진핑 시기에는 정풍운동과 부패 척결 운동이 동시에 추진되면서 많은 당정간부가 처벌되었다.

후진타오 시기의 '선진성 교육 활동' 사례

2005년부터 2006년까지 1년 6개월 동안 진행된 '삼개대표 중요사상을 주요 내용으로 하는 공산당원 선진성(先進性) 유지 교육 활동', 약칭으로 '선진성 교육 활동'은 후진타오가 자신의 권위를 강화하기 위해 실시한 대표적인 정풍운동이다.

배경과 방식: '충격적인' 당성(黨性) 약화 현상

'선진성 교육 활동'은 2002년 공산당 16차 당대회에서 결정되었다. 주된 이유는 공산당 간부의 사상과 태도에 심각한 문제가 있다는 사실이 드러났기 때문이다. 2000년 상반기에 공산당 중앙 조직부는 전국적으로 30만 명의 당원을 대상으로 설문조사를 실시했다. 조사 결과는 '충격적'이었다. 평당원뿐만 아니라 영도간부도 당 기율을 위반하고 사익을 추구하는 행위가 보편적으로 나타났고, 사회주의 이념에 대한 확신이나 당원으로서의 사명감이 매우 낮았다. 이 문제를 해결하지 못하면 공산당의 집권에 큰 문제가 발생할 수 있다는 위기의식이 공산당 지도부 내에 팽배했다.

이 문제를 해결하기 위해 2003년에 일부 지역과 당정기관을 대상으로 정풍운동이 시험적으로 실시되었다. 이런 경험을 토대로 세부 계획을 작성하여 2004년 10월에 공산당 중앙은 〈선진성 교육 활동의 실행 통지〉를 하달했다. 또한 정풍운동을 지도하기 위해 공산당 중앙에는 '공산당원 선진성 유지 교육 활동 영도소조', 각 당정기관과 당 지방위원회에는 이와 유사한 영도소조가 설립되었다.

'선진성 교육 활동'의 전개

〈선진성 교육 활동의 실행 통지〉에 따라 정풍운동은 2005년 1월부터 2006년 6월까지 1년 6개월 동안 3단계로 나뉘어 전개되었다. 1단계는 2005년 1월부터 6월까지로, 중앙과 지방의 현급(縣級: 한국의 시·군·구 단위) 이상의 당정기관과 공공기관을 대상으로 전개되었다. 2단계는 2005년 7월부터 12월까지로, 도시의 가도(街道: 한국의 동 단위)를 대상으로 전개되었다. 3단계는 2006년 1월부터 6월까지로, 농촌의 향(鄕: 한국의 면 단위)과 진(鎭: 한국의 읍 단위)을 대상으로 전개되었다.

'선진성 교육 활동'의 전개 방식은 앞에서 말한 옌안 정풍운동 방식과 같았다. 먼저, 공산당원의 집중 학습이 진행되었다. 정치 학습은 당교를 활용하는 방식이나 각급 당 조직이 자체적으로 학습 모임을 개최하는 방식으로 진행되었다. 학습 기간은 3개월이었다. 다음으로, 공산당원은 학습한 내용에 기초하여 자신의 사상과 활동에 대한 '자기 검토서'를 작성했다. 이를 토대로 영도간부는 민주생활회, 일반 당원은 조직생활회를 개최하여 비판과 자기비판을 전개했다. 마지막으로, 문제 개선 활동이 전개되었다. 당원 개인과 조직은 제기된 문제의 해결 방안을 제출하고, 그것을 집행한 후에 개선 결과를 상급 당 조직에 보고했다.

'선진성 교육 활동'의 전체 상황을 보면, 전국적으로 모두 7,080만 명의 공산당원과 350만 개의 당 기층조직이 참여했다. 정풍운동 과정에서 13만 개의 새로운 당 기층조직이 설립되었고, 그동안 활동이 중지되었거나 미진했던 15만 6,000개의 당 기층조직이 재건되었다. 또한 이 기간에 약 300만 명의 각종 당 조직의 책임자에 대한 집중 교육이 진행되었다. 마지막으로 이번 정풍운동에서는 모두 4만 4,738명의 당원이 제명되었다.

종합하면, '선진성 교육 활동'을 통해 공산당 중앙의 권위가 높아지고, 기강 해이 등 당 간부와 조직의 문제점이 일부 해결되었다. 또한 그 과정에서 후진타오의 정치적 권위가 높아졌다.

'자기 검토서' 작성과 자기비판

그렇다면 선진성 교육 활동 기간에 일반 당원은 구체적으로 어떤 활동을 어떻게 전개했을까? 다시 말해, 정풍운동 기간에 공산당원의 사상 통제는 어떻게 이루어질까?

학습과 '자기 검토서' 작성

먼저 공산당원들은 마오쩌둥, 덩샤오핑, 장쩌민, 후진타오의 저작을 40시간 이상 집중적으로 학습했다. 이 중에서도 특히 후진타오의 통치 이념인 '과학적 발전관(科學的發展觀)'이 학습의 중점이었다. 이 때문에 정풍운동 이후에 후진타오의 권위가 더욱 높아졌다고 평가하는 것이다. 다음으로 당원들은 학습한 내용을 기반으로 각자 '자기 검토서'를 작성했다.

이때 공산당 중앙은 당원의 자기 검토서 작성에 지침이 되는 두 개의 '공식 표현법(提法)'을 하달했다. 첫째는 '2개의 필수(兩個務必, 두 개의 반드시)'다. 즉 ① 간부는 반드시 겸손하고 신중하며 오만함과 무례함이 없어야 한다(첫 번째 반드시). 또한 ② 간부는 반드시 열심히 분투하는 자세를 견지해야 한다(두 번째 반드시).

둘째는 '8개의 견지(八個堅持)-8개의 반대(八個反對)'다. 구체적인 내용은 이렇다. ① 사상해방(解放思想)과 실사구시(實事求是)를 견지하고, 옛 방식과 퇴행 고수 및 진취적이지 못한 사고를 반대한다. ② 이론과 실제의 연계를 견지하고, 모방 답습(照搬照抄)과 교조주의(本本主義)를 반대한다. ③ 군중과의 밀접한 연계를 견지하고, 형식주의(形式主義)와 관료주의(官僚主義)를 반대한다. ④ 민주집중제(民主集中制)를 견지하고, 독단전횡(獨斷專行)과 유약해이(軟弱渙散)를 반대한다. ⑤ 당 기율을 견지하고, 자유주의(自由主義)를 반대한다. ⑥ 고군분투(艱苦奮鬪)를 견지하고, 향락주의(享樂主義)를 반대한다. ⑦ 청정과 청렴(淸正廉潔)을 견지하고, 권력의 사익추구(以權謀私)를 반대한다. ⑧ 능력주의 인선(任人唯賢)을 견지하고, 올바르지 못한 인사풍토(用人上的不正之風)를 반대한다.

당원들은 이와 같은 '2개의 필수'와 '8개의 견지 - 8개의 반대'라는 원칙('공식 표현법')에 근거하여 2,000자(字) 이상의 분량으로 자기 검토서를 작성했다. 방식은 '2개의 필수'와 '8개의 견지-8개의 반대'라는 원칙에 비추어서, 다시 말해 이 원칙을 잣대로 자신의 행동과 사상이 얼마나 올바르고 타당했는지를 자세히 분석 평가하는 것이다. 이때에는 동료 등 주변의 의견을 청취하고, 그 내용을 자기 검토서에 반영해야 한다. 이처럼 자기 검토서는 생각나는 대로 그냥 아무 내용이나 쓰는 것이 아니라, 주변의 인식과 평가 등을 반영한 객관적 자료에 근거하여 쓰는 것이다.

동시에 자기 검토서에는 몇 가지 필수 요소가 포함되어야 한다. 이는 공산당 중앙이 전 당원에게 하달한 자기 검토서 작성 지침에 나와 있다. 첫째, 공산당 16차 당대회(2002년) 이후 자신의 사상, 업무, 생활

태도에 대한 검토다. 둘째, 자기 검토를 통해 파악한 주요 문제와 단점에 대한 자세한 정리다. 셋째, 이런 주요 문제와 단점을 초래한 사상적·이념적 원인에 대한 구체적인 분석이다. 넷째, 이런 자신의 문제점과 단점을 개선하여 향후 더욱 발전된 선진 당원이 될 수 있도록 만들 구체적인 실천 사항이다. 다섯째, 당원으로서 앞으로 견지할 자세(태도)에 대한 결의 표명이다.

모범 예문의 제시

공산당 중앙은 이런 '자기 검토서' 작성 지침과 함께 친절하게도 공식적인 '모범 예시문'도 함께 제시했다. 당연히 비공식 모범 예문도 인터넷 등에서 다량으로 유통된다. 일부 당원은 대필한 자기 검토서를 돈으로 사서 제출하기도 한다. 물론 발각될 경우는 무거운 징계를 받는다. 당시 제시된 몇 가지 모범 예문의 도입부는 대략 이렇다.

"나는 마르크스-레닌주의, 마오쩌둥 사상, 덩샤오핑 이론, 삼개 대표 중요사상에 근거하여 자기 검토서를 작성했다. [후략]"

"나는 지정된 다양한 자료와 〈당장〉 및 당규를 충실히 학습했다. [후략]"

"이번에 요구하는 '2개의 필수'와 '8개의 견지-8개의 반대' 원칙에 따라 나의 사상·업무·생활을 세밀하고 체계적으로 검토했다. [후략]"

이어서 모범 예문의 본문 사례는 이렇다.

"나는 정치 학습에 대해 잘못된 태도와 자세를 갖고 있었다. 그래서 정치 학습을 충실히 수행하지 못한 문제가 있었다. [후략]"

"나는 과학적 발전관을 수립하여 생활과 가치에 적용하는 데 충분히 주의를 기울이지 못했다. 과학적 발전관이 갖는 중요성과 긴박성을 제대로 이해하지 못한 결과였다. [후략]"

"나는 정치 이념을 강화하고 입당 시에 다짐했던 맹세를 항상 잊지 않도록 노력해야 한다. 이를 위해서는 다음과 같은 몇 가지 구체적인 조치를 실행할 것이다. [후략]"

"나는 당원으로서 당이 인민을 위해 복무하는 데 조금이라고 도움을 줄 수 있도록 최선을 다하겠다. [후략]"

그런데 공산당 중앙이 당원들에게 자기 검토서를 작성할 때 '2개의 필수'와 '8개의 견지 - 8개의 반대' 같은 공식 표현법을 사용하도록 요구한 데는 그만한 이유가 있다. 이렇게 하면 당원이 공식 표현법을 완벽하게 학습하고, 이를 생각과 활동에서 구현할 수 있기 때문이다.

첫째, 이런 공식 표현법을 통해 공산당 중앙과 당원의 일치를 유도할 수 있다. 둘째, 이는 중국 전통의 학습법이다. 당원이 정확한 용어와 메시지를 반복적으로 암기함으로써 정확한 사상을 형성할 수 있다.

셋째, 마르크스-레닌주의는 '과학'인데, 이런 과학적 방법론을 학습하여 활용해야 한다.

이와 같은 언어 공학은 실제로 정확한 메시지를 전달하는 데 아주 효과적이고, 그래서 정풍운동에서는 필수적으로 사용된다. 무엇보다 기억이 쉽다. 당원들은 시간이 지나도 이를 잊지 않음으로써 정풍운동의 내용을 정확히 기억할 수 있다. 또한 중앙에서 기층까지 전 당원이 같은 용어를 사용하여 표현함으로써 같은 사고를 형성하고, 이를 통해 같은 정체성을 형성할 수 있다. 반대로 말하면, 이와 같은 방식을 사용하여 당원의 독자적인 사고 형성을 방지한다. 이로써 공산당은 정풍운동을 통해 당 간부와 당원의 사상을 통제하겠다는 목표를 달성할 수 있다.

이제 공산당이 일반 국민을 대상으로 전개하는 교육 운동을 살펴보자. 이런 국민 교육 운동 중에서는 세 가지가 특히 중요하다. 첫째는 1986년에 시작하여 지금까지 이어지고 있는 '법률 지식 보급 운동', 즉 '보법활동(普法活動)'이다. 둘째는 1986년에 시작되고, 1990년대에 들어 확대되어 지금까지 이어지고 있는 '정신문명(精神文明) 건설'과 '사회주의 핵심 가치관(核心價値觀) 실천 운동'이다. 셋째는 1994년에 시작되어 지금까지 맹위를 떨치고 있는 '사회주의 애국주의(愛國主義) 교육 운동'이다.

공산당의 국민 교육 운동 1:
'법률 보급'과 '정신문명 건설'

법률 지식 보급 운동

'법률 지식 보급 운동'은 1986년에 제1차 5개년(1986~1990년) 운동을 시작한 이후 지금까지 계속되고 있다. 중국의 법률 지식 보급 운동은 권위주의 국가는 말할 것도 없고, 민주주의 국가에서도 유례를 찾아볼 수 없는 장기적이고 대규모로 실행된 국민 교육 운동이다. 다시 말해, 다른 국가에서 법률 지식 보급 운동을 이런 식으로 전개한 적은 없다.

법률 지식 보급 운동의 구호는 "법률을 무기로 (자신의) 권리를 수호하라(以法律武器維權)"이다. 즉 국민이 법률 지식을 습득하고, 이를 통해 얻은 지식으로 자신의 권리를 수호하는 무기로 사용하라는 뜻이다. 동시에 이는 국민의 준법정신을 강조하는 말이기도 하다. 또한 당정기관과 간부가 법률을 무기로 공산당과 국가의 이익을 수호하는 데 적극적으로 나서라는 뜻이기도 하다. 전자는 국민의 관점, 후자는 공산당의 관점에서 법률 지식 보급 운동을 바라본 것이다.

법률 지식 보급 운동을 통해 실제로 국민의 법률 지식과 권리의식이 점진적으로 증가했다. 특히 1990년대에 들어 개혁·개방이 더욱 심화 확대되면서 노동자와 농민공(農民工, 유동 인구) 같은 사회적 약자 집단이 등장했다. 이들은 법률 지식을 이용하여 자신의 권리를 수호하기 위해 노력하기 시작했다. 그 결과 1990년대 중반 이후 법원 소송이 급격히 증가했고, 민중의 각종 권리 수호 운동도 활발히 전개되었다. 이는 노동자, 농민, 도시 빈민, 여성 등 모든 분야와 계층의 사회적 약자에도 해당한다.

공산당의 관점에서 말하면, 법률 지식 보급 운동을 통해 국민의 불만과 요구를 '체제 내'로 흡수하는 데 어느 정도 성공했다고 평가할 수 있다. 만약 법률 지식 보급 운동이 없었다면, 국민은 참을 수 없을 정도로 불만이 쌓이는 경우 시위와 폭동 등을 통해 자신의 불만과 요구를 표출했을 가능성이 있다. 이런 경우 사회 불안정과 혼란은 피할 수 없다.

그런데 법률 지식 보급 운동을 통해 이런 불만과 요구를 법원 소송 등 '체제 내'로 흡수함으로써 공산당은 어느 정도 사회를 안정적으로 관리할 수 있게 되었다. 이것이 공산당 영도 체제를 안정적으로 유지하고 공고화하는 데 도움이 되는 것은 말할 필요도 없다. 공산당의 관점에서 보면, 이것이 법률 지식 보급 운동을 전개한 가장 중요한 이유다.

사회주의 정신문명 건설 운동

'정신문명 건설 운동'은 공산당이 일반 국민의 사상 통제를 위해 전개하는 매우 중요한 교육 운동이다. 여기서 정신문명(精神文明)은 물질문명(物質文明)과 대비되는 개념이다. 덩샤오핑은 1980년대에 개혁·개방을 시작하면서 경제발전과 국민 생활 수준의 향상이라는 물질문명을 건설할 뿐만 아니라, 사회주의 가치를 유지하고 발전시키는 정신문명도 함께 건설해야 한다고 주장했다. 이에 따라 1986년에 '부르주아 자유화 반대 운동'과 함께 정신문명 건설 운동이 시작되었다.

예를 들어, 1986년 9월에 제정된 〈정신문명 건설 지침〉에 따라, 도시 지역에서는 공공질서를 지키고, 문명 예절을 준수하자는 운동이 전개되었다. 공공장소에서 줄서기, 교통 신호 준수하기, 담배꽁초 버리지 않기, 침과 가래 뱉지 않기, 여름철에 남자들이 상의를 벗고 다니지 않기 등이 대표적인 사례다. 또한 공공시설을 내 것처럼 아끼고, 환경과 자연을 내 집처럼 보호하며, 국가와 사회의 의무를 충실히 수행하자는 시민(公民) 교육 운동도 함께 전개되었다. 학생들도 마찬가지였다.

반면 농촌에서는 미풍양속을 새롭게 수립하자는 문명 개조 운동이 펼쳐졌다. '문명·건강·과학의 생활 방식'을 제창하고, 사회 풍습과 습관 중에서 우매하고 뒤떨어진 봉건 잔재를 극복하자는 운동이다. 이를 위해 관혼상제의 고루한 풍습, 예를 들어 돈을 내고 신부(新婦)를 데려오는 일종의 매매혼 풍습이나, 거창하게 무덤을 만들고 화려하게 치장하는 장례 문화를 개혁하자는 운동이 대대적으로 전개되었다. 봉건적인 미신과 도덕을 타파하자는 운동도 마찬가지였다.

그러나 정신문명 운동이 본격적인 국민 교육 운동으로 펼쳐진 것은 1990년대였다. 1989년 톈안먼 민주화 운동과 1991년 소련의 붕괴 이후, 사회주의 이념은 통치 이데올로기로서의 가치와 신뢰를 점차로 잃어갔다. 공산당은 이와 같은 이데올로기의 위기를 극복하기 위해 사회주의의 혁명 가치와 함께 중화민족의 전통 가치를 동시에 강조하는 정신문명 운동을 대대적으로 전개한 것이다. 후진타오 시기에 제정한 '시민(公民) 도덕교육 요강(綱要)'(2001년)이나, 시진핑 시기에 제정한 '신시대 시민 도덕교육 요강'(2019년)은 그 일환이었다. 또한 '사회주의 핵심 가치관(核心價値觀)' 실천 운동도 마찬가지다.

'사회주의 핵심 가치관' 실천 운동

'사회주의 핵심 가치관'이라는 말은 2006년 10월에 개최된 공산당 16기 중앙위원회 6차 전체회의(16기 6중전회)에서 〈사회주의 조화사회(和諧社會) 건설 결정〉이 통과되면서 공식적으로 등장했다. 이때 제기된 사회주의 핵심 가치관의 내용은 네 가지였다. 첫째는 마르크스주의 지도 사상, 둘째는 중국 특색 사회주의의 공동 이상, 셋째는 애국주의를 핵심으로 하는 민족정신과 개혁 혁신을 핵심으로 하는 시대정신, 넷째는 '사회주의 영욕관(榮辱觀)'이었다.

이 가운데 사회주의 영욕관이 후진타오의 새로운 도덕관 및 가치관으로 강조되었다. 그래서 사회주의 핵심 가치관 실천은 사회주의 영욕관, 즉 '8개의 영광과 8개의 치욕(八榮八恥)'의 준수를 의미했다. 이것은 시(詩)처럼 사람들이 기억하기 쉽게 대구(對句)로 구성되었다. 그래서 동요로도 만들어 보급할 수 있었다.

첫째, 조국 사랑은 영광이고, 조국 위해(危害)는 수치다
둘째, 인민 복무(服務)는 영광이고, 인민 배반(背離)은 수치다
셋째, 과학 숭상은 영광이고, 우매 무지는 수치다
넷째, 근면 노동은 영광이고, 안일(安逸) 노동 혐오는 수치다
다섯째, 단결 상부상조는 영광이고, 이기적 행위와 타인 이익 침해는 수치다
여섯째, 성실과 약속 준수는 영광이고, 의리(義理)를 망각한 이익 추구는 수치다
일곱째, 법률과 기율 준수는 영광이고, 법률과 기율 위반은

수치다

여덟째, 간고분투(艱苦奮鬪)는 영광이고, 교만·사치·음란은 수치다

사회주의 핵심 가치관이 좀 더 질서정연하게 자리 잡은 것은 시진핑 시기에 들어와서였다. 2012년 11월에 개최된 공산당 18차 당대회에서 후진타오는 마지막 정치 보고를 통해 '24개 글자'로 이루어진 사회주의 핵심 가치관을 발표했다. 이를 이어 공산당 중앙 판공청은 2013년 12월에 〈사회주의 핵심 가치관의 육성 실천 의견〉을 하달했다. 사회주의 핵심 가치관을 국민 교육 운동을 통해 전국적으로 확산하기 위한 공산당의 계획이자 방침을 제시한 것이다.

후진타오가 제기한 '24개 글자'의 사회주의 핵심 가치관은 국가·사회·시민이라는 세 개의 층위로 구분된다. 첫째, 국가의 가치 목표는 부강(富强), 민주(民主), 문명(文明), 조화(和諧)의 여덟 글자다. 둘째, 사회의 가치 지향은 자유(自由), 평등(平等), 공정(公正), 법치(法治)의 여덟 글자다. 셋째, 시민의 가치 준칙은 애국(愛國), 경업(敬業, 직업정신), 성신(誠信), 선량(友善)의 여덟 글자다. 이처럼 국가·사회·시민은 모두 이 24개 글자의 덕목을 사회주의 핵심 가치관으로 육성하고 실천해야 한다.

공산당의 국민 교육 운동 2: '사회주의 애국주의 교육 운동'

'애국주의 교육 운동'도 앞에서 살펴본 두 가지 운동 못지않게 공산당이 정성을 쏟아 전개한 국민 교육 운동이다. 애국주의 교육 운동은 정신문명 건설 운동과 비슷한 시점인 1990년대 중반에 시작되어 지금까지 이어지고 있다.

1970년대 중반부터 1990년대 초반까지 전 세계 개발도상국과 사회주의 국가에서는 '제3의 민주화 물결(third wave of democratization)'이라는 민주주의 운동의 열풍이 불어닥쳤다. 1987년 한국의 민주화 운동이나 대만의 민주화 운동도 그런 민주화 열풍 속에서 일어난 것이었다. 1989년에 일어난 중국의 톈안먼 민주화 운동과 동유럽 사회주의 국가 및 소련의 민주화 운동도 마찬가지였다.

그러나 중국은 다른 사회주의 국가와는 달리 민주화 물결에 의해 체제가 붕괴하지 않았다. 대신 중국에서는 애국주의 열풍이 거세게 불어닥쳤다. 이는 공산당의 주도면밀한 계획과 추진에 입힘은 바가 크다.

애국주의 열풍

중국의 애국주의 열풍은 1989년 톈안먼 민주화 운동의 실패와 1991년 소련의 붕괴 이후 본격화되었다. 이는 일부 지식인과 민중이 자발적으로 시작한 '대중 민족주의(popular nationalism)'의 성격을 띠고 있다. 잘못된 '서구식 민주주의'에 대한 맹목적인 추종을 반성하고, 이를 대신하여 중국의 전통 가치와 질서를 회복해야 한다는 일부 지식인의 목소리가 힘을 얻어갔다. 또한 중국이 소련처럼 붕괴하지 않으려면 국가와 민족을 다시 일으켜 세워야 하고, 이를 위해서는 공산당 영도하에 전 국민이 똘똘 뭉쳐 국력을 증강해야 한다는 국가주의(statism) 논리가 등장했다.

그러나 애국주의 열풍이 몰아친 데는 이런 '대중 민족주의'보다는 공산당이 쇠퇴한 사회주의 이념을 보완하려고 국민을 동원한 '관방 민족주의(official nationalism)'의 성격이 훨씬 더 강하다. 1994년부터 5년 동안 전국적으로 실시된 애국주의 교육 운동은 이를 보여주는 대표적인 사례다.

공산당이 추진한 애국주의 교육 운동은 두 가지 목적을 띠고 있었다. 하나는 국민, 특히 젊은 세대의 시선과 불만을 국내 문제에서 국제 문제로 돌리는 것이다. 다른 하나는 미국과 서방 강대국에 대한 적대감(적개심)을 고취하고, 이를 통해 국민의 단결과 통합을 유지하며, 동시에 공산당의 일당 통치를 정당화하려는 것이다.

'피해의식'과 '포위심리'의 조장

이를 위해 공산당은 마오쩌둥 시기에 강조했던 '승리의식(victory mentality)'을 슬그머니 내리고, 대신 '피해의식(victim mentality)'을 대대적으로 선전하기 시작했다. '승리의식'에서는 공산당과 인민이 온갖 어려움을 극복하고 사회주의 혁명에 성공하여 중화인민공화국을 당당히 건국했다는 자부심을 강조한다. 반면 '피해의식'에서는 1840년 아편전쟁부터 1949년 사회주의 중국의 건국까지 100년 동안 중국 민족과 인민이 서구 열강과 일본에 의해 침략당하고 고통받았다는 '100년의 굴욕(百年恥辱)'을 강조한다.

또한 공산당은 1990년대에 들어 '포위심리(siege mentality)'를 강조하기 시작했다. 이 논리에 따르면, 1991년 소련 등 사회주의권이 붕괴한 이후, 중국은 이제 사회주의를 대표하는 '종주국'이자, 미국 등 서방 세력에 맞서는 개발도상국의 '우두머리'가 되었다. 이런 상황에서 미국을 중심으로 하는 자본주의 세력은 중국이 강대국으로 부상하는 것을 막기 위해, 궁극적으로는 중국을 소련처럼 붕괴시키기 위해 포위 및 봉쇄하고 있다는 것이다.

이와 같은 '피해의식'과 '포위심리'는 왜 중국의 전체 인민과 민족이 공산당을 중심으로 일치단결해야만 하는지, 또한 왜 공산당 영도 체제가 필요한지를 정당화하는 핵심 논리가 되었다. 공산당 영도하에 전 인민과 민족이 온 힘을 다해 국력을 키우지 않으면 다시 '100년의 굴욕'을 당할 수 있다는 것이다. 또한 그렇게 하지 않으면, 미국 등 자본주의 세력의 포위 및 봉쇄에 갇혀 다시 옛날처럼 굴종의 삶을 살 수밖에 없다는 것이다. 이는 불안 심리를 조장하여 공산당에 의존하게 만들려는 정치 전략이다. 결국 공산당은 이를 이용하여 통치 정통성을 높일 수 있다.

'세 개의 백선' 운동

구체적으로 전체 국민, 특히 초·중·고등학교 학생들에게 애국주의 정신을 보급하기 위해 다양한 정책이 실행되었다. '세 개의 백선(三個百選)' 운동이 대표적인 사례다.

첫째, 초·중·고 학생의 애국주의 필독 도서 100종이 선정되었다. 초등학생용은 27종, 중학생용은 42종, 고등학생용은 31종이다. 내용은 모두 국가와 민족에 대한 사랑, 중국의 전통문화와 가치에 대한 자부심, 사회주의 이념과 혁명에 대한 헌신, 공산당에 대한 신뢰와 충성을 고취하는 것뿐이다. 각 학교에서는 이를 방학 과제물로 내어 학생들이 읽고 독후감을 작성하도록 지도했다. 언론과 여러 기관에서는 학생 독후감 경진대회 같은 행사를 개최해서 책 읽기와 토론을 장려했다.

둘째, 전 국민이 반드시 보아야 하는 애국주의 좋은 영화 100편이 선정되었다. 공산당이 국민당 '반동 세력'과 싸우면서 사회주의 혁명을 성공으로 이끈 이야기, 전체 인민과 민족이 공산당 영도하에 '일본 제국주의 세력'을 물리치고 민족 독립을 쟁취한 이야기, '사회주의 건설'을 위해 공산당이 애쓰고 인민이 열성적으로 참여한 이야기, '중국 의용군'의 영웅적인 '항미원조전쟁(抗美援朝戰爭)', 즉 한국전쟁 참전 이야기 등이 주요 내용이다. 이후 각 학교와 기관, 도시와 농촌의 기층 사회에서는 이를 감상하는 좋은 영화 보기 운동이 전개되었다. TV는 시간이 날 때마다, 특히 공산당과 국가의 기념일에는 이런 영화를 대대적으로 방송했다.

셋째, 애국주의 '교육기지(敎育基地)' 100곳이 선정되었다. 청나라가 영국과 일본 등 제국주의 열강에 의해 참패를 당한 굴욕의 장소, 공산당 1차 당대회(1921년)가 열린 상하이시 구 조계(租界) 지역을 포함하여 공산당의 설립과 발전 과정에서 역사적 의의가 있는 장소와 건물, 인민해방군이 국민당군을 물리친 주요 혁명 격전지, 일본 제국주의의 잔혹한 침략 실상을 보여주는 장소—예를 들어, '난징(南京) 대학살' 장소—와 인민이 공산당 영도하에 일본군을 격퇴한 격전지, 그 밖에도 애국주의 정신을 함양할 수 있는 다양한 명승고적이 여기에 포함되었다. 이후에도 공산당 중앙 선전부는 다섯 차례에 걸쳐 모두 592곳을 추가로 애국주의 교육기지로 지정했다.

여기에 더해 2004년 무렵부터는 전 국민이 애국주의 교육기지를 방문하도록 촉구하는 '홍색 관광(紅色旅遊, red tourism)' 운동이 전개되었다. 이는 혁명유적지 견학을 관광상품으로 개발하여 애국주의 교육 운동에 활용한 사례라고 할 수 있다. 그 결과 2019년에는 연인원 14억 명이 홍색 관광에 참여했고, 관광 수입으로 4,000억 위안(元)(한화 약 72조 원)을 거두었다. 코로나19의 영향으로 2020년에는 6월까지 연인원 1억 명이 홍색 관광에 참여했다. 이처럼 공산당의 '홍색 관광'은 한편으로는 관광산업을 육성하기 위한 산업 정책이지만, 다른 한편으로는 애국주의 교육기지를 방문하여 애국심을 학습하고 실천하자는 국민 교육 운동이기도 하다.

8장
무력 통제

　공산당은 예로부터 세 개의 '자루'에 의지하여 정권을 장악한다고 말한다. 첫째는 '총대(槍桿子)', 둘째는 '칼자루(刀把子)', 셋째는 '붓대(筆桿子)'다. 여기서 '총대'는 군대, '칼자루'는 정법(政法)기관—한국식으로는 공안(公安)기관—, '붓대'는 언론 매체를 뜻한다. 한마디로 공산당은 무력(총대와 칼자루)과 선전(붓대)을 동원하여, 혹은 '정치 폭력'과 '이데올로기 선전'을 통해 정치권력을 장악한다는 것이다. 이는 공산당 영도 체제를 유지하기 위해서는 사상 통제와 함께 무력 통제가 매우 중요한 수단임을 강조하는 말이다.

　이런 공산당의 관점은, 〈당장〉과 〈공산당 정법 공작조례〉에 명시되어 있다. 즉 여러 가지의 국가기관 중에서 오직 인민해방군·무장경찰부대·민병 등 '무장 역량'과 경찰·검찰·법원·정보기관 등 '정법기관'에 대해서만은 공산당이 '절대영도'를 실행한다고 규정하고 있다.

문제는 현실에서 '절대영도' 규정이 실제로 실행되고 있는가 하는 점이다. 이것이 실행되려면 '무장 역량'과 '정법기관'에 대한 공산당의 통제 기제가 수립되어 제대로 작용해야 한다. 이 장에서 살펴보려고 하는 것이 바로 공산당의 무력 통제 기제다.

공산당의 무력 통제 기제: '권력은 총구에서 나온다'

세 가지 '무장 역량'

중국의 관련 법률에 따르면, '무장 역량'은 세 가지 종류로 구성된다. 표 8-1은 이를 정리한 것이다.

인민해방군

첫째는 인민해방군(人民解放軍, People's Liberation Army: PLA)이다. 현재 병력은 200만 명이다. 인민해방군은 상비군이자 정규군으로, 외적으로부터 주권·영토·국민을 방어하는 임무를 맡고 있다. 이런 점에서 보면, 중국의 인민해방군도 다른 국가의 정규군과 크게 다르지 않다.

표 8-1 중국(공산당)의 무장 역량

종류	성격	구성	규모	임무
인민해방군	정규군	현역군인	200만	공산당 수호와 국토방위
무장경찰 부대	전투경찰	현역군인	68만	치안유지와 긴급 임무
민병	예비부대	군 미필자	1,000만	후방 업무와 재난 지원

그런데 〈중국 국방법〉에 따르면, 인민해방군의 일차 임무는 "공산당 영도와 사회주의 제도의 공고화"다. 즉 인민해방군은 무엇보다 '공산당의 수호자(guardian)'다. 이것이 공산당과 인민해방군 간에 존재하는 특수한 관계다. 중국에서 군을 '국가의 군대'가 아니라 '당의 군대'라고 부르는 이유이기도 하다.

1989년 톈안먼 민주화 운동 과정에서 경찰이 시위를 진압할 수 없는 상황이 오자 인민해방군이 동원되어 시위를 무력 진압한 사실은 이를 잘 보여준다. 미래에도 이런 상황이 재현된다면 군은 언제든지 다시 동원될 것이다. 이 때문에 공산당은 인민해방군에 대해 '절대영도'를 강조하고, '당의 군대'를 '국가의 군대'로 바꾸어야 한다는 주장에 대해서는 국가 전복죄 혹은 반체제 범죄로 처벌한다.

인민 무장경찰 부대

둘째는 인민 무장경찰 부대(武警, People's Armed Police: PAP)다. 무장경찰 부대는 장갑차와 자동소총으로 무장한 일종의 전투경찰로, 경찰보다는 군대의 성격이 훨씬 강하다. 부대원은 이전에 존재했던 한국의 전투경찰(전경)처럼 현역 입대자(의무병)로 구성된다. 병력 규모를 보면, 정부 발표로는 66만~68만 명인데, 외국 학자와 연구기관은 110만 명 혹은 150만 명에서 230만 명까지 보기도 한다.

2020년 6월에 수정된 〈무장경찰법〉은 이들의 임무를 세 가지로 규정한다. 첫째는 일상 임무(執勤任務)로, 공항과 항만 등 국경 시설 경비, 기차역 등 주요 시설과 관공서 경비, 주요 행사와 활동 경호 등이다. 중국을 여행하면서 공항과 기차역에서 자주 보는 '무장한 군인'이 바로 이런 임무를 수행하고 있는 무장경찰이다. 둘째는 긴급처리 임무(處突任務)로, 특정 장소와 도로의 봉쇄, 범죄 활동의 제지, 이재민과 각종 재난 피해자 구조, 시위 진압과 사회질서 회복 등이다. 셋째는 테러 대응 임무(反恐任務)로, 테러 활동 저지와 테러리스트 체포 등이 포함된다.

무장경찰 부대는 군대와 경찰이라는 두 가지 성격을 동시에 띠고 있다. 그래서 예전에는 중앙군사위원회(중앙군위)와 국무원 공안부(실제로는 공산당 정법위원회)의 '이중 영도(雙重領導)'를 받으면서 임무를 수행했다. 이런 이중 영도 체제에서는 지방에서 군체성(群體性) 사건(대중 소요 사건)이 발생하면 지방 공산당 위원회의 지시에 따라 무장경찰 부대가 출동하여 시위를 진압하기도 했다. 이 과정에서 과도한 무력행사와 공권력 남용 등의 문제가 발생했다.

또한 중앙과 지방의 공안부(실제로는 공산당 정법위원회)가 무장경찰 부대를 지휘하면서 중앙군위와는 다른 별도의 무력 통제기구가 등장했다는 우려가 제기되었다. 실제로 저우융캉(周永康) 전 정치국 상무위원 겸 중앙 정법위원회 서기(2007~2012년)의 권력 남용은 이런 우려를 확인시켜 준 실례가 되었다. 그는 무장경찰 부대를 강력하게 통제하면서 '밤의 황제'로 군림했다.

이런 이유에서 시진핑 정부는 2017년 12월에 관련 법규를 수정하여 무장경찰 부대가 중앙군위의 '수직 영도(垂直領導)'만을 받도록 지휘체계를 변경했다. 공산당만이 무력을 통제한다는 방침을 더욱 철저하게 시행하는 조치인 것이다.

민병

셋째는 민병(民兵, militia)이다. 민병은 군 복무를 하지 않은 18세에서 35세 사이의 남자로 구성된다. 병력 규모는 2004년 국방백서에서는 1,000만 명, 다른 자료에서는 1,200만 명이라고 한다. 민병은 전국적으로 각 지역과 단위에 존재하는 느슨한 조직이다. 민병도 무장경찰 부대처럼 예전에는 공산당과 정부의 이중 지도를 받았는데, 2017년 법률 개정 이후에는 중앙군위의 '수직 영도'만을 받는다.

중국은 의무병제를 시행하고 있지만, 징집 대상자는 대부분 현역으로 복무할 수 없다. 징집 규모는 작은 데 비해 징집 대상자는 압도적으로 많기 때문이다. 그래서 현역으로 복무하지 않은 징집 대상자를 민병으로 편입하는 것이다. 이들은 일정한 나이에 도달할 때까지 매년 정해진 시간 내에서 간단한 군사 훈련을 받는다.

민병은 생업에 종사하다가 전시에는 인민해방군 지원, 평시에는 치안유지, 시설 경비, 재난 지원 등의 임무를 수행한다. 예를 들어, 2019년 12월에 후베이성(湖北省) 우한시(武漢市)에서 코로나19가 발생했을 때, 전국적으로 매일 20만 명의 민병이 방역과 차량 통제 등의 임무를 수행했다.

개혁기 '당-군 관계'의 변화

사회주의 혁명 과정에서 마오쩌둥과 덩샤오핑은 공산당의 지도자이면서 동시에 홍군(紅軍: 인민해방군의 전신)의 지도자였다. 예를 들어, 혁명기에 마오는 당 주석이자 홍군 최고 지도자—공식적인 최고사령관은 주더(朱德)—였고, 덩은 인민해방군 제2야전군의 정치위원(政治委員)이었다. 건국 이후에도 마오는 1976년에 죽을 때까지, 덩은 1989년 11월에 공직에서 물러날 때까지 중앙군위 주석 자리를 유지했다. 특히 덩은 1987년 공산당 13차 당대회 이후 당내에서는 아무런 직위도 맡지 않는 '평당원'의 신분으로 중앙군위 주석을 맡았다.

이런 사실은 마오쩌둥과 덩샤오핑이 혁명원로이자 건국의 아버지로서 개인적 권위와 카리스마적 지도력에 기반하여 군을 통제했다는 사실을 보여준다. 다시 말해, 이들과 군 간의 관계는 공산당 대(對) 군 간의 '제도적 관계'가 아니라, 혁명원로 대 군내 추종자 간의 '개인적 관계'였던 것이다. 특히 마오에게는 이런 특징이 훨씬 강했다.

그러나 이런 특수한 개인적 관계는 덩샤오핑 이후의 지도자, 즉 장쩌민, 후진타오, 시진핑에게는 적용되지 않는다. 이들은 〈당장〉과 〈헌법〉의 규정에 따라 공산당 총서기, 국가주석, 중앙군위 주석에 선임됨으로써 최고 지도자가 될 수 있었다. 즉 이들의 권력원(權力源)은 마오나 덩과 달리 개인적 권위가 아니라 제도적 권위였다. 따라서 이들이, 더 넓게는 '민간인' 공산당 지도자가 '무장 역량'을 통제하려면 그에 합당한 제도와 조직을 갖추어야만 한다. 즉 당-군(party-military) 관계의 제도화(institutionalization)가 필요하다는 말이다.

개혁기의 세 가지 새로운 추세

그런데 개혁기에 나타난 당-군 관계의 새로운 추세를 놓고 볼 때, 덩샤오핑 이후 시기에 공산당이 인민해방군을 통제하는 일은 말처럼 그렇게 쉽지만은 않다. 첫째, 공산당과 인민해방군 내에서 사회주의 등 혁명 이념에 대한 신뢰가 많이 떨어졌다. 따라서 공산당이 혁명 이념에 근거하여 군에 대해 절대적으로 충성하라고 요구할 수는 없게 되었다.

둘째, 인민해방군의 전문화(professionalization)가 강조되고, 계속된 군 개혁을 통해 실제로 전문화가 상당히 진행되었다. 이에 따라 인민해방군은 공산당과 구별되는 독자적인 정체성(identity)을 가진 전문 집단으로 변화되었다. 즉 정치 사상공작보다는 군사작전과 훈련, 무기 체계와 장비 개발 등 군사 기술적인 임무를 강조하는 관료 집단으로서의 정체성이 전보다 더욱 강화되었다는 것이다.

셋째, 민-군(civil-military) 엘리트 간의 분화(bifurcation)가 더욱 심해졌다. 마오쩌둥과 덩샤오핑은 모두 공산당의 지도자(혁명가)이면서 동시에 군 지도자였다. 이처럼 원로 세대의 공산당 지도자와 군 지도자는 혁명기에는 군대(홍군)에서, 건국 이후에는 당정기관에서 같이 활동한 경험이 있다. 즉 당시에는 당(黨)-군(軍)이 명확히 분리되지 않았다.

그러나 이후 세대는 다르다. 시진핑은 예외지만, 즉 그는 국방부 부장(장관)의 비서로 3년 동안 군에 복무한 경험이 있지만, 장쩌민과 후진타오, 그리고 다른 대부분의 다른 '민간인' 정치 지도자들은 군 복무 경험이 없다. 즉 정치 지도자와 군 지도자 간에는 공유 경험이나 활동이 없다는 것이다. 그 결과 정치 지도자와 군 지도자는 별도의 엘리트 집단으로 더욱 분명하게 나누어졌다.

공산당의 세 가지 군 통제 기제

그렇다고 인민해방군이 공산당 영도를 무시한다는 말은 결코 아니다. 지금까지 군이 공산당 영도 체제에 공개적으로 도전한 적은 단 한 번도 없었다. 1949년 중국 건국 이후 군이 정치과정에 개입하여 무력을 행사한 적은 딱 두 번 있었다. 첫째는 문화대혁명 시기(1966~1976년)에 군이 동원된 사례다. 둘째는 1989년 6월 톈안먼 민주화 운동을 진압하기 위해 계엄령이 선포되고 인민해방군이 동원된 사례다.

그런데 이와 같은 인민해방군의 공개적인 정치 관여는 모두 마오쩌둥과 덩샤오핑의 지시에 따라 이루어진 것이지, 군이 스스로 결정하여 출동한 것은 아니었다. 이는 지금도 마찬가지다. 군은 공산당 정치국과 정치국 상무위원회의 결정에 복종한다는 것이다. 이처럼 공산당의 군 통제는 성공적으로 유지되고 있다고 평가할 수 있다.

참고로 '당이 군을 통제한다'라는 레닌주의 원칙이 실행되는 사회주의 국가에서는 군부가 쿠데타를 일으켜 공산당 정권을 뒤엎고 권력을 찬탈한 적은 한 번도 없었다. 1991년에 소련에서 있었던 군사 쿠데타 시도는 민주화 이후, 즉 레닌주의 원칙이 폐기된 이후에 발생한 일이었다. 이는 다른 개발도상국에서 군사 쿠데타가 빈번히 발생한 상황과 비교할 때 매우 다른 특징이다. 이는 중국뿐만 아니라 북한·베트남·쿠바에도 적용된다.

그렇다면 인민해방군에 대한 공산당의 '절대영도'는 어떻게 실현될 수 있을까? 다시 말해, 군은 왜 쿠데타를 통해 공산당의 권력을 찬탈할 수 없는가? 크게 세 가지 통제 기제가 작동하기 때문이다. 첫째는 '민간인(civilian)' 지도자(대개 공산당 총서기)가 중앙군위 주석을 맡고, 동시에 집단지도가 아니라 주석 책임제(主席責任制, chairman responsibility system)를 실행하는 제도다. 둘째는 군대 내에 군 지휘관인 사령원(司令員: 사령관) 외에, 공산당 지도자인 정치위원(政治委員, political commissar)—약칭으로 정위(政委)—을 동시에 두는 제도다. 셋째는 군부대 내에 조직된 공산당 위원회가 주요 문제를 집단으로 결정하고 통제하는 제도다.

주석 책임제: '민간인 주석이 군을 지휘한다'

마오쩌둥 시기부터 현재까지 중앙군위는 현역 장군이 아니라 민간인이 주석을 맡는다. 마오쩌둥, 덩샤오핑, 장쩌민, 후진타오, 시진핑이 모두 그렇다. 또한 1997년 공산당 15차 당대회 이후에는 공산당 정치국 상무위원회에 현역군인이 선임되지 않는다. 따라서 중국의 실질적인 최고 권력기관(즉, 정치국 상무위원회)에서 군을 대표하는 사람은 중앙군위 주석을 겸직하는 공산당 총서기다.

중앙군위의 주석 책임제

공산당은 1982년에 〈헌법〉을 제정할 때 중앙군위의 주석 책임제를 명시했다. 또한 2017년 공산당 19차 당대회에서는 〈당장〉을 수정해서 중앙군위의 주석 책임제를 최초로 명시했다(즉, 이전 〈당장〉에는 이에 대한 명시적인 규정이 없었다).

일반적으로 중앙군위는 민간인 주석 한 명, 주로 현역 장성 중에서 선임되는 부주석 두세 명과 위원 서너 명으로 구성된다(표 8-2). 이런 구성 상황에서 중앙군위가 공산당 정치국이나 정치국 상무위원회처럼 집단지도 체제로 운영된다면, 민간인 지도자가 군을 통제하는 일은 사실상 불가능하다. 집단지도 체제에서는 구성원 모두가 한 표를 행사하

표 8-2 공산당 중앙군사위원회의 구성: 공산당 19차 당대회(2017년) 사례

구분	이름	나이	전직	현직	비고
주석 (1)	시진핑(習近平)	64	총서기/중앙군위 주석/국가주석	좌동	민간인
부주석 (2)	쉬치량(許其亮)	67	중앙군위 부주석/정치국원	좌동	군인
	장유샤(張又俠)	67	총장비부 부장	정치국원	군인
위원 (4)	웨이펑허(魏鳳和)	63	로켓군 사령원	국방부 부장	군인
	리쭤청(李作成)	64	연합참모부 참모장	좌동	군인
	먀오화(苗華)	61	해군 정치위원	정치공작부 주임	군인
	장성민(張昇民)	59	중앙군위 기율검사위원회 서기	좌동	군인

기 때문이다.

이와 달리 중앙군위는 주석 책임제로 운영된다. 이 때문에 민간인 주석(대개 공산당 총서기)은 절대적인 수적 열세, 즉 중앙군위 주석을 제외한 나머지 구성원이 모두 군 장성인 상황에서도 중앙군위를 지휘할 수 있는 것이다.

국방개혁과 주석 책임제 강화

한편, 2015년 말에서 2016년 초까지 이어진 군 지휘 체계 개혁을 통해 '민간인' 중앙군위 주석의 권한이 더욱 강화되었다. **그림 8-1**은 이를 정리한 것이다.

2016년 개혁 이전의 군 지휘 체계를 보면, 중앙군위 산하에는 현역 장군이 책임자로 있는 '사총부(四總部)', 즉 총참모부(總參謀部: 군사작전 담

그림 8-1 중국의 군 지휘 체계 조직도: 2016년 개혁 전과 개혁 후

(1) 2016년 개혁 전 조직도

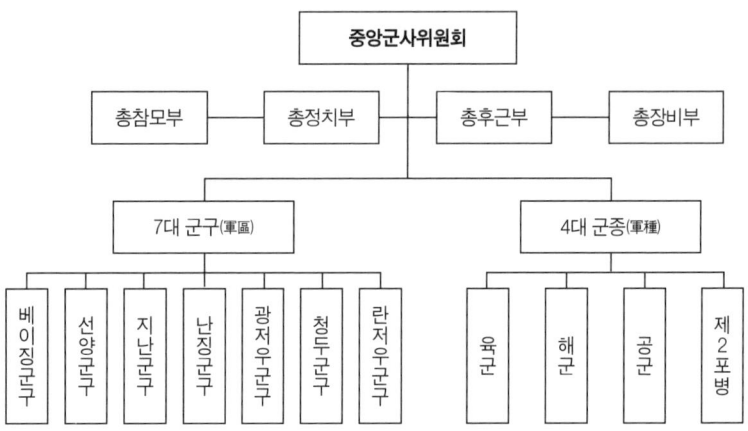

(2) 2016년 개혁 후 조직도

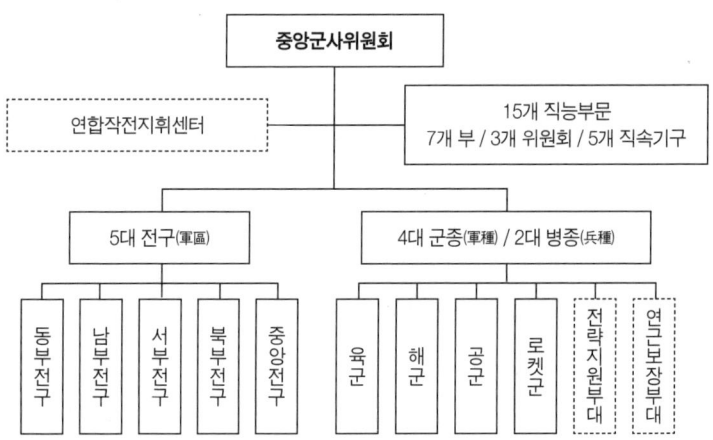

〈해설〉 2019년에 발간된 중국의 국방백서인 『신시대의 중국 국방』에 따르면, 중국군은 '4대 군종(軍種)'과 '2대 병종(兵種)'으로 나눌 수 있다. '4대 군종'은 실선으로 표시된 육군·해군·공군·로켓군(전략미사일부대), '2대 병종'은 점선으로 표시된 전략지원부대(戰略支援部隊)와 연근보장부대(聯勤保障部隊)를 가리킨다. 그런데 2024년 4월에 전략지원부대가 정보지원부대(信息支援部隊), 사이버부대(網絡空間部隊), 군사우주부대(軍事航天部隊)로 재편되면서 해체되었다. 그 결과 '4대 군종(육군·해군·공군·로켓군)'과 '4대 병종(정보지원부대·사이버부대·군사우주부대·연근보장부대)' 체제로 바뀌었다.

당), 총정치부(總政治部: 정치공작과 인사 담당), 총후근부(總後勤部: 보급 등 지원 업무 담당), 총장비부(總裝備部: 무기와 군사 장비 담당)가 있었다. 사총부는 형식적으로는 중앙군위 산하 부서였지만, 실제로는 '독립왕국'처럼 움직이는 군의 영도기관이었다. 특히 총참모부는 해방군의 '영혼'이자 '핵심'으로, 7대 군구(軍區)와 육군·해군·공군·제2포병부대(전략미사일부대) 등 4대 군종(軍種)을 지휘했다.

이런 군 지휘 체계의 문제점은, 현역 장성들로 구성된 사총부가 중앙군위와 7대 군구 및 4대 군종 사이에 위치하여 중앙군위 주석의 지휘권 행사를 방해할 수 있다는 점이다. 즉 중앙군위 주석은 잘해야 사총부만 지휘하고, 전체 군은 사실상 사총부가 지휘하는 구조였다. 그래서 민간인 주석이 군 전체는 말할 것도 없고, 사총부 자체만이라도 제대로 통제할 수 있는가에 대한 의문이 제기되었다. 실제로 군의 중요 정보가 중앙군위 주석인 후진타오에게 제대로 전달되지 않는 일이 종종 발생했다.

그런데 2016년 군 개혁 이후에는 그럴 가능성이 전보다 줄어들었다. **그림 8-1**의 (2)가 보여주듯이, 사총부(특히 총참모부)는 이전의 특권을 잃고 중앙군위 산하의 15개 '직능부문(職能部門, 실무 부서)' 중의 네 개 부서로 바뀌었다. 그 결과 이제는 중앙군위가 5개 전구(戰區)와 4대 군종(軍種)·4대 병종(兵種)을 직접 지휘할 수 있게 되었다. 특히 중앙군위 주석을 맡는 민간인 지도자가 동시에 연합작전 지휘센터의 '총지휘(總指揮, commander-in-chief)'를 맡음으로써 군에 대한 작전 지휘권이 더욱 강화되었다.

정치위원 제도와 공산당 위원회의 집단지도

민간인 지도자가 중앙군위 주석을 겸직하는 제도가 최상층에서 군에 대한 공산당의 '절대영도'를 실현하는 통제 기제라면, 군 정치위원 제도와 공산당 위원회의 집단지도는 군대 부서 및 부대 단위에서 공산당의 '절대영도'를 실현하는 통제 기제다.

군 정치위원 제도: '군정쌍관(軍政雙官)의 책임 구조'

군 정치위원 제도는 중국 건국 전의 사회주의 혁명 시기에 소련에서 도입한 것이다. 동시에 이것은 중국 역사에서 문관(文官)이 황제의 명을 받아 각 지역에 주둔하고 있는 무관(武官)—예를 들어, 도독(都督)이나 총관(總管)—을 감독하는 전통을 되살린 것이기도 하다.

이에 따르면, 각 군부대는 단위에 따라 다양한 명칭의 정치위원을 임명한다. 연대(團) 이상에는 '정치위원', 대대(營)에는 '정치교도원(政治敎導員)', 중대(連)에는 '정치지도원(政治指導員)'이 그들이다. 이전에는 민간인 지도자 중에서 정치위원을 임명한 적도 있었지만, 지금은 현역군인(즉, 직업군인) 중에서 정치위원을 임명한다. 이런 정치위원은 계급으로 보면 각 부대에서 군사 업무를 주관하는 수장(首長), 즉 사령원(司令員)과 동급이다.

그래서 해당 군부대가 지시와 명령을 하달할 때는 사령원과 정치위원이 공동으로 서명해야 한다. 만약 두 수장의 의견이 서로 달라 통일된 지시와 명령을 내릴 수 없을 경우는 공산당 위원회를 소집하여 표결하거나, 상급 조직에 보고하여 지시를 듣고 따르거나, 아니면 두 수장이 협상을 통해 이견을 해소해야 한다.

비상 상황에서 두 수장 간에 의견 불일치가 발생할 경우는 해당 분야의 성격에 따라, 예를 들어 군사 업무라면 사령원이 주도하고, 정치 업무라면 정치위원이 주도하여 우선 문제를 처리한다. 누구의 의견이 타당한가에 대해서는 문제 처리 이후 당 위원회를 소집하여 판단하거나, 상부에 보고하여 결정을 기다린다.

군사작전의 계획과 집행 등 군사 업무를 맡는 사령원과 달리, 정치 업무를 맡는 정치위원의 직무는 몇 가지로 나눌 수 있다. 첫째, 해당 부대가 공산당의 노선·방침·정책을 제대로 집행하도록 영도한다. 또한 정치위원은 해당 부대 내에서 정치 사상공작과 '공산당 건설(黨建)' 및 '공청단 건설(團建)' 업무를 담당한다. 부대 내의 정치 기율 유지도 정치위원의 임무다. 둘째, 같은 계급의 사령원과 협력해 작전 지휘, 군사훈련 및 기타 임무를 조직하여 시행한다. 셋째, 군사작전과 훈련 등 군대의 임무 수행 중에 정치 사상공작을 지도한다. 넷째, 부대의 간부 인사 업무를 책임지며, 간부 임명과 면직, 인원 조정 명령에 서명한다. 이처럼 정치위원은 군에서 인사권을 행사하는데, 이는 매우 중요한 권한이다.

이와 같이 인민해방군의 중대 이상에 사령원과 정치위원이라는 두 명의 수장을 함께 두는 제도, 즉 '군정쌍관(軍政雙官)'의 이원(二元) 책임 구조'를 운영하는 목적은 단 한 가지다. 군사 업무를 주관하는 사령원의 자의적인 행동을 막고, 사령원을 공산당 영도에 복종하도록 만들기 위해서다. 군부대의 지시와 명령을 두 수장이 공동으로 서명하게 하는 제도가 이런 목적을 잘 보여준다.

이런 목적을 달성하기 위해서는 두 수장이 너무 친밀한 관계를 유지해서는 안 된다. 사령원과 정치위원을 임명할 때 학연이나 지연 등 '관시(關係)'가 있는지를 사전에 철저히 검토하고, 만약 그런 '관시'가 있다면 두 사람을 같은 부대에 임명하지 않는 이유는 이 때문이다. 또한 이들을 임명한 이후에도 순환보직제를 이용하여 최소한 3년에 한 번씩 이들을 다른 곳으로 인사 발령하는 이유도 이 때문이다.

공산당 위원회의 집단지도 제도

당정기관과 마찬가지로 군부대 내에도 공산당원 수에 따라 각종 공산당 조직을 설립한다. 연대급(團級) 이상에는 공산당 위원회(당 위원회), 대대급(營級) 이상에는 공산당 기층위원회, 중대급(連級) 이상에는 공산당 총지부와 지부, 소대급(排級) 이상에는 공산당의 최소 구성단위인 당소조(黨小組, party cell)가 설치된다.

일반적으로 군부대 내 공산당 위원회에서는 정치위원이 당서기, 사령원이 부서기를 맡는다. 이는 두 사람의 계급은 같지만, 정치적 지위는 정치위원이 사령원보다 더 높기 때문이다. 물론 상황에 따라서는 사령원이 당서기를 맡을 수도 있다. 만약 사령원이 정치위원보다 군 경력이 더 오래되고, 당령(黨齡: 공산당 입당 시기와 활동 기간)도 많으며, 기타 직무 경험이 더욱 많다면 말이다.

또한 정치위원이 당서기를 맡았다고 해서 사령원보다 실제 권한이 더 많고, 권위도 더 높은 것은 아니다. 현실을 보면, 당서기를 누가 맡는지와 상관없이 군부대 내에서는 사령원이 정치위원보다 권한이 더 많고, 권위도 더 높다. 군은 공산당과 달리 일차적으로 전투조직이지

정치조직이 아니기 때문이다. 따라서 전투를 지도하는 사령원이 정치를 지도하는 정치위원에 우선하는 것은 당연한 일이다. 이런 이유로 정치위원이 사령원을 철저히 감독하고, 이를 통해 공산당이 군에 대해 '절대영도'를 실현한다는 이야기는 '신화(myth)'일 뿐이다.

어쨌든 이렇게 구성된 공산당 조직에서는 '공산당 위원회의 통일 집단지도(統一集體領導) 하의 수장 역할 분담 책임 제도(首長分工負責制)'가 실행된다. 이는 공산당의 집단지도 원칙, 즉 '집단 결정과 개인 분담 책임의 결합 원칙'을 군대에 적용한 것이다.

첫째, 군부대가 중요한 문제를 결정할 때는 반드시 공산당 위원회를 소집하여 집단으로 논의한 후에 결정해야 한다. 즉 중요한 문제는 사령원이나 정치위원이 단독으로 결정할 수 없다. 이것이 '공산당 위원회의 통일 집단지도'다. 이처럼 공산당의 운영 방식에서 보면, 군도 다른 기관 및 조직과 크게 다르지 않다.

둘째, 공산당 위원회가 결정한 정책을 집행할 때는 업무 영역에 따라 사령원과 정치위원이 각자 맡은 임무를 집행하고, 그 결과에 대해 책임진다. 이것이 '수장 역할 분담 책임 제도'다. 예를 들어, 군사 업무 정책이라면 사령원, 정치 업무 정책이라면 정치위원이 집행하고, 그 결과에 대해서도 책임져야 한다. 동시에 두 사람은 서로 밀접히 협력하여 당 위원회의 결정을 집행하고, 각자 업무를 잘 수행할 수 있도록 서로 지지하고 지원해야 한다.

공산당 위원회 이외에, 각급 군부대에는 공산당의 정치 업무를 전담하는 별도의 부서가 설치되어 있다. 예를 들어, 중앙군위에는 정치공작부(政治工作部)—국방개혁 이전에는 총정치부—가 있고, 여단(旅) 이상에는 정치부(政治部), 연대(團) 이상에는 정치처(政治處)가 설치되어 있다. 이들 정치 업무부서는 정치위원의 지도하에 활동한다. 이처럼 군대 내에 군사 업무와 직접적인 관련이 없는 정치 업무부서를 별도로 두는 것은, 공산당이 군에 대해 '절대영도'를 실현하기 위해 정치 사상 공작을 매우 중시하고 있다는 사실을 보여준다.

정법위원회의 위상 변화

이제 두 번째 무력 통제 기제로서 정법기관을 살펴보자. 정법기관에 대한 공산당의 '절대영도'는 정법위원회(政法委員會)를 통해 실현된다. 정법위원회는 공산당 중앙위원회, 그리고 성급(省級)·시급(市級)·현급(縣級)의 공산당 위원회에 설치된다. 최근에는 정법위원회의 역할이 강화되면서 향(鄕)과 진(鎭)에 있는 당 기층위원회에도 정법위원회가 설치되고 있다.

여기서는 공산당 중앙 정법위원회를 사례로 공산당이 어떻게 정법기관을 통제하는지를 살펴보도록 하겠다. 지방 정법위원회의 상황도 이와 크게 다르지 않기 때문이다.

장쩌민과 후진타오 시기의 정법위원회 위상 강화

장쩌민 시기(1992~2002년)에 공산당은 사회안정을 강조하면서 정법위원회의 권한과 역할을 대폭 강화하기 시작했다. 1990년대에 들어 개혁·개방의 부작용, 예를 들어 빈부격차의 확대와 군체성 사건(대중 소요 사건)의 증가 등 사회 문제가 전보다 심각해졌기 때문이다.

급기야 후진타오 시기(2002~2012년)에는 정법위원회의 지위가 더욱 높아져서, 그동안 공산당 정치국원이 중앙 정법위원회 서기를 맡았던 관례를 깨고 정치국 상무위원이 서기를 맡았다. 이때 중앙 정법위원회 서기가 바로 뤄간(羅幹)(2002~2006년)과 저우융캉(周永康)(2007~2012년)이다. 이 중에서 저우융캉은 이후 권력 남용과 부정부패 혐의로 역사상 최초로 처벌을 받은 정치국 상무위원 출신의 지도자가 되었다.

또한 지방에서도 공산당 중앙이 2003년에 하달한 〈공안 공작 강화 및 개진(改進) 결정〉에 따라 정법위원회 서기가 정부 공안국장(경찰국장)을 겸직하기 시작했다. 겸직 목적은 정법위원회 서기(즉, 공안국장)의 지도하에 공안(경찰)·검찰·법원 간의 의견을 원활히 조정하여 사건을 일사불란하게 처리하도록 하기 위해서였다. 중앙과 지방 모두에서 '정법 권력의 전성시대'가 도래한 것이다.

실제 결과는 정법위원회 서기의 권한 강화와 공안의 사법권 침해, 즉 검찰원과 법원의 권한 침해였다. 겸직 결정 이전에도 정부 공안국장은 법원 원장이나 검찰원 검찰장보다 실제 지위가 높고, 권한도 더욱 막강했다. 공안국장이 대개 부성장이나 부시장 등 정부 부(副) 수장직을 맡고 있기 때문이다. 이런 문제 때문에 공산당 중앙 조직부는 2010년 4월에 각 지방에서 정법위원회 서기가 가능하면 공안국장을 겸직하지 않도록 조치하라는 지시를 하달했다.

시진핑 시기의 정법위원회 위상 약화

그러나 시진핑 시기(2012년~현재)에 들어 정법위원회의 지위는 다시 변동을 겪는다. 저우융캉의 권력 남용과 부정부패가 밝혀지면서 중앙 정법위원회 서기는 다시 공산당 정치국원이 맡게 되었다. 또한 공산당 총서기가 정법 계통의 총괄 책임자로 결정되었다. 이것도 정법위원회에 대한 공산당 중앙의 통제를 강화하려는 조치였다. 특히 시진핑 집권 시기 내내 정법 계통, 예를 들어 공안(경찰) 지도부에 대한 대대적인 '숙청'을 진행했다. 명분은 저우융캉의 '잘못된 유산과 흔적'을 청소한다는 것이었다.

동시에 앞에서 말했듯이, 2017년 12월에 관련 법규를 수정하여, 국무원 공안부와 지방 정부 공안국(실제로는 공산당 정법위원회)의 무장경찰 부대와 민병에 대한 지휘권을 박탈하고, 오직 중앙군위만이 무장경찰 부대와 민병을 지휘할 수 있도록 개혁했다. 이로써 중앙군위가 모든 군사력(武裝力量)을 총괄 지휘하는 체제가 완성되었다. 지방에서도 정법위원회 서기가 공안국장을 겸직하는 관행을 더욱 엄격히 제한했다.

정법위원회의 임무와 구성

임무

2019년 1월부터 실시되는 〈공산당 정법 공작조례〉에 따르면, 정법위원회는 모두 열 가지 임무를 수행한다. 이것은 크게 다섯 가지 범주로 다시 정리할 수 있다. 첫째는 국내 안전 업무의 조정과 지도. 여기에는 사교(邪敎) 및 테러 활동에 대한 대응, '군체성 사건' 처리, 민감한 시기(예를 들어, 당대회 개최 기간)의 치안 및 사회안정 유지, 주요 문제성

인물의 파악과 감시 등이 포함된다. 둘째는 정법기관의 영도간부에 대한 인사권 행사다. 셋째는 치안 및 사회안정 유지에 필요한 각종 기반 시설의 설립과 운영 감독이다. 예를 들어, '황금 방패 공정' 같은 인터넷 감시 체제의 설립과 운영이 있다. 넷째는 대형 사건에 대한 대응과 처리다. 다섯째는 법질서와 사회안정 유지의 조정, 각종 운동(campaign) 방식의 범죄 소탕 작전에 대한 지휘다.

구성과 특징

표 8-3은 공산당 중앙 정법위원회의 구성 상황을 정리한 것이다. 이를 통해 우리는 중앙 정법위원회가 위에서 살펴본 정법위원회의 임무를 수행할 수 있도록 구성되었다는 사실을 확인할 수 있다. 또한 공산당이 정법위원회를 통해 전체 정법기관을 '절대영도'하는 몇 가지 특징을 발견할 수 있다.

표 8-3 공산당 중앙 정법위원회의 구성: 공산당 19차 당대회(2017년) 사례

지위	이름	당내 지위 및 소속
서기(1인)	궈성쿤(郭聲琨)	정치국원
부서기(1인)	자오커즈(趙克志)	국무원 공안부장
위원(7인)	저우창(周强)	최고인민법원 원장
	장쥔(張軍)	최고인민검찰원 검찰장
	천이신(陳一新)	정법위원회 비서장(秘書長)
	천원칭(陳文清)	국무원 국가안전부 부장
	탕이쥔(唐一軍)	국무원 사법부 부장
	왕런화(王仁華)	중앙군위 정법위원회 서기
	왕닝(王寧)	인민 무장경찰 부대 사령관(司令員)

첫째, 공산당 중앙 정법위원회에는 아직도 영도소조의 흔적이 강하게 남아 있다. 즉 서기를 제외한 부서기와 위원이 다른 정법기관의 주요 책임자로 구성되는 '정책 결정 의사 조정 기구'의 흔적이 남아 있다는 것이다. 이에 비해 공산당의 다른 사무 기구, 예를 들어, 선전부와 조직부는 대개 자체 간부들로만 지도부를 구성한다(물론 일부 겸직 간부가 있기는 하다). 대신 선전 계통의 주요 당정기관 책임자는 선전사상공작 영도소조, 조직 계통의 주요 당정기관 책임자는 당건설(黨建) 영도소조에 참여한다.

둘째, 중앙 정법위원회를 구성하는 각 정법기관 간의 정치적 지위를 보면, 한국과는 달리 공안(경찰)이 법원·검찰원 같은 사법기관보다 상위에 있다는 사실을 알 수 있다. 예를 들어, 국무원 공안부 부장이 중앙 정법위원회 부서기를 맡는 데 비해 최고법원 원장과 최고검찰원 검찰장은 부서기도 아닌 일반 위원으로 참여한다. 지방의 상황도 마찬가지다. 이는 중국에서 사법기관의 지위가 매우 낮다는 사실을 보여준다.

실제로 최고법원 원장과 최고검찰원 검찰장은 공산당 중앙정치국원이 아니라 중앙위원일 뿐이다. 반면 국무원(중앙 정부)의 경우는 국무원 총리와 상임 부총리가 정치국 상무위원에 선임되는 것은 물론, 나머지 세 명의 부총리도 전원 정치국원에 선임된다. 국무원 공안부장도 국무위원에 선임되어 부총리급 대우를 받는다. 다만 행정등급 면에서는 최고법원 원장과 최고검찰원 검찰장을 부총리급으로 대우한다(이렇게 되면 행정등급상으로는 공안부장과 동급이 된다).

지방의 법원장과 감찰장도 정부 공안국장과 동급으로 대우한다.

대개 공안국장이 부(副)시장이나 부성장을 겸직하기 때문이다. 이전에는 공안국장이 정법위원회 서기까지 겸직했기 때문에 정치적 지위가 지금보다 훨씬 높았다(현재는 이런 겸직을 엄격히 제한한다).

이처럼 중국에서는 공안기관(경찰)이 사법기관과 행정등급 면에서는 동급이지만, 정치적 지위와 실제 능력 면에서는 훨씬 높다. 이런 상황에서는 검찰원이 공안기관을 지휘하는 일이 거의 불가능하다. 중국에서 "큰 공안(大公安), 작은 법원(小法院), 있어도 좋고 없어도 좋은 검찰원(可有可無檢察院)"이라는 말이 유행하는 것은 이 때문이다. 즉 현실에서는 공안이 법원보다도 '상위'에 있고, 검찰원의 존재감은 '사실상 없다'는 것이다. 이는 공안이 정치적 지위만 높은 것이 아니라, 인원·조직·재정 등 능력 면에서도 검찰원과 법원보다 훨씬 우위에 있다는 사실을 보여준다.

셋째, 중앙 정법위원회에는 당(黨)·정(政)·군(軍) 정법 계통의 책임자가 모두 참여한다. '당'에서는 정치국원인 정법위원회 서기와 정법위원회 비서장(祕書長: 사무국장), '정'에서는 국무원의 공안부·국가안전부(국가정보기관)·사법부 부장, 최고법원 원장, 최고검찰원 검찰장, '군'에서는 중앙군위 정법위원회 서기가 참여한다. 지방 상황도 이와 같다. 이처럼 정법위원회에는 당·정·군 정법 계통의 책임자가 모두 참여하기 때문에, 공산당은 정법위원회를 통해 공권력에 대한 '절대영도'를 실행할 수 있다.

'당관정법' 원칙

공산당은 정법기관에 대해 공산당만이 정법 업무를 관리(영도)한다는 '당관정법(黨管政法: 공산당의 정법 관리)' 원칙을 실행한다. 이 원칙은 두 가지 세부 방침으로 구성된다.

대권독람과 소권분산

하나는 '대권독람(大權獨攬)', 즉 큰 권한은 공산당(구체적으로는 정법위원회)이 독점적으로 행사한다는 방침이다. 이 방침에 따라 공산당 정법위원회가 정법 업무와 정법기관을 '전면 영도'한다. 여기에는 정법 업무의 방침과 정책, 영도간부 인선, 중요 사건에 대한 조사와 판결, 각 정법기관에 대한 감독 등이 포함된다. 한마디로 말해, 정법 업무와 관련된 중요한 정책과 인사 문제는 모두 정법위원회가 독점적으로 결정한다.

다른 하나는 '소권분산(小權分散)', 즉 작은 권한은 각 정법기관(공안·법원·검찰원 등)에 분산하여 각자가 자율적으로 행사하도록 허용한다는 방침이다. 이 방침에 따라 공안기관(경찰), 사법기관(법원과 검찰원), 정보기관(국가안전부)은 각자 법률이 정한 절차에 따라 규정된 권한을 행사한다. 이때 각 정법기관은 공산당 정법위원회의 영도하에 상호협력과 함께 상호 제약 및 상호 감독의 관계를 유지해야 한다.

정법위원회 주도의 연석회의 제도

'대권독람과 소권분산' 방침은 공산당 정법위원회가 주도하는 연석회의 제도를 통해서도 확인할 수 있다. 이 제도는 '4대 기관장 회의(四長會議)', 즉 정법위원회 서기, 공안국 국장, 법원 원장, 검찰원 검찰장이 참여하는 회의를 말한다. 여기에 공산당 기율검사위원회(기위) 서기가 참여하면 '5대 기관장 회의(五長會議)'가 된다. 참고로 국가안전부(정보기관)는 방첩(防諜) 업무를 담당하기 때문에 국내 안전과 관련된 기관장 회의에는 참여하지 않는다.

정법위원회 주도의 연석회의 제도는 '사건 감독 처리 제도(案件督辦制度)'라고도 불린다. 이는 '중대한 사건'이 발생하면 정법위원회가 정법기관 연석회의를 소집해 공동으로 협의하여 사건을 처리하는 제도를 말한다. 보통 네 가지 경우에 정법위원회가 연석회의를 소집해 사건을 처리한다.

첫째는 사회적 영향력이나 파장이 큰 중대 사건이라서 정법기관 간에 협조와 조정이 필요한 경우다. 어린이 분유 사건이나 대형 환경오염 사건 등이 대표적인 사례다. 둘째는 정법기관 간에 사건 처리를 두고 의견 불일치가 발생하여 자체적으로 조정이 어려운 경우다. 예를 들어, 검찰원의 기소 형량과 법원의 선고 형량이 다르고, 두 기관이 이에 대해 합의하지 못한 경우에 연석회의가 소집될 수 있다.

셋째는 사건이 정책적 성격을 띠고 있고, 내용이 매우 민감한 사안이라서 정법기관 이외에 언론기관 등의 협조가 필요한 경우다. 반체제 사건이나 대형 군체성 사건, 고위 당정간부의 부패 사건이 대표적인 사례다. 넷째는 당정 지도자(예를 들어, 당서기)가 특별히 정법위원회에 사건 처리를 요청한 경우다.

이처럼 '중요한 사건'은 공산당 정법위원회가 연석회의 제도를 이용하여 사전에 처리하기 때문에 검찰원의 자율적인 사건 조사와 기소, 법원의 독립적인 심의와 판결은 처음부터 기대할 수 없다. 특히 당정 간부가 관련된 부패 사건이나 직권남용 사건, 대중 시위 등 사회적으로 파장이 큰 사건, 환경오염과 인재(人災)에 의한 대형 사고 등은 사전에 정법위원회의 지도하에 검찰원이 수위를 조절하여 수사 및 기소하고, 법원은 정법위원회가 사전에 결정한 형량에 따라 판결한다.

　이처럼 공산당은 정법위원회를 통해 정법기관에 대해 '절대영도'를 실행한다. 결국 공산당 영도 체제에서 사법 독립은 기대할 수 없다.

제3부

국가 헌정 체제

9장 정부의 조직과 운영

10장 정부의 일상 시기 활동: 의료개혁 사례

11장 의회의 구조와 운영

12장 의회의 입법 활동

'국가 헌정 체제(憲政體制, political system of constitution)'는 〈헌법〉과 법률에 근거하여 구성되고 운영되는 정치체제', 줄여서 '〈헌법〉에 규정된 정치체제'를 말한다. 이것을 민주주의에서 말하는 '입헌주의(立憲主義, constitutionalism)' 혹은 '헌법 체제(constitutional regime)'와 혼동하면 절대로 안 된다. 입법주의는 〈헌법〉에 근거하여 국가권력을 제한하고 국민의 자유와 권리를 보장하는 정치체제를 말한다. 중국과 같은 공산당 영도 체제에서는 그런 것이 있을 수 없다.

의회: 전국인대와 지방인대

국가 헌정 체제는 여러 가지의 국가기관으로 구성된다. **그림 9-1**은 이를 정리한 것이다. 여기서 의회는 중앙 의회인 전국인민대표대회(全國人民代表大會)(전국인대)와 지방 의회인 각급(各級) 지방인민대표대회(地方人民代表大會)(지방인대)를 말한다.

그림 9-1 중국의 국가기구 조직도

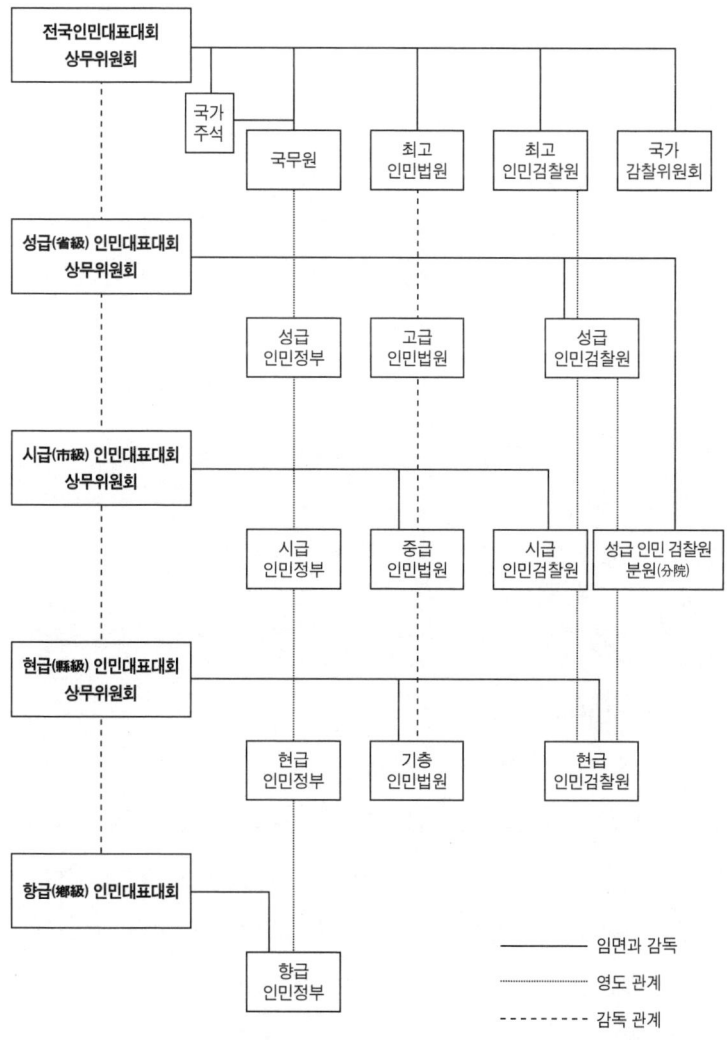

전국인대와 지방인대는 다른 국가기관, 즉 국가주석·정부·법원·검찰원·감찰위원회를 구성(선출)한다. 또한 의회는 입법기관으로서 〈헌법〉과 법률을 제정한다. 이는 다른 국가기관이 대체할 수 없는 전국인대 및 지방인대만의 고유한 직책이다. 그 밖에도 의회는 다른 국가기관을 감독하는 역할, 국민의 의견을 대변하는 대의(representation) 역할, 공산당 통치를 정당화하고 합법화하는 체제 유지 역할을 담당한다.

한편, 상·하급 의회 관계, 즉 상급 인대와 하급 인대 간의 관계는 '감독 관계'다. 이는 상급 인대가 하급 인대의 활동을 감독하고, 문제가 있는 활동은 시정을 지시할 권한을 보유하고 있다는 사실을 의미한다. 또한 법률에는 없지만 업무상으로는 '지도(指導) 관계'다. 즉 상급 인대는 하급 인대의 업무를 지도하는 역할을 맡고 있다. 그러나 이들 간의 관계는 '영도(領導) 관계', 즉 상급 인대가 명령하면 하급 인대는 복종하는 그런 관계는 아니다. 참고로 상·하급 법원 관계도 의회와 마찬가지다.

정부: 국무원과 지방 정부

정부는 중앙 정부인 국무원(國務院)과 각급 지방 정부를 말한다. 정부는 국가 헌정 체제를 주도하는 국가기관이다. 이는 마오쩌둥 시기에도 그랬는데, 개혁기에는 정부 역할이 더욱 확대되고 강화되었다. 공산당이 추진하는 개혁·개방 정책, 즉 시장화·사유화·개방화·분권화 정책은 대부분 정부가 집행하는 업무이기 때문이다.

그 결과 중국 정부는 다른 국가의 정부처럼 방대한 조직과 인원을 보유한 관료조직으로 변화했다. 단적으로 720만 명의 전체 공무원 중에서 약 62%가 정부에서 근무하고, 나머지는 의회(19%)·공산당(11%)·기타(8%) 순이다. 그 과정에서 관료주의 문제와 부정부패 문제가 발생하고 있다. 따라서 공산당의 관점에서 보면, 개혁기에 지위가 높아지고 역할이 강화된 정부를 어떻게 관리하고 통제하는가가 핵심 과제로 등장했다. 공산당이 자체 감독에 더해 의회 감독을 통해 정부를 통제하려고 시도하는 이유는 이 때문이다. 또한 공산당이 개혁기 40여 년 동안 정부 개혁을 여덟 차례나 단행한 것도 이 때문이다.

상·하급 정부 간의 관계는 상·하급 공산당 조직 간의 관계와 마찬가지로 명령과 복종의 '영도 관계'다. 〈헌법〉에 따르면, 단방제 국가인 중국에서 국무원은 단순한 중앙 정부일 뿐 아니라, '최고 국가 행정기관'이기도 하다. 이는 국무원이 각급 지방 정부와 기층 정부에 대해 명령할 수 있는 권한을 갖고 있다는 사실을 의미한다. 따라서 지방 정부와 기층 정부는 국무원의 명령과 지시에 반드시 복종해야 한다.

정법기관: 법원과 검찰원

국가 헌정 체제를 구성하는 세 번째 국가기관은 법원과 검찰원, 즉 '정법기관(政法機關)'이다. 정법기관도 마오쩌둥 시기에는 제대로 기능을 발휘할 수 없는 '죽은 기관'이었다(예를 들어, 문화대혁명 10년 동안에는 폐쇄되었다). 그러나 개혁·개방 정책이 본격적으로 추진되면서 상황이 달라졌다. 법률이 국가 통치에서 중요한 수단이 되었듯이, 사회생활에서도 개인과 조직 간의 활동을 규제하는 중요한 도구가 된 것이다.

그런데 의회 및 정부와 비교할 때, 정법기관은 상대적으로 덜 중요한 특징이 있다. 첫째, 정법기관의 정치적 및 법적 지위는 여전히 낮다. 단적으로 전국인대와 국무원은 공산당 중앙이 직접 관리하는 기관이지만, 최고법원과 최고검찰원은 공산당 중앙의 실무 부서인 정법위원회가 관리하는 기관이다. 즉 정법기관은 의회 및 정부와 비교해서 한 등급 아래다. 이들 기관의 수장, 즉 법원장과 검찰장은 두 등급 아래다. 즉 전국인대 위원장과 국무원 총리가 공산당 정치국 상무위원인 데 비해 이들은 정치국원도 아닌 중앙위원일 뿐이다.

둘째, 현재 중국에서 정법기관은 국가 헌정 체제의 구성요소라기보다는 공산당 영도 체제의 구성요소라고 할 수 있다. 정법기관은 인민해방군과 함께 공산당이 '절대영도'를 실행하는 두 가지 대상 중 하나이기 때문이다. 이런 이유로 중국에서는 공산당의 통제를 벗어난 '사법 독립'이나 '사법 공정'은 불가능하다. 따라서 정법기관은 국가 헌정 체제에서 분석할 수도 있지만, 현재 상황에서는 공산당 영도 체제에서 분석하는 것이 더 타당하다. 그래서 우리는 이에 대해 앞에서 간략히 살펴보았다.

9장
정부의 조직과 운영

　중국 정부는 한국과 비슷하게 중앙 정부와 지방 정부로 나뉜다. 정부의 공식 명칭은 '인민정부'로, '중앙 인민정부'와 '지방 인민정부'라고 부른다. 여기서 중앙 인민정부를 '국무원(國務院, State Council)'이라고 부르는 것이다. 1954년 이전에는 이를 '정무원(政務院)'이라고 불렀다.

　지방 정부는 행정등급별로 '성급(省級: 성·자치구·직할시)', '시급(市級: 시·자치주)', '현급(縣級: 현·시·구)' 정부로 나뉜다. 그 밑에는 기층 정부로 농촌 지역의 '향급(鄕級: 향·진)' 정부와 도시 지역의 '가도판사처(街道辦事處)'가 있다. 향급 정부는 한국의 읍·면 단위의 정부다. '가도판서처'는 한국식으로 하면 동사무소 혹은 주민센터로, 상급 정부인 시(市) 정부 혹은 구(區) 정부의 파출 기관이다. 즉 그것은 향급 정부와는 달리 독립 단위의 정부가 아니다.

　중앙 정부인 국무원부터 각급(各級) 지방 정부, 즉 성급·시급·현급 정부는 기능과 구조가 비슷하다. 다만 밑으로 내려갈수록 기구 규모가 작고, 행정 인원이 적으며, 직책의 포괄 범위가 좁아질 뿐이다. 여기서는 국무원을 사례로 중국 정부에 대해 자세히 살펴보려고 한다.

국무원의 지위와 직책: '최고 국가 행정기관'

중국은 미국·인도·러시아 등 영토나 인구 면에서 비슷한 다른 국가들이 연방제(聯邦制, federal system)를 채택한 것과 달리 단방제(單邦制, unitary system)를 유지하고 있다. 중국에도 다섯 개의 성급 단위의 '소수민족 자치구(自治區)'가 있고, 용어만 보면 중국도 연방제도를 운영하는 것처럼 보인다. 그러나 자치구는 소수민족 업무와 관련된 일부 사항만 자치가 허용될 뿐으로, 미국이나 인도의 주(state)와는 달리 독자적인 정책 결정과 집행 권한이 없다.

국무원의 법적 지위는 이런 단방제 특성에 의해 결정된다. 즉 국무원은 단순히 중앙 정부일 뿐만 아니라 중국 전체의 행정을 책임지는 최고 행정기관이라는 것이다. 구체적으로 〈헌법〉과 〈국무원 조직법〉에 따르면, 국무원은 '최고 국가 권력기관의 집행기관'이며, 동시에 '최고 국가 행정기관'이다. 이와 비슷하게 각급 지방 정부도 해당 지역의 '국가 권력기관의 집행기관'이며 '국가 행정기관'이다.

이는 국무원이 두 가지 성격을 가진다는 사실을 뜻한다. 첫째, 국무원은 '최고 국가 권력기관', 즉 전국인민대표대회(전국인대)와 그것의 상설기관인 전국인대 상무위원회의 집행기관이다. 이런 성격에 따라,

국무원은 전국인대(상무위원회)가 제정한 법률, 이들이 의결한 결정과 결의를 집행할 수 있는 권한과 그 결과에 대해 책임질 의무가 있다. 둘째, 국무원은 '최고 국가 행정기관'이다. 이런 법적 지위에 따라, 국무원은 중앙과 지방 모두를 포괄하여 전국적으로 행정 계통의 업무를 통일적으로 지도하고, 경제와 사회 등 전체 업무를 지도하고 관리하는

표 9-1 국무원의 주요 직권(職權)

직권	〈헌법〉 규정(18개)
법률 집행과 행정 입법	· 헌법과 법률에 근거하여 행정 조치를 규정하고, 행정법규를 제정하며, 결정과 명령을 반포 · 전국인대(상무위원회)에 각종 의안 제출
행정 관리	· 국무원 각 부서의 임무와 직책을 규정하고, 각 부서의 업무를 통일 영도하며, 각 부서에 속하지 않은 전국적인 행정 업무를 영도 · 전국 국가 행정기관의 업무를 통일 영도하고, 중앙 및 성·자치구·직할시의 국가 행정 기관의 직책 구분을 규정 · 국무원 각 부서의 부당한 명령·지시·규정을 개정 혹은 폐지 · 지방 국가 행정기관의 부당한 결정과 명령을 개정 혹은 폐지 · 성·자치구·직할시의 구역 획정을 비준하고, 자치주·현·자치현·시의 설치와 구역 획정을 비준 · 행정기구의 편제를 심의 확정하고, 법률 규정에 근거하여 행정 인원을 임면·훈련·평가(考核)·표창 및 징벌
경제 관리	· 국민경제와 사회발전 계획, 국가 예산의 편제와 집행 · 경제업무와 도농건설, 생태문명 건설의 영도와 관리
사회 관리	· 교육·과학·문화·위생·체육·가족계획 업무의 영도와 관리 · 민족 사무의 영도와 관리, 소수민족의 평등한 권리와 민족자치 지방의 자치권리 보장 · 화교의 정당한 권리와 권익 보호, 화교 및 화인의 합법적 권리와 권익 보호
외교 관리	· 대외 사무의 관리와 외국과의 조약 및 협정의 체결
국방 관리	· 국방 건설 사업의 영도와 관리 · 법률 규정에 근거하여 성·자치구·직할시 범위의 내부지역 긴급상태 진입 결정
기타	· 전국인대(상무위원회)가 부여한 기타 직권

권한과 책무를 갖는다. 또한 이런 법적 지위에 따라, 국무원과 각급 지방 정부 간에는 명령과 복종의 관계, 즉 '영도관계(領導關係)'가 형성된다. 즉 모든 지방 정부와 기층 정부는 국무원이 제정한 행정법규를 준수해야 하고, 국무원이 하달한 명령과 지시를 반드시 집행해야 한다.

국무원의 두 가지 성격은 직권(職權: 권한과 책임)을 통해 실현된다. 〈헌법〉에 따르면, 국무원은 모두 18개의 직권을 가지고 있다. **표 9-1**은 이를 정리한 것이다.

여기서 '법률 집행과 행정 입법'은 주로 최고 국가 권력기관의 집행기관으로서의 임무를 수행하는 데 필요한 직권이다. 반면 '행정 관리, 경제 관리, 사회 관리, 외교 관리, 국방 관리'는 모두 최고 국가 행정기관으로서의 임무를 수행하는 데 필요한 직권이다. 이 중에서 국무원의 최대 직권은 '경제 관리'다. 그래서 국무원 총리의 주된 업무가 경제 관리라고 말하는 것이다.

국무원의 조직구조

국무원은 전 세계 어느 국가의 중앙 정부보다 조직과 인원 면에서 방대한 관료조직이다. 두 가지 이유 때문이다. 첫째, 중국은 단방제 국가로, 중앙 정부인 국무원은 중앙 단위뿐만 아니라 지방 및 기층 단위까지 지도하고 관리해야 한다. 반면 연방제 국가에서는 지방과 기층 사무는 대부분 지방으로 이관한다. 둘째, 위에서 살펴본 많은 직책을 수행하기 위해서는 방대한 조직과 인원이 필요하다.

그림 9-2 국무원 조직도

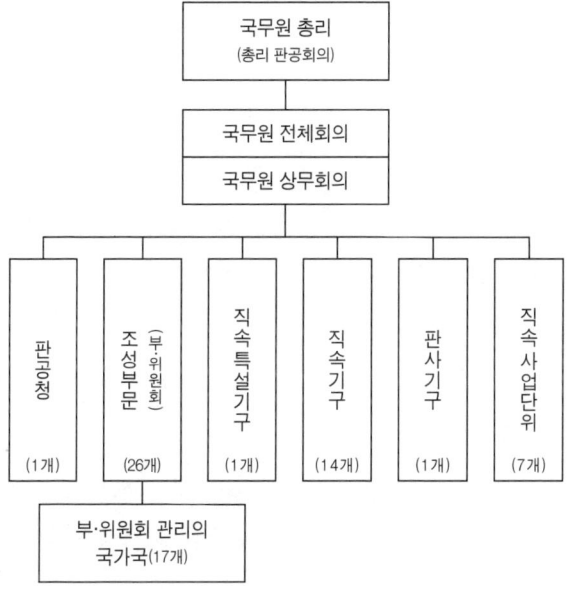

　그림 9-2는 국무원의 조직구조를 정리한 것이다. 현재 국무원 기구는 모두 67개고, 여기에는 약 4만~5만 명의 상근 인원이 근무한다. 이런 국무원 기구는 다시 두 가지로 나눌 수 있다.

　하나는 '영도기구'로, 국무원 총리·부총리·국무위원, 국무원 전체회의(全體會議), 국무원 상무회의(常務會議), 총리 판공회의(辦公會議)가 여기에 속한다. 영도기구는 국무원 전체의 업무를 지도하는 조직이다(인체에 비유하면 머리에 해당한다). 다른 하나는 '사무기구'로, 나머지 기구가 이에 속한다. 이는 국무원의 직책을 수행하는 데 필요한 조직이다. 다만 담당하는 업무와 기구의 성격에 따라 다른 이름으로 불린다.

국무원 판공청

'국무원 판공청(辦公廳)'은 국무원의 일상 업무를 처리하는 사무기구로, 산하에 모두 10개의 전문 부서를 두고 있다. 판공청 책임자는 비서장(祕書長)—'비서의 총책임자'란 뜻—인데, 다른 국무원 부서 책임자(부장·주임)가 대부분 장관급(省部級)인 데 비해 부총리급(副總理級)으로 반(半) 등급이 높다. 또한 비서장은 대개 국무원 국무위원(國務委員)을 겸직한다. 그 밖에도 국무원 판공청 비서장은 영도기구인 국무원 상무회의와 전체회의의 구성원이다. 총리(부총리) 주재로 개최되는 총리 판공회의에도 참석한다. 이처럼 비서장은 사실상 국무원 총리의 비서실장으로서 매우 중요한 역할을 담당한다.

국무원 내부 규정에 따르면, 판공청의 주요 직책은 모두 여덟 가지다. 여기에는 첫째, 국무원 전체회의와 상무회의 등 주요 회의 준비, 둘째, 국무원이 반포하는 문건의 초안 작성, 셋째, 지방 정부와 각 부서가 국무원에 비준을 요청하는 사항의 사전 검토와 처리 방안 보고, 넷째, 국무원 각 부서와 성급 정부가 국무원의 결정 및 지시 사항을 충실히 이행하는지에 대한 감독과 독촉이 속한다. 한마디로 말해, 국무원 총리와 영도기구가 제대로 활동할 수 있도록 행정적으로 지원하는 기구가 판공청이다.

국무원 조성부문

국무원에서 가장 중요한 기구는 '국무원 조성부문(組成部門)'으로 불리는 부(部)—책임자는 부장(部長)—와 위원회(委員會)—책임자는 주임(主任)—다. 이것이 중앙 정부의 '내각(內閣)'에 해당한다. **표 9-2**는 이것을

표 9-2 국무원 조성부문(부·위원회)(26개)(2023년 3월 기준)

번호	기구 명칭	번호	기구 명칭
1	외교부	14	자연자원부
2	국방부	15	생태환경부
3	국가발전개혁위원회(發改委)	16	주택도농건설부(住房和城鄉建設部)
4	교육부	17	교통운수부
5	과학기술부	18	수리부(水利部)
6	공업정부화부(工業和信息化部)	19	농업농촌부(農業和農村部)
7	국가민족사무위원회	20	상무부(商務部)
8	공안부(公安部)	21	문화관광부(文化和旅游部)
9	국가안전부(安全部)	22	국가위생건강위원회
10	민정부(民政部)	23	퇴역군인사무부
11	사법부(司法部)	24	응급관리부(應急管理部)
12	재정부(財政部)	25	중국인민은행
13	인력자원사회보장부	26	심계서(審計署)

정리한 것이다.

　부와 위원회는 관리 업무의 성격에 따라 조금 다르다. 즉 부가 비교적 전문적인 하나의 업무를 집중적으로 다루는 기구라면, 위원회는 여러 부문에 걸쳐 있는 종합적인 업무를 다루는 기구다. 그래서 위원회는 부보다 '머리 반 개 정도' 높은 지위에 있다고 말한다(행정등급상으로는 똑같은 장관급이다). 또한 위원회에는 다른 부서의 책임자가 지도부 구성원(예를 들어, 부주임)으로 참여하는 경우가 있다.

　국무원 조성부문은 설치와 폐지가 전국인대에 의해 결정되는 장관급(正部級) 기구다. 그 책임자는 국무원 전체회의의 구성원으로, 국무원 업무와 관련된 중요한 사항을 논의 또는 심의한다. 또한 이들은 총리의 제청으로 전국인대(상무위원회)가 임명과 면직(任免)을 결정한다. 반면 다른 기구의 책임자는 국무원 총리가 전국인대(상무위원회)의 결정 없이 임명 및 면직할 수 있다. 물론 실제로는 공산당 간부 관리(黨管幹部) 원칙에 따라 부장급(장관급)은 정치국, 부부장급(차관급)은 정치국 상무위원회 등 공산당 중앙이 비준(결정)한다.

국무원 조성부문은 모두 중요한데, 그중에서도 국가발전개혁위원회(발개위, NDRC)가 특히 그렇다. 발개위(發改委)는 경제 관련 거시 계획을 작성하고, 경제를 종합적으로 관리하는 전문 부서로서, 국무원 내에서도 '경제 내각(經濟內閣)'의 역할을 담당한다. 옛날 한국의 중앙 정부에 있었던 경제기획원과 비슷한 성격을 갖고 있다고 볼 수 있다. 국무원의 주요 업무가 경제 관리이기 때문에 발개위는 현재도 '작은 국무원(小國務院)'으로 불린다. 그만큼 경제와 관련하여 막강한 권한을 보유하고 있다는 뜻이다.

국무원 산하의 의사 조정 기구(영도소조)

국무원 산하에는 수많은 '의사 조정 기구(議事協調機構)', 즉 영도소조(領導小組)가 있다. 이는 공산당 중앙 산하에 많은 영도소조가 있는 것과 동일하다. 다만 공산당 중앙의 영도소조가 정치국과 정치국 상무위원이 영도소조 조장을 맡는 '영도자급(班子級)' 영도소조인 데 비해 국무원 영도소조는 부총리나 부장(주임)이 조장을 맡는 '장관급(部級)' 영도소조라는 차이가 있다. 즉 한 등급 아래의 조직이다.

국무원 산하 영도소조의 수는 적지 않다. 1993년 〈통지(通知)〉에 따르면 26개, 2008년 〈통지〉에 따르면 29개의 영도소조가 설치되었다. 그런데 2013년에는 34개, 2017년 9월에는 57개로 급증했다. 많았을 때는 85개까지 설치된 적도 있다. 새로운 임무가 등장하면 그 임무를 맡을 새로운 영도소조가 만들어지기 때문에 시간이 가면서 영도소조의 숫자가 증가하는 경향이 있다.

국무원 영도소조는 여러 부서의 책임자로 구성되는데, 임무는 크게 두 가지다. 첫째는 정책 협의와 조정이다. 영도소조는 국무원 부서 간의 의견을 조정해 정책 초안을 작성하여 국무원 총리, 국무원 전체회의와 상무회의에 보고한다. 둘째는 정책 집행의 감독과 촉진이다. 즉 영도소조는 국무원 총리와 영도기구가 결정한 정책을 국무원 각 부서와 성급 지방정부가 제대로 집행하는지 감독하는 역할을 담당한다. 이런 면에서 국무원 영도소조는 공산당 산하의 영도소조와 크게 다르지 않다.

국무원 영도소조의 조장은 중요한 것은 부총리, 그렇지 않은 것은 주무 부서 부장이나 주임이 맡는다. 또한 여기에는 영도소조 관련 부서의 책임자(부장·주임)가 부조장과 조원으로 참여한다. 영도소조 회의는 특별한 것을 제외하고는 대개 1년에 한두 차례, 많아야 서너 차례 개최되기 때문에 일상적으로 활동하지는 않는다. 대신 각 영도소조 밑에 설치된 판공실이 일상적으로 관련 실무를 처리한다. 이것도 공산당 산하의 영도소조와 크게 다르지 않다.

국무원의 운영: 총리 책임제

중국 정치조직의 운영 방식은 크게 두 가지로 나눌 수 있다. 하나는 수장책임제(首長負責制)로, 국무원과 지방 정부 등 정부, 중앙군사위원회(중앙군위) 등 군 조직이 이에 속한다. 그래서 국무원은 '총리 책임제(總理負責制)', 중앙군위는 '주석 책임제(主席負責制)'로 운영된다고 말한다. 국무원 각 부서도 역시 수장책임제로 운영된다.

다른 하나는 집단지도(集體領導) 제도 혹은 위원회 제도다. 공산당, 전국인대와 지방인대 등 의회가 이에 속한다. 수장책임제에서는 중요 문제를 수장이 최종적으로 결정하지만, 집단지도 제도에서는 의결기구의 구성원이 함께 협의한 후에 공동으로 결정한다. 그리고 이때에는 다수결 원칙이 적용된다.

총리 책임제

국무원과 지방 정부, 국무원 각 부서와 지방 정부 각 부서는 모두 수장책임제로 운영된다. 여기서 수장책임제란 '각급(各級) 정부 수장과 부서 책임자가 구성원의 민주적인 토론의 기초 위에서 해당 조직의 관할 업무에 대해 최종 결정권을 행사하고, 동시에 그에 대해 전면적으로 책임지는 제도'를 말한다. 국무원의 최고 지도자, 즉 수장은 총리다. 또한 〈헌법〉과 〈국무원 조직법〉에 따르면, 총리는 "국무원의 업무를 영도"한다. 그래서 국무원은 총리 책임제를 실행한다고 말한다.

국무원이 처음부터 총리 책임제로 운영된 것은 아니었다. 즉 마오쩌둥 시기(1949~1976년)에는 집단지도 제도와 총리 책임제의 중간 정도로, 총리 책임제가 아니었다. 그러다가 1982년에 새로운 헌법(《82헌법》)을 제정하면서 총리 책임제가 확립되었다. 이는 중국이 개혁·개방 방침을 결정한 이후 경제발전에 매진하는 과정에서 발견된 행정 비효율성과 무책임성을 해결하려는 조치였다. 수장책임제로 바꾸어야만 총리가 중요한 정책을 신속하게 결정할 수 있고, 결정된 정책의 집행 결과에 대해서도 분명하게 책임을 질 수 있기 때문이다.

총리 책임제의 내용은 흔히 '3권(權) 1책(責)'으로 불린다. 즉 총리는 세 가지의 권한을 가지고 있고, 한 가지의 책임을 진다는 의미다. 첫째는 전면 영도권이다. 총리는 국무원 업무에 대해 전면적으로 영도한다. 각 부서 책임자는 총리에 대해서만 책임지고, 총리가 국무원을 대표하여 전국인대에 책임진다. 둘째는 최후 결정권이다. 국무원의 중요 문제는 회의를 통해 충분히 토론하지만, 최후 결정권은 총리가 행사한다. 즉 총리의 결정권은 다수결 원칙의 제한을 받지 않는다. 셋째는 인사 제청권이다. 총리는 전국인대(상무위원회)에 국무원 부총리, 국무위원, 조성 인원(부장·주임)에 대한 인사 임면(任免)을 제청할 수 있다.

마지막 넷째는 전면 책임(全面負責)이다. 국무원이 반포하는 결정·명령·행정법규와 전국인대(상무위원회)에 상정하는 의안(議案), 정부 인사 임면안은 모두 총리가 단독으로 서명하고, 그 결과에 대해서도 전면적으로 책임진다.

국무원 총리와 국가주석의 차이

여기서 국가주석과 국무원 총리의 차이를 간략히 살펴보자. 우선 두 직위는 선출 과정이 다르다. 〈헌법〉에 따르면, 국가주석은 전국인대가 선출(選擧)하고, 또한 파면(罷免)할 수 있다. 이에 비해 총리는 국가주석이 제청하고, 전국인대가 인선을 결정(決定)하면, 국가주석이 임명한다. 또한 전국인대가 총리의 파면을 결정하면, 국가주석이 총리를 파면한다. 이렇게 보면, 총리보다 국가주석이 상위에 있고, 실권을 행사하는 직위인 것처럼 보인다.

그런데 〈헌법〉 규정을 자세히 보면, 국가주석은 나쁘게 표현하면 '대외 행사용 명예직'이고, 좋게 표현하면 '집단 원수제(集體元首制)'의 한 요소일 뿐이다. 국가주석의 직책은 크게 '대내(對內)' 직책과 '대외(對外)' 직책으로 나눌 수 있다.

대내 직책은 국무원 구성원의 임면, 국가 훈장과 칭호의 부여, 사면령 반포, 긴급상태(계엄) 진입 선포, 전쟁상태 선포, 동원령 발동이다. 그런데 이 모든 활동은 "반드시 전국인대(상무위원회)의 결정(決定)"에 근거해야 한다. 다시 말해, 전국인대(상무위원회)가 결정하지 않으면, 국가주석은 단독으로 이런 대내 직책을 수행할 수 없다.

대외 직책은 전국인대의 결정에 근거하여 수행하는 직책과 독자적으로 수행할 수 있는 직책이 있다. 전자는 대사 파견과 소환, 외국과 체결한 조약과 중요한 협정의 비준과 폐기다. 후자는 중국을 대표하여 "국사(國事) 활동을 진행하고, 외국 사절을 접견(接受)"하는 일이다. 다시 말해, 국가주석이 독자적으로 수행할 수 있는 일은 중국을 대표하여 외국을 방문하고 외빈을 접견하는 것뿐이다. 그래서 '대외 행사용 명예직'이라고 말한 것이다.

이처럼 국가주석은 법적으로 볼 때나 실제 활동으로 볼 때나 '명예직'에 가깝다. 따라서 중국에서 국가주석은 총리보다 권한이 많은 국가원수가 아니다. 특히 국가원수에게 중요한 군 통수권은 국가주석이 아니라 중앙군위 주석(대개 공산당 총서기가 겸직)이 행사한다.

부총리·국무위원의 업무 분담 제도

국무원 영도기구에는 부총리와 국무위원도 포함된다. 부총리와 국무위원은 총리의 업무를 보조하고, '업무 분담 책임(分工負責)에 따라 업무 영역을 나누어 관리(分管)한다.' 또한 총리의 위임을 받아 기타 업무 또는 전문 임무(專項任務)를 책임진다. 마지막으로 국무원의 배치에 따라(즉, 개인적인 판단이 아니라), 국무원을 대표하여 대외 활동(外事活動)을 진행한다. 이처럼 국무원은 총리 책임제와 함께 '부총리·국무위원 업무 분담 제도'를 운영한다.

표 9-3은 국무원 총리·부총리·국무위원의 구성 상황을 정리한 것이다. 국무위원이 신설된 것은 1983년이다. 그전에는 국무위원이 없는 대신 부총리를 10여 명 선임했다. 그런데 1982년 공산당 12차 당대회 이후에 국무원은 개혁·개방 정책을 추진하는 데 적합하도록 구조조정을 단행했다. 국무원 부총리의 규모(수)를 대폭 줄이고, 대신 국무위원 직위를 신설한 것은 이런 개혁 조치의 하나였다. 따라서 국무위원은 부총리와 같은 직급, 즉 '부총리급'으로 인정되고, 그에 맞는 대우를 받는다.

1998년에는 현재와 같은 모습, 즉 '1정(正) 4부(副) 5위원(委員)' 체제가 만들어졌다. 여기서 '1정'은 한 명의 총리, '4부'는 네 명의 부총리, '5위원'은 다섯 명의 국무위원을 가리킨다. 참고로 국무원 판공청 비서장은 1988년부터 국무위원을 겸직하기 시작했다. 이렇게 되면서 1998년부터는 총리(1인)·부총리(4인)·국무위원(5인)으로 구성된 국무원 지도부

표 9-3 국무원 총리·부총리·국무위원의 구성 통계

시기(년)	총리(명)	부총리(명)	국무위원(명)	상무회의(명)	전체회의(명)
1978	1	13~14	미설치	15~16	54~55
1983	1	4	10	16	61
1988	1	4	10	16	57
1993	1	4	9	15	56
1998	1	4	5	10	38
2003	1	4	5	10	38
2008	1	4	5	10	37
2013	1	4	5	10	34
2018	1	4	5	10	36
2023	1	4	5	10	36

〈해설〉 2023년 10월에 이상푸(李尙福) 국방부장, 친강(秦剛) 외교부장이 해임되면서 국무위원은 5명에서 3명으로 축소되었다(즉, 당시까지 별도로 국무위원을 선임하지 않았다).

가 10인이 되고, 이들이 국무원 상무회의를 구성하는 완전한 체제가 갖추어졌다.

또한 1998년부터 현재까지는 누가 국무위원이 되는지도 거의 고정되었다. 첫째는 국방부장, 둘째는 공안부장(公安部長), 셋째는 외교부장 또는 공산당 중앙 외사영도소조(현재는 외사공작위원회) 판공실 주임, 넷째는 국무원 판공청 비서장이다. 마지막 다섯째는 일종의 '무임소(無任所) 국무위원'으로, 특정한 국무원 부서를 맡지 않은 사람이 선임된다. 이처럼 국무위원은 한 명을 제외하고는 모두 특정 부서를 책임지면서 국무위원을 겸직한다. 따라서 이들은 담당 부서의 업무를 중심으로 다른 업무를 추가로 분담한다.

한편, 네 명의 부총리는 국무위원이 맡고 있는 업무를 제외한 나머지 업무를 나누어 관리하고, 그 결과에 대해 책임진다. 5년에 한 번씩 국무원 지도부가 새롭게 구성되면, 국무원은 전체회의를 개최하여 부총리의 업무 분담을 확정한다(사전에 공산당 중앙이 비준한다). 이에 따라 국무원 부총리는 각자 관리하고 책임지는 고유한 업무 영역을 갖게 되고, 동시에 그런 업무를 수행하는 부서(부·위원회)도 관리하게 된다.

마지막으로 국무원 총리·부총리·국무위원은 공산당 내에서도 높은 직위를 차지한다. 우선 총리와 상무(常務) 부총리는 공산당 정치국 상무위원으로 선출된다. 그 결과 현재 7인의 정치국 상무위원 중에서 공산당이 3인(즉 총서기, 서기처 상무서기, 중앙기율검사위원회 서기)을 차지하고, 국무원이 2인을 차지한다. 나머지 2인은 전국인대 위원장과 전국정협 주석이다. 또한 4인의 부총리는 모두 공산당 정치국원으로 선출된다. 5인의 국무위원은 공산당 중앙위원, 그중에서 1인은 가끔 정치국원으로 선출된다.

국무원의 주요 회의제도: 상무회의, 전체회의, 총리 판공회의

국무원은 전체회의(全體會議)와 상무회의(常務會議) 제도를 두고 있다. 또한 국무원 업무 중에서 중요한 문제는 반드시 상무회의 혹은 국무원 전체회의의 토론을 거친 이후에 결정해야 한다(앞에서 말했듯이, 결정은 국무원 총리가 한다).

국무원 상무회의

국무원 상무회의는 총리·부총리·국무위원·비서장으로 구성되고,

회의는 총리가 소집하고 주재한다. 또한 이들은 국무원 내에 조직된 공산당 중앙의 하부 조직, 즉 '국무원 당조(黨組)' 성원이 된다. 따라서 국무원 상무회의는 두 가지 성격을 동시에 가지고 있다. 첫째, 법적으로 국무원의 공식 영도기구 중 하나다(다른 하나는 전체회의다). 둘째, 정치적으로 공산당 중앙의 국무원 영도조직이다.

국무원 상무회의의 임무는 모두 다섯 가지다. 첫째, 공산당 중앙에 보고하여 심의 및 결정을 요청할 중요한 사항을 토론한다. 이는 국무원 당조의 자격으로 처리하는 임무다. 둘째, 국무원 전체회의에 심의를 요청할 중요한 사항을 토론한다. 셋째, 법률 초안과 행정법규 초안을 토론한다. 넷째, 국무원 명의로 반포하는 중요한 규범성 문건을 토론하여 통과시킨다. 다섯째, 기타 상무회의가 토론·결정·통보할 중요한 사항이다. 또한 국무원 상무회의는 매주 1회씩 개최된다.

국무원 전체회의

반면 국무원 전체회의는 총리·부총리·국무위원회·비서장(상무회의 구성원) 외에 각 부 부장, 각 위원회 주임, 인민은행 행장, 심계서 심계장으로 구성된다. 또한 회의는 총리가 소집하고 주재한다. 회의는 대개 6개월에 1회, 1년에 2회 정도 개최된다. 마지막으로 임무는 두 가지다. 첫째, 국무원이 전국인대 연례회의에 보고하는 정부 업무보고, 국민경제와 사회발전 계획 등 중대 사항을 토론하여 결정한다. 둘째, 국무원의 중요한 업무를 배치(部署)한다.

그런데 여기서 주의할 점이 있다. 국무원은 총리 책임제로 운영되기 때문에 국무원 상무회의와 전체회의는 중요한 문제를 결정하는 의

결기구가 아니라는 사실이다. 〈국무원 업무규칙〉에 따르면, 상무회의와 전체회의의 여섯 가지 임무 중에서 "토론하여 결정한다"라고 규정한 사항은 하나뿐이다. 즉 국무원이 전국인대에 보고하는 "정부 업무 보고, 국민경제와 사회발전 계획 등 중대 사항"이 그것이다. 나머지는 모두 '토론'하고 '배치'한다. 즉 결정은 총리가 한다. 이 점이 국무원이 공산당 중앙 및 전국인대와 다른 점이다.

총리 판공회의

마지막으로, 총리는 직접 혹은 부총리에 위임하여 총리 판공회의를 수시로 개최할 수 있다. 총리 판공회의는 2004년에 폐지되었다가 2023년에 〈국무원 업무규칙〉이 제정되면서 다시 설치되었다. 이 회의는 국무원의 중요한 사항을 연구하고 처리하는 임무를 맡고 있다.

의제는 총리가 결정하고, 의제와 관련이 있는 부총리와 국무위원 이외에도 국무원의 각 부서 책임자나 다른 국가기관 관계자도 참석할 수 있다. 이처럼 총리 판공회의는 다른 회의(즉, 전체회의나 상무회의)를 준비하는 예비회의, 중요한 정책을 사전에 조사하고 연구하는 준비회의의 성격을 띠고 있다.

각종 공작회의

국무원 상무회의, 전체회의, 총리 판공회의 외에도 국무원에는 다양한 회의제도가 있다. 〈국무원 업무규칙〉에 따르면, 먼저 국무원은 부총리 혹은 국무위원 주재로 '전문회의(專題會議)'를 개최하여 국무원 업무 중에서 전문 분야의 중요한 문제를 연구하고 조정할 수 있다. 또한 국무원 각 부서도 자기 업무와 관련된 '공작회의(工作會議)'를 개최할 수 있다.

국무원: '전국(全國)' 공작회의

이런 국무원 공작회의는 다시 두 가지 종류로 나눌 수 있다. 하나는 총리가 주재하여 매년 개최하는 '종합성(綜合性) 공작회의'다. 국무원 청렴(廉政) 회의가 대표적이다. 그 밖에도 중요한 문제가 발생하면, 총리 주재로 관련 부서 책임자와 성급 지방 정부 책임자(성장·자치구 주석·직할시 시장)가 참석하는 공작회의를 개회한다.

다른 하나는 특정한 업무를 대상으로 개최하는 '전문성(專題性) 공작회의'다. 이런 회의 앞에는 대개 '전국(全國)'이라는 글자가 붙는데, 이는 국무원이 개최하는 전국 성격의 업무 회의를 의미한다. 전국 금융 공작회의, 전국 위생 공작회의, 전국 과학기술 공작회의, 전국 안전생산 공작회의, 전국 종교 공작회의, 전국 우정관리(郵政管理) 공작회의, 전국 출판 공작회의, 전국 문화재(文物) 공작회의, 전국 대만 공작회의 등이 대표적이다.

공산당: '중앙(中央)' 공작회의

참고로 공산당 중앙도 '공작회의'를 개최한다. 이를 통해 주요 문제의 기본 방침과 정책 방향을 결정하여, 국무원·전국인대·전국정협 등 다른 국가기관과 공공기관이 세부 정책을 결정하고 집행하는 데 필요한 원칙과 기조를 제공한다. 이런 회의의 명칭 앞에는 대개 '중앙(中央)'이라는 글자가 붙는다.

첫째는 세부 업무에 대한 공작회의다. 중앙 경제 공작회의, 중앙 정법(政法) 공작회의, 중앙 민족 공작회의, 중앙 농촌 공작회의, 중앙 외사(外事) 공작회의, 중앙 통일전선(統戰) 공작회의, 중앙 인대(人大) 공작회의, 중앙 사상선전 공작회의, 중앙 조직 공작회의 등이 이에 속한다.

둘째는 특정 지역과 관련된 공작회의다. 이런 회의에는 '공작 좌담회의(座談會議)'라는 명칭이 사용된다. 중앙 티베트(西藏)공작 좌담회의, 중앙 신장(新疆)공작 좌담회의가 대표적이다. 셋째는 종합적인 주제를 다루는 공작회의다. 중앙 도시화(城鎭化) 공작회의가 대표적이다.

10장

정부의 일상 시기 활동: 의료개혁 사례

중국 정부가 어떻게 활동하는지를 의료개혁(healthcare reform)을 사례로 자세히 살펴보도록 하자. 의료개혁은 국무원 산하에 임시 전담 조직이 구성된 2006년 6월부터 최종 방안이 확정 발표된 2009년 3월까지 약 4년 동안, 정부와 사회조직 간에 힘든 협상과 타협을 통해 정책이 결정되면서 추진될 수 있었다. 만약 새로운 농촌 의료보험 제도를 실험하기 시작한 2002년을 기점으로 잡고, 의료개혁이 일차 완료되는 2011년을 종점으로 잡으면, 그 기간은 10년으로 늘어난다.

이처럼 의료개혁은 중국 정부가 일상 시기에 어떻게 정책을 결정하고 집행하는지를 잘 보여주는 대표적인 사례라고 할 수 있다. 따라서 우리는 이를 통해 중국 정부의 실제 활동을 이해할 수 있을 것이다. 첫째, 정부가 주요 정책을 결정할 때, 정부 부서와 사회조직 간의 의견 대립과 갈등을 해소할 수 있다. 또한 정책 결정 과정에서 사회적 요구와 의견을 반영할 수 있고, 전문가 집단의 지식과 연구도 활용할 수 있다. 이처럼 개혁기에 중국이 개혁·개방에 필요한 정책을 성공적으로 결정하고 집행할 수 있었던 것은 결코 우연이 아니었다.

둘째, 정부의 성공적인 정책 결정과 집행은 공산당의 통치 정통성을 높이는 데 큰 도움을 준다. 국민의 관점에서 보면 반드시 집행해야 하는 정책, 그러나 관료조직 간의 이해가 첨예하게 대립해서 결정할 수 없거나, 결정은 하지만 시간이 지연되고 내용도 왜곡되는 정책도, 최근에는 공산당의 감독과 지도하에 정부가 결정하고 집행할 수 있게 바뀌었다. 이런 추세가 지속되는 한 공산당 영도 체제는 국민의 지지를 받으면서 계속 유지될 수 있을 것이다.

의료개혁의 절박함과 어려움

중국의 의료 제도를 전면적으로 개혁해야 한다는 주장은 1990년대부터 이미 제기되었다. 문제가 심각했고, 이에 대한 국민의 불만이 매우 높았기 때문이다. 2000년대 들어와서도 이런 상황은 바뀌지 않았다. 특히 2002년 사스(SARS: 중증 급성 호흡기증후군) 사태를 계기로 중국의 공중 보건의료 제도와 의료 체계가 매우 취약하다는 사실이 분명해지면서 의료개혁은 더 이상 미룰 수 없는 과제가 되었다.

의료개혁의 절박함

중국에서는 의료 제도의 문제를 간단히 '간병난(看病難, 진료난)'과 '간병귀(看病貴, 비싼 진료비)'로 표현한다. '간병난'은 의료보험 가입률이 매우 낮아 병이 나도 병원에 갈 수 없는 상황을 가리킨다. '간병귀'는 의료 비용이 너무 많이 들어 병이 나도 제대로 치료받을 수 없는 상황을 가리킨다.

'간병난'과 '간병귀'

먼저 의료보험 제도가 제대로 갖추어지지 않아서 의료 혜택을 받는 사람이 소수에 그치면서 '간병난' 현상이 나타났다. 1990년대에 도시 지역에서는 국유기업 개혁이 추진되면서 기업이 통폐합되고, 광범위한 실업자가 발생했다. 이 때문에 수억 명의 노동자가 의료보험 혜택을 받을 수 없게 되었다.

이를 보완하기 위해 1998년에 도시 직장인(취업자)을 대상으로 하는 '도시 직공 기본 의료보험 제도'가 전국적으로 실시되었다. 그 결과 2005년에는 취업 노동자의 50% 정도가 혜택을 볼 수 있었다. 그러나 이 제도에는 심각한 문제가 있었다. 노동자 가족과 비(非)취업자가 보험 가입 대상에서 제외된 것이다.

농촌 지역에서는 상황이 더욱 심각했다. 농촌에서는 1990년대에 들어 호별영농(戶別營農)이 보편화되면서 집단 영농을 기반으로 운영되던 '농촌 합작의료(農村合作醫療) 제도'가 완전히 무너졌다. 이를 대신하고자 정부는 2002년에 '신형(新型) 농촌 합작의료 제도'를 일부 지역에서 실험적으로 시행했다. 그러나 농촌 합작의료 제도는 자체에 문제가 많아서 시간이 지나도 가입률이 10%를 넘지 못했다. 그 결과 농민 대다수는 의료보험 혜택을 받지 못했다.

결국 도시와 농촌을 합해 의료보험 미가입자가 전국적으로 10억 명이나 되었고, 이들은 의료 서비스의 사각지대에 있었다. 이는 곧바로 의료 비용이 급증하는 '간병귀' 현상으로 이어졌다. 즉 의료보험 가입률이 매우 낮은 상황에서 병원 치료를 받으면, 대부분 환자는 그 비용을 스스로 감당해야만 했다. 의료 비용이 급증한 것은 당연한 결과였다.

단적으로 1978년에서 2011년까지 중국의 소비자물가지수가 5.56배 증가한 데 비해 1인당 의료비 지출은 164배나 증가했다. 다른 통계에 따르면, 1978년부터 2008년까지 30년 동안 경제성장률은 연평균 9% 증가한 데 비해 국민의 의료비는 연평균 16%나 증가했다.

또한 2010년 무렵에 의료비 중에서 의약품 비용이 차지하는 비중이 약 50%나 되었다. 이는 미국의 약 10%, 경제협력개발기구(OECD) 국가의 평균 약 16%보다 서너 배가 많은 수치다. 이것도 당연한 결과였다. 국민 상당수가 의료보험에 가입하지 않았기 때문에 병원에서 치료받을 경우는 비용이 많이 든다. 그래서 병이 나면 병원에 가는 대신 약국에서 약을 사 먹는다. 의료비 중에서 의약품 비중이 큰 것은 이 때문이다.

세계 최하위권의 공공의료 체계

이 밖에도 몇 가지 심각한 문제가 더 있었다. 첫째, 도시와 농촌 간의 의료 격차가 확대되었다. 예를 들어, 2003년 기준으로 5세 이하 사망률이 인구 1,000명당 도시는 13명인 데 비해 농촌은 330명이었다. 둘째, 과잉 진료와 과잉 의약품 처방이 심각했다. 정부가 병원의 의료 가격을 엄격히 통제하는 가운데서 오직 조제 약품에 대해서만 15%의 이윤을 보장했다. 그 결과 과잉 의약품 처방이 나타났다. 예를 들어, 항생제 처방 비율을 보면, 일반 환자는 75%, 입원환자는 79%였다. 이는 당시 국제 평균인 약 30%보다 두 배 이상 큰 것이다.

셋째, 병원과 제약회사 사이의 담합, 즉 부패가 심각했다. 의료비가 증가한 데는 이런 담합도 한몫했다. 넷째, 분절된 의료 체계로 인해 의료 자원이 낭비되고, 환자의 의료 비용이 증가했다. 예를 들어, 상·하급 의료기관은 완전히 분리되어 하급 기관의 의료 검사 기록이 상급 기관에서는 무용지물이었다. 이 때문에 환자가 병원을 옮길 때마다 같은 검사를 반복해야 했고, 그에 따라 의료비가 늘어났다.

이런 심각한 상황은 국제적인 비교 평가에서도 확인되었다. 2000년에 세계보건기구(WHO)는 191개 국가를 대상으로 의료 서비스 공급 실태를 조사했다. 여기에는 의료 서비스의 불평등, 공정한 재정 지원, 환자 만족도 등의 평가 기준이 포함되었다. 평가 결과, 중국은 191개의 조사 대상 국가 중에서 의료 불평등은 188위, 다른 항목은 144위를 차지했다. 거의 최하위였다.

2002년에 발생한 사스 위기는 공중 보건위생 및 의료 체계의 취약성과 심각성을 다시 한번 확인시켜 주었다. 만약 이런 심각한 상황이 개선되지 않는다면, 중국은 감염병에 취약하여 주기적으로 보건의료 대란 혹은 위기에 직면할 가능성이 크다. 이에 대한 정치 지도자의 위기의식이 크게 증폭된 것은 당연한 일이었다.

의료개혁의 어려움

의료개혁이 아무리 절박해도 바로 개혁을 추진할 수 있는 것은 아니다. 여러 가지 어려움이 있기 때문이다. 이는 국민 생활과 밀접히 관련되는 개혁이라서 국민의 요구가 매우 많을 뿐만 아니라, 결과에 대한 국민의 관심도와 기대 또한 매우 높았다. 따라서 의료개혁을 잘못 시행하면 국민으로부터 거센 비난과 저항에 직면할 수 있다. 이 밖에도 의료개혁은 세 가지 문제로 인해 추진이 쉽지 않았다.

정부 부서 간의 치열한 영역 다툼

첫째는 정부 부서 간의 치열한 '영역 다툼(turf fight)'이다. 정책이 결정되기 위해서는 무엇보다 먼저 국가 관료조직 간에 합의가 이루어져야 한다. 그런데 첫째, 정책과 관련된 중앙과 지방의 관료조직 수가 많을 경우, 둘째, 정책 결과가 관료조직의 이익에 커다란 영향을 미칠 경우, 셋째, 정책 방향 및 내용에 대해 관료조직 간의 의견 대립이 심할 경우는 합의 형성이 매우 어렵다. 의료개혁이 바로 이에 딱 맞는 사례다.

먼저 의료개혁에는 중앙과 지방의 수많은 관료조직이 직접적으로 관련되어 있다. 단적으로 2006년 6월에 의료개혁을 추진하기 위해 국무원이 설립한 '조정 공작소조(協調工作小組)'에는 모두 16개의 국무원 부서와 조직이 참여했다. 여기서 국무원 위생부와 국가발전개혁위원회(發改委)(발개위)가 조장을 맡았고, 국무원 재정부, 농업부, 노동사회안전부, 중앙기구편제위원회, 교육부, 민정부, 인사부, 가족계획(計劃生育)위원회, 국무원 연구실, 국유자산감독관리위원회, 식품약품감독관리국, 중의약관리국, 보험감독관리위원회가 조원으로 참여했다. 사회조직 중에는 전국총공회(노조연합회)가 참여했다. 2008년 12월에 '의료개혁 영도소조'가 설립되었을 때는 이보다 4개가 많은 20개 부서와 조직이 참여했다.

이해 당사자 간의 이익 조정 문제

둘째는 거대하고 복잡한 '이해 당사자(stake-holder)' 간의 이익 조정 문제다. 의료개혁에는 수많은 관련 집단의 생계가 달렸다. 첫째, 병원과 의료 종사자(주로 의사와 간호사, 약 850만 명), 둘째, 공중 보건위생 기구(보건소, 약 100만 개), 셋째, 보험회사와 종사자, 넷째, 의약품과 의료기기 제조사(약 1만 3,500개), 다섯째, 의약품 도매업(약 1만 3,000개)과 소매업자(약 600만 명)다.

이들은 의료개혁이 어떻게 결정되는지에 따라 단순히 경제적 이해가 갈릴 뿐만 아니라, 상황에 따라서는 생존 자체도 위협받을 수 있었다. 따라서 이들은 의료개혁 방안이 준비되는 과정에서 각자 새로운 이익단체를 결성하거나, 아니면 기존 이익단체를 총동원하여 국무원 각 부서를 상대로 치열한 로비전을 전개했다.

이념적 및 정책적 대립

셋째는 의료개혁 방안을 둘러싼 이념적 및 정책적 대립이다. 의료개혁이 정책 의제로 등장하면서 정부와 사회세력은 정책 방향과 내용을 놓고 두 개의 진영으로 나뉘어 치열한 논쟁을 전개했다. 하나는 정부 주도의 의료 제도 수립을 강조하는 '정부파(政府派)'다. 다른 하나는 시장 주도의 의료 제도 수립을 강조하는 '시장파(市場派)'다. 의료개혁을 주도하는 국무원 부서 간에도 분명한 의견 대립이 표출되었다. 쟁점은 크게 세 가지였다.

첫째, 재원 마련과 의료개혁의 접근법이다. 이에 대해 국무원 위생부는 공중 보건위생 관리와 공공의료 서비스의 공급을 관리하는 주무 부서로서 정부 주도의 의료 제도 수립을 주장했다. 이에 따르면, 정부가 국가 예산으로 병원에 직접 재원을 공급하고, 병원은 국민에게 무료 또는 저가로 질병 예방과 경증 치료 등 기본 의료 서비스를 제공한다. 사회보험(의료보험)은 중증에만 적용한다.

반면 국무원 인력자원사회보장부(인력자원부)—이전의 인사부와 노동사회안전부가 통합한 부서—는 시장 주도의 의료 제도를 주장했다. 즉 정부는 보험 주체로서 병원 등의 의료 공급자로부터 의료 서비스를 구매해서 국민에게 제공한다. 또한 사회보험(의료보험)은 중증 환자뿐만 아니라 경증 환자에도 확대 적용한다. 국무원 재정부와 발개위는 인력자원부의 입장에 섰다. 즉 시장 원리에 따라 정부가 병원으로부터 의료 서비스를 구매하여 환자에게 공급해야 한다.

둘째, 공립병원 개혁 문제다. 국무원 위생부는 '수입 지출 분리(收支兩條綫)' 제도에 따라 정부가 공립병원을 운영하고 경비도 지원하며, 병원은 이익금을 정부로 귀속시켜야 한다고 주장했다. 반면 국무원 인력자원부, 재정부, 발개위는 사회보험(의료보험)으로 마련한 재원으로 '총액 할당 제도(總額預付)'를 도입해야 한다고 주장했다. 이렇게 해야만 병원의 의료비 과다 청구를 통제할 수 있다는 것이다. 또한 '정부와 사업단위 분리(政事分開)' 및 '관리와 운영 분리(管辦分開)'의 방침에 따라 정부로부터 독립된 별도의 조직이 공립병원을 관리하고, 위생부는 병원 운영에서 완전히 손을 떼야 한다고 주장했다. 국무원 위생부는 당연히 격렬히 반대했다.

셋째, 도시와 농촌 의료보험 제도의 통합 문제다. 국무원 인력자원부는 도농(都農) 의료보험을 하나로 통합하여 전국적으로 운영해야 하고, 이를 자신이 관리해야 한다고 주장했다. 반면 국무원 위생부는 지금까지 그랬던 것처럼 인력자원부가 아니라 자신이 이를 주도해야 한다고 주장했다.

세계보건기구·국무원의 공동 연구 보고서와 사스(SARS)의 충격

이런 상황에서 2005년 7월에 세계보건기구와 국무원 발전연구센터(發展硏究中心)가 공동으로 「의료개혁의 평가와 건의」라는 보고서를 출간했다. 결론은 "전체적으로 볼 때, 중국의 의료개혁은 성공하지 못했다"라는 것이다. 그 결과 2000년 세계보건기구의 조사에서 국민 간 의료 불평등은 191개 국가 중 188위였고, 건강 개선 효과 등은 144위였다. 개혁이 실패한 주요 원인은 "공중 보건위생 서비스는 공공재인데, 그것을 상업화 및 시장화된 방식에 맡기면서 제대로 공급되지 않았다"라는 것이다.

이 보고서는 의료개혁이 뒤처진 이유도 지적했다. 첫째, 경제발전만 중시하는 경향이다. 즉 의료 서비스 등 공공재 공급에는 주의하지 않았다. 둘째, 의료위생 사업의 특수성에 대한 인식 부족이다. 즉 시장화 개혁만으로 의료위생 문제를 해결하려고 시도했는데, 이는 잘못된 방향이다. 셋째, 부유한 지역과 빈곤한 지역 간의 재정 차이, 즉 빈곤 지역의 재정 부족이다. 넷째, 기득권 집단의 영향, 즉 이들의 개혁 저항이다.

정부가 당시에 구상 중인 의료개혁 정책의 문제점도 지적했다. 첫째, 2002년 사스 위기 이후 정부 재정이 주로 응급 의료 체계에 집중되는데, 이는 문제다. 이런 방식으로는 국민의 '간병난'과 '간병귀' 문제를 해결할 수 없기 때문이다. 둘째, 의료개혁 중 상업화 및 시장화 경향이 여전히 심각하다. 이는 과거 잘못된 방침의 반복이다. 셋째, 도시 의료보험 제도와 신형 농촌 합작의료 제도의 개혁이 여전히 미흡하다.

이 보고서가 《중국경제시보(中國經濟時報)》와 《중국청년보(中國靑年報)》 같은 신문에 실리면서 의료개혁은 사회적으로 큰 관심을 불러일으켰다. 이를 이어 학계, 의료계, 언론계에서 광범위한 토론이 전개되었고, 그 결과 의료개혁은 더 이상 미룰 수 없다는 사회적 공감대가 형성되었다. 공산당과 정부도 이를 더 이상 외면할 수만은 없었다.

의료개혁 추진과 개혁 방안의 작성

의료개혁의 기본 방침과 전체 목표는 공산당 중앙이 제시했다. 그러나 그것들은 매우 추상적이고 일반적이어서 현장에서 집행할 수 있는 것이 아니었다. 예를 들어, 2002년 공산당 16차 당대회의 〈정치 보고〉 중 '경제 건설과 경제체제 개혁' 항목에는, 도시 노동자의 기본 양로보험과 의료보험 제도, 농촌의 양로보험과 의료보험 제도의 수립 필요성이 언급되었다. 다만 그것을 언제 어떻게 건립할 것인지에 대해서는 아무런 언급이 없었다.

비슷하게, 2007년 공산당 17차 당대회의 〈정치 보고〉 중 '민생 개선을 중점으로 하는 사회 건설 추진' 항목에는, 기본 의료위생 제도의 수립이 언급되었다. 이때는 특히 "공중 의료위생의 공익 성질을 견지한다"와 "정부 책임과 투입을 강화하고, 국민 건강 정책을 개선한다"라는 방침을 강조했다. 이는 이전보다는 조금 더 구체적인 방침이지만, 당장 현장에서 집행할 수 있는 정책은 아니었다.

조정 공작소조의 구성과 연구 용역 의뢰

결국 의료개혁 정책은 중앙 정부, 즉 국무원이 제정해야만 했다. 이를 위해 국무원은 2006년 6월에 '의약 위생 체제 개혁 심화 부서 조정 공작소조(協調工作小組)'(조정 공작소조)를 설립했다. 앞에서 말했듯이, 조장은 국무원 위생부와 발개위가 맡았고, 나머지 14개 부서와 전국총공회는 조원으로 참여했다.

조정 공작소조의 임무는 조사와 연구를 통해 의료개혁에 대한 종합적인 방안과 정책 초안을 작성하여 국무원에 보고하는 일이다. 이는 결코 쉬운 임무가 아니었다. 앞에서 살펴본 것처럼, 정부 부서 간에 의료개혁을 둘러싼 의견 대립이 매우 심각했기 때문이다. 또한 사회조직 간에도 견해차가 컸으며, 이들은 자신의 이익을 지키기 위해 치열한 로비 활동을 전개했다.

이 문제를 해결하기 위해 조정 공작소조는 모두 9개의 학술기관, 국제기구, 민간 자문회사에 연구 용역을 의뢰했다. **표 10-1**은 이를 정리한 것이다. 이처럼 외부 기관에 연구 용역을 의뢰한 이유는 세 가지다. 첫째는 정부 부서와 이익집단 간의 의견 차이로 인해 정책 결정이 교착 상태에 빠진 상황을 타개하기 위해서다. 둘째는 정책에 필요한 여러 가지 정보를 수집하기 위해서다. 셋째는 정책의 정당성을 높이고, 대중의 지지를 얻기 위해서다. 정부 단독으로 만든 방안보다는 이렇게 해서 만든 방안이 정당성이 높고, 대중의 지지를 받기도 쉽다.

표 10-1 의료개혁 방안의 연구 용역기관

기관 분류	용역 참여 기관
대학교(5개)	초기 참여: 베이징대학, 푸단대학
	추가 참여: 베이징사범대학, 런민대학 / 중산대학
정부 연구기관(1개)	국무원 발전연구센터
국제조직(2개)	세계은행(World Bank), 세계보건기구(WHO)
민간 자문회사(1개)	맥킨지(McKinsey & Company)

의견 대립의 지속과 〈의료개혁 초안〉의 작성

그런데 문제는 연구 용역기관 간에도 이념적 및 정책적 차이가 그대로 드러나면서 이견(異見)이 해소되지 않았다는 점이다. 예를 들어, 베이징대학 연구팀은 국무원 위생부와 비슷하게 정부 주도의 의료 제도 수립을 주장했다. 즉 환자는 무료 혹은 저가로 정부 재원으로 제공하는 의료 서비스를 받아야 한다는 것이다.

반면 베이징사범대학(北京師範大學)과 런민대학(人民大學) 연구팀은 국무원 인력자원부, 재정부, 발개위와 비슷하게 시장 주도의 의료 제도 수립을 주장했다. 즉 국가에서 독립된 별도의 기관이 보편적인 의료 서비스를 제공해야 하고, 공립병원의 민영화와 민간투자 확대도 필요하다는 것이다.

세계보건기구의 개혁안은 상대적으로 이념 대립에서 벗어나 있었고, 실제로 중국의 의료개혁에 큰 영향을 미쳤다. 내용을 보면, 먼저 시장 기제의 도입을 주장하지만 동시에 사회적 약자를 위한 보건 의료망 구축도 강조했다. 또한 전 국민에게 기본 의료 서비스를 보편적으로 제공해야 하고, 핵심 의약품의 안정적인 공급 체계도 수립해야 한다고 주장했다.

우여곡절 끝에 국무원은 2008년 2월에 '의견 청취용 초안'으로 〈의약 위생 체제 개혁 심화 의견〉(의료개혁 초안)을 완성했다. 이는 정부 부서 간 타협의 산물이었다. 문제는 의료개혁의 근본 쟁점이 제대로 해결되지 않았다는 점이다.

예를 들어, 지방의 기층 의료기관 확대와 관련하여 국가 재정으로 기반 시설을 확대해야 한다는 국무원 위생부의 입장과 사회보험(의료보험) 재정으로 충당해야 한다는 국무원 인력자원부의 입장이 섞여 있었다. 도농 의료보험 제도를 통합하는 방안도 국무원 위생부가 담당하는지, 아니면 인력자원부가 담당하는지 언급이 없었다. 공립병원 관리 방안도 마찬가지로 구체적인 내용이 빠져있어서 실행이 쉽지 않았다.

의료개혁 초안의 내부 심의와 공개 의견 청취

의료개혁 초안이 완성된 이후, 국무원은 이견을 해소하고 최종 방안을 마련하기 위해 내부 심의와 공개 의견 청취에 들어갔다. 또한 의료개혁이 제대로 추진될 수 있는지를 점검하기 위해 일부 지역을 대상으로 시험(試點)하기 시작했다.

내부 심의와 시험 실시

먼저 국무원 내부의 심의를 살펴보자. 2008년 4월 원자바오(溫家寶)

총리는 의료개혁 좌담회를 두 차례 개최해 22인의 전문가를 초청하여 의견을 직접 청취했다. 또한 국무원은 산하에 있는 72개 부서와 기관, 31개의 전국 성급(성·자치구·직할시) 정부, 8개의 민주당파(民主黨派: 공산당의 집권을 인정한 상태에서 정치적 조언 등의 활동을 전개하는 8개의 정치단체)의 의견도 청취했다.

그 밖에도 국무원은 2008년 10월과 11월 두 달 동안 10개의 전문조사조(調査組)를 구성해 세 개의 성급 정부에 파견하여 의견을 청취했다. 마지막으로 이 과정에서는 국무원 각 부서 산하의 국책연구소, 국내외 다양한 기관과 전문가도 참여했다. 이를 보면 초안의 내부 심의에는 국내외의 많은 기관과 전문가가 참여했음을 알 수 있다.

국무원은 내부 심의와 함께 의료개혁 초안이 실제로 어떻게 실행될 수 있는지를 점검하기 위해 실험도 시작했다. 앞에서 말했듯이, 1998년에는 전국적으로 '도시 직공 기본 의료보험 제도'가 시행되었다. 2003년부터는 '신형 농촌 합작의료 제도'가, 2005년에는 '도시 의료구제(醫療救助) 제도'가 일부 지역에서 시행되었다. 이를 이어 2008년 8월부터 전국적으로 79개 지역에서 '도시 주민(居民) 기본 의료보험 제도'가 실험을 시작한 것이다.

공개 의견 청취: 사회세력의 정책 참여

한편, 원자바오 총리는 2008년 9월에 의료개혁 초안을 사회에 공포하여 의견을 청취할 것을 지시했다. 이에 따라 같은 해 10월 14일부터 11월 14일까지 한 달 동안 모두 3만 5,260건의 의견이 접수되었다. 이 중에서 인터넷 의견은 2만 7,892건이었다.

접수된 의견 규모는 다른 정책에 비해 적은 편이었다. 예를 들어, 2010년에 교육 개혁 정책이 발표되었을 때는 모두 21만 건의 의견이 접수되었다. 의료개혁 정책에 대중의 참여율이 상대적으로 낮은 이유는 대중이 접근하기 어려운 전문 영역으로, 내용과 용어가 모두 어려웠기 때문이다. 또한 쟁점 대립이 첨예했기 때문에 언론 매체가 보도에 신중한 자세를 보였기 때문이기도 하다.

이를 통해 우리는 두 가지 사실을 알 수 있다. 첫째, 중국 정부는 다양한 사회집단의 의견을 반영하여 정책을 결정하려고 노력한다. 즉 관료조직만으로 국민 생활에 커다란 영향을 미치는 정책을 결정하지는 않는다. 둘째, 여러 사회계층과 집단 중에서 일선 현장에서 실제로 정책을 집행하는 집단(예를 들어 의사, 교사, 경찰)의 불만과 요구를 해소하는 정책 기제가 작동하고 있다. 이것이 궁극적으로는 공산당 영도 체제의 안정적인 통치에 도움을 준다.

개혁 방안의 확정과 주요 조직의 역할

이후 국무원은 2008년 12월에 '의약 위생 체제 개혁 심화 영도소조'(의료개혁 영도소조)를 설립했다. 조장은 공산당 정치국 상무위원이면서 국무원 상무 부총리인 리커창(李克强)이 맡았고, 모두 20개의 국무원 부서 및 사회조직의 대표가 조원으로 참여했다.

2008년에 설립된 의료개혁 영도소조는 최종 개혁 방안(초안)을 결정하여 국무원에 제출할 뿐만 아니라, 국무원이 결정한 의료개혁 정책을 관련 조직과 지방이 철저히 집행하도록 촉구하고 감독하는 임무까지 맡은 높은 지위의 영도소조다. 그래서 조장을 정치국 상무위원(리커창)으로 임명한 것이다. 정책 집행 과정에서 있을지 모르는 국무원 부서와 성급 정부의 저항이나 반대를 통제해야 했기 때문이다.

의료개혁의 내용: 〈의료개혁 의견〉과 〈실시 방안〉

의료개혁 영도소조는 원래 계획대로 내부 심의를 거쳐 의료개혁 방안(초안)을 완성하여 국무원에 보고했다. 국무원은 2009년 1~2월에 상무회의와 전체회의를 연속적으로 개최해 그것을 심의하여 통과시켰다. 이후 같은 해 3월에는 두 개의 정책 문건을 확정 발표했다. 하나는 〈공산당 중앙과 국무원의 의약 위생 체제 개혁 심화 의견(意見)〉〈〈의료개혁 의견〉)이다. 다른 하나는 〈의약 위생 체제 개혁 단기 중점 실시 방안(實施方案(2009~2011년)〉〈〈실시 방안〉)이다.

〈의료개혁 의견〉에는 "사람을 근본으로 여기고, 인민의 건강 권익 옹호를 제일의 위치에 놓는다"와 "공평과 효율의 통일을 견지하고, 정부 주도와 시장 기제를 서로 결합한다" 등 모두 네 개의 기본원칙이 들어 있다. 또한 이에 따르면, 2011년까지는 "간병난과 간병귀의 문제를 해결"하고, 2020년까지는 "도농 주민을 모두 포괄하는 기본 의료위생 제도를 기본적으로 건립"한다. 그 밖에도 여기에는 4대 의료보장 제도, 즉 도시 직공 기본 의료보험 제도, 도시 주민 기본 의료보험 제도, 신형 농촌 합작의료 제도, 도농 의료구제 제도가 포함된다.

또한 〈실시 방안〉에는 향후 3년간(2009~2011년) 실시할 5대 중점 개혁 과제가 제시되었다. 첫째, 기본 의료보장 제도의 수립이다. 이를 위해 3년 이내에 주민의 의료보험 가입률이 90%에 도달하도록 노력한다. 또한 2010년에는 신형 농촌 합작의료 제도의 보조금을 농민 1인당 40위안(약 7,700원)에서 120위안(약 2만 3,000원)으로 상향 조정한다. 둘째, 국가 기본 의약 제도를 초보적으로 수립한다. 셋째, 기층 의료위생 서비스 체계를 개선한다. 넷째, 기본 공중 보건위생 서비스를 점차로 균등화한다. 특히 도농 간의 의료 격차를 해소한다. 다섯째, 공립병원 개혁을 실험한다.

이로써 의료개혁 정책이 확정되었고, 이후 3년 동안 전국적으로 집행되었다.

공산당과 국가기관의 역할

그렇다면 의료개혁 정책의 결정 과정에서 공산당과 국가기관은 구체적으로 어떤 역할을 담당했을까? **표 10-2**는 이를 정리한 것이다. 먼저, 공산당 16차 및 17차 당대회는 의료개혁의 기본 방침과 전체 목표를 제시했다. 또한 공산당 정치국은 이런 방침과 목표에 근거하여 의료개혁의 전체 추진 과정을 파악하고, 좀 더 구체적인 개혁 방침과 목표를 제시했다.

그러나 의료개혁의 실제 정책 방안(초안)을 준비하고 결정한 주체는 중앙 정부인 국무원이다. 앞에서 살펴본 '조정 공작소조'도 국무원 산하에 있었고, 참여 조직도 대부분 국무원 부서였다. 이들이 만든 정책 방안은 국무원 상무회의와 전체회의가 심의하여 정책으로 확정했다. 또한 국무원 산하의 의료개혁 영도소조는 의료개혁 방안을 확정하여 국무원에 보고하고, 그 이후에는 개혁 정책의 집행을 감독했다.

표 10-2 주요 당정기관이 의료개혁 정책 결정 과정에서 담당한 역할

당정기관		기간/횟수	역할
공산당 16·17차 당대회		2002·2007년/2회	기본방침과 전체 목표 제시
공산당 정치국		2003~2012년/7회	정책의 전체 추세 파악과 방침 제시
국무원	상무회의	2003~2012년/16회	의료개혁 각 방면의 구체적인 정책 제정
	전체회의	2003~2012년/1회	의료개혁 방안의 최종 결정
전국인대 상무위원회		2003~2012년/1회	국무원의 의료개혁 보고 청취와 심의
조정 공작소조		2006~2008년/ -	의료개혁 정책의 초안 작성
의료개혁 영도소조		2008~2012년/11회	의료개혁 정책의 배치와 집행 감독

의료개혁의 집행: 성과와 한계

마지막으로, 의료개혁의 실제 집행 결과, 즉 성과와 한계를 간략히 살펴보자. 어렵게 결정된 정책이 실제로 어떻게 집행되었는지를 알아볼 필요가 있다. 현실적으로 제대로 집행되지 않는 정책이라면, 정책 결정 과정이 어떻든 실제로는 의미가 없기 때문이다.

성과: 의료보험 가입률의 급증과 통치 정통성의 제고

먼저 의료개혁은 많은 성과를 거두었다. 이를 체계적으로 분석한 중국 교수들은 "실시 상황을 놓고 보면, 매우 성공적"이라고 평가했다. 의료보험 가입률이 이를 증명한다는 것이다. 즉 의료개혁 전인 2003년에는 가입률이 29.7%였는데, 그것이 2008년에 의료개혁 실험을 시작한 이후에는 87.5%로 높아졌고, 2011년에는 95.7%가 되었다. 이는 중

국이 양호한 개혁 정책을 제정한 것으로, '중국 체제의 우월성'을 보여주는 사례라고 한다.

다른 외국 학자들도 의료개혁이 큰 성과를 거두었다는 점에 동의한다. 첫째, 2012년을 기준으로 의료보험 가입률이 약 95%에 도달했다. 환자 의료비 환급금도 외래환자는 50%, 입원환자는 75%로 증가했다. 둘째, 고소득층과 저소득층의 의료 격차가 축소되었다. 셋째, 2,200개의 현급 병원과 33만 개의 기층 의료시설이 증설되거나 개선되었고, 의료인 양성 목표도 달성했다. 넷째, 필수 의약품의 공급 체계도 수립되어 가고 있다. 이를 종합할 때, 개혁은 올바른 방향으로 가고 있다고 평가할 수 있다.

국제기구도 중국의 의료개혁 성과를 인정했다. 예를 들어, 2013년에 발간된 세계은행(World Bank) 보고서는 중국의 의료개혁 성과를 "인류 역사에서 전대미문의 업적"이라고 칭찬했다. 또한 2016년 11월에는 국제 사회안전망 협회(ISSA)가 중국 정부에 '사회안전망 우수상'을 수여했다. 연금보험, 의료보험, 그리고 다른 형태의 사회 보호망의 복개율이 급증한 업적을 높이 평가한 결과였다.

의료개혁의 '성공'은 공산당의 통치 정통성(legitimacy)을 높이는 데 기여했다. 2012년 11월부터 2013년 1월까지 전국 성인 남녀에 대한 설문조사 결과에 따르면, 의료보험 가입률의 증가는 국무원에 대한 국민의 신뢰도를 높였고, 의료 서비스 만족은 지방 정부에 대한 국민의 신뢰도를 높였다. 이처럼 권위주의 정권도 의료보험과 같은 공공재의 공급을 확대함으로써 정권의 내구성을 높일 수 있다.

한계: 의료개혁은 현재도 '진행 중'

그렇다고 의료개혁에 문제가 없다는 이야기는 아니다. 한마디로 말해, 의료보험 가입률이 높아지면서 병원에서 치료받기 어려운 문제, 즉 '간병난'은 어느 정도 해소되었지만, 의료비가 급증하는 문제, 즉 '간병귀'는 여전히 해소되지 않았다.

먼저 전체 의료비 중에서 개인이 부담하는 비율, 즉 의료비의 상대적 부담 정도는 의료개혁 이후 축소되었다. 즉 최고 59%(2000년)에서 33.9%(2013년)까지 떨어졌다. 그러나 이와 함께 개인이 부담하는 의료비의 총액, 즉 의료비의 절대적 부담 정도는 2008년부터 2013년까지 6년 동안 연평균 12.8%씩 계속 증가했다. 이런 면에서 의료개혁은 '간병귀' 문제를 완전히 해결하지는 못했다.

의약품의 과잉 처방과 오남용 문제도 여전히 남아 있다. 2010년 기준으로 전체 의료 비용 중에서 조제약이 차지하는 비중은 41.48%로, OECD 국가의 평균인 14.36%보다 여전히 약 세 배가 많다. 이는 병원이 이윤 추구를 위해 의약품을 과대 처방하면서 발생한 결과다. 단적으로 2004년부터 2012년까지 기간에 병원의 총수입 중에서 조제약이 차지하는 비중이 40%에 달했다.

의약품 과잉 처방과 오남용 문제는 한국이나 일본에서 시행되고 있는 의약분업, 즉 병원 진료·처방과 약국 조제·판매 간의 업무 분리가 이루어져야 해결될 수 있다. 문제는 현재까지도 중국에서는 병원의 반대와 관료조직의 비호로 인해 의약분업이 제대로 이루어지지 않고 있다는 점이다. 이는 의료개혁 정책이 추진된 이후에도 마찬가지다. 이런 면에서 의료개혁은 여전히 '진행 중'이다.

11장
의회의 구조와 운영

이제 중국 의회에 대해 살펴보자. 중국 의회의 정식 명칭은 '인민대표대회(人民代表大會, people's congresses)'고, 약칭은 '인대(人大, PCs)'다. 그래서 의회 의원을 중국에서는 '인대 대표(人大代表, deputies to the PCs)'라고 부른다. 그런데 '인대'는 의회라는 기관과 그 기관이 매년 개최하는 회의(연례회의)를 모두 부르는 이름이다. 혼동을 막기 위해 중국에서는 회의를 '인대회(人代會)'라고 부르기도 한다. 그러나 우리는 이 용법에 따르지 않고 그냥 '인대 연례회의'라고 부르면 된다.

또한 중국 의회는 한국과 비슷하게 중앙 의회와 지방 의회로 나뉜다. 중앙 의회의 정식 명칭은 '전국인민대표대회(全國人民代表大會, National People's Congress)'고, 약칭은 '전국인대(全國人大, NPC)'다. 이를 '전인대(全人大)'라고 부르는 것은 잘못이다. 이런 호칭은 중국에서 사용되지 않을 뿐 아니라, 이 용법을 확대 적용하면 지방 의회를 '지인대(地人大)'라고 불러야 하는데, 이는 너무 어색하기 때문이다. 이 때문에 중국의 지방 의회를 '지방의 전인대'라고 부르는 이상한 용법도 등장했다.

한편, 지방 의회의 명칭은 '지방인민대표대회(地方人民代表大會, local people's congresses)'고, 약칭은 '지방인대(地方人大, LPCs)'다. 지방인대는 행정등급에 따라 다시 '성급(省級: 성·자치구·직할시)', '시급(市級: 시·자치주)', '현급(縣級: 현·시·구)', '향급(鄕級: 향·진)' 등 네 등급으로 나뉜다. 참고로 도시의 기층 단위인 '가도(街道)'(한국의 동 단위)에는 지방 의회가 없다. 이런 지방 의회 전체를 통틀어서 중국에서는 약칭으로 '각급(各級) 지방인대(LPCs at all levels)'라고 부른다.

중국 의회의 구조와 활동은 한국의 국회나 미국의 상·하원과는 상당히 다르다. 한마디로 말해, 의회 구조에서는 '이중구조(dual structure) 현상', 의회 역할에서는 '선택적 역할 강화(selective strengthening of roles) 현상'의 특징을 가지고 있다. 이는 지방 의회에도 그대로 적용된다. 따라서 우리가 중국 의회를 이해할 때는 이 두 가지 현상에 주목해야 한다. 여기서는 중앙 의회인 전국인대를 중심으로 살펴보자.

중국 의회의 구조와 운영: '이중구조 현상'

이중구조 현상이란, '전국인대 상무위원회가 전국인대와는 다른 구성·조직·권한을 가지고 있고, 실제 활동 과정에서 전국인대를 폐회 기간에 잠시 대신할 뿐만 아니라 일상적으로 대체하는 현상'을 가리킨다. 간단히 말해, 중국 의회는 사실상 두 개로 구성되어 있다는 것이다.

이중구조 현상은 중국의 중앙 의회가 직무를 수행하기 위해 전국인대 그 자체의 역할을 강화한 것이 아니라 전국인대 상무위원회의 역할을 강화하는 일종의 '편법'을 사용하면서 나타난 독특한 현상이다. 또한 이 현상은 전국인대의 역할 강화가 공산당의 통제하에 전국인대 대표의 참여를 배제한 상태에서 이루어졌다는 한계를 보여주는 것이기도 하다.

그림 11-1 전국인민대표대회 조직도

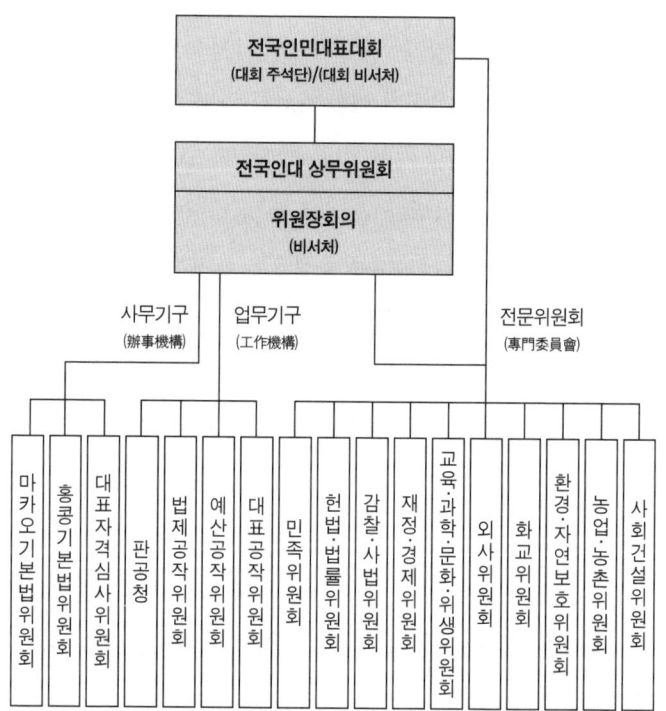

이중구조 현상의 출현 배경

전국인대가 아니라 그것의 상설기구인 전국인대 상무위원회를 강화하게 된 직접적인 배경은, 전국인대가 짧은 회기(1년에 2주)와 많은 수의 겸직 대표(약 3,000명) 등 여러 가지 한계로 인해 〈헌법〉에 규정된 직권을 제대로 행사하지 못했기 때문이다. 그래서 1982년에 헌법(〈82헌법〉)을 제정하는 과정에서 전국인대의 이런 문제점을 극복하기 위해 여러 가지 방안이 제기되었다.

세 가지의 의회 강화 방안

첫째는 전국인대 그 자체를 강화하는 방안이다. 이것은 전국인대 대표 수를 현재의 약 3,000명에서 1,000명 이내로 줄이고, 전국인대 회기도 현재의 2주 정도에서 최소한 수개월로 늘려 전국인대가 일상적으로 활동하도록 만드는 방안이다. 한국 국회나 미국 의회처럼 말이다. 그러나 이 방안에 따를 경우, 전국인대는 위상과 역할이 강화되어 공산당을 견제할 수 있는 강력한 국민의 대표기관이 될 위험성도 있다. 그래서 공산당은 이 방안을 채택하지 않았다.

둘째는 전국인대 상무위원회의 조직과 활동을 강화함으로써 전국인대를 강화하는 방안이다. 이를 위해서는 전국인대 상무위원회의 구성과 운영을 개선하고, 직권을 확대하는 조치가 필요하다. 이 방안은 장점이 있다. 전국인대의 대표성과 상징성을 그대로 유지하면서, 동시에 공산당에 위협을 가할 수 있는 국민의 대표기관으로 발전할 가능성을 줄이면서 의회 활동의 효율성을 높일 수 있다는 것이다. 그래서 공산당은 이 방안을 채택했다.

셋째는 상하 양원제 방안이다. 이는 주로 '민주당파' 인사와 일부 지식인이 제기한 것으로, 중국도 미국이나 당시 소련처럼 의회를 상원과 하원으로 나누어 구성하자는 방안이다. 구체적으로 전국인대는 지역을 대표하는 하원으로 바꾸고, 인민정치협상회의 전국위원회(전국정협)는 계층과 집단을 대표하는 상원으로 바꾼다. 이렇게 하면 중국 의회도 지역과 계층(집단)을 모두 대표할 수 있고, 동시에 일상적으로 활동하는 의회가 될 수 있다. 공산당은 당연히 이 방안에 반대했다.

둘째 방안이 채택된 결과, 전국인대 상무위원회는 전국인대 폐회 기간에 잠시 그것을 대신할 뿐만 아니라 일상적으로 그것을 대체하는 기관이 되었다. 다시 말해, 전국인대 상무위원회는 이제 전국인대와는 다른 별도의 입법기관으로 변화했고, 전국인대는 전국인대 그 자체(대표·조직·직권·회의)와 전국인대 상무위원회(위원·조직·직권·회의)라는 '이중구조'를 갖게 되었다. 또한 실제 활동 과정에서 전국인대 상무위원회가 전국인대를 대체하면서 이중구조는 하나의 '현상'이 되었다.

이중구조 현상의 주요 내용

전국인대의 이중구조 현상은 구체적으로 다음과 같은 면에서 나타난다.

다른 규모와 성격의 구성원

첫째, 구성원의 규모와 성격이 다르다. 표 11-1이 보여주듯이, 전국인대 상무위원회 위원은 보통 150~200명 정도로, 약 3,000명인 전국인대 대표의 5~6%밖에 되지 않는다. 이 때문에 전국인대 연례회의가

표 11-1 역대 전국인대 대표와 상무위원회 위원의 구성원 규모

구분	1기	2기	3기	4기	5기	6기	7기	8기	9기	10기	11기
대표(명)	1,226	1,226	3,040	2,885	3,497	2,978	2,970	2,978	2,979	2,985	2,987
위원(명)	79	79	115	167	196	155	155	154	154	177	175
비율(%)	6.4	6.4	3.8	5.8	5.6	5.2	5.2	5.2	5.2	5.9	5.9

〈해설〉 전국인대 회기: 1기 1954~1959년, 2기 1959~1964년, 3기 1964~1975년, 4기 1975~1978년, 5기 1978~1983년, 6기 1983~1988년, 7기 1988~1993년, 8기 1993~1998년, 9기 1998~2003년, 10기 2003~2008년, 11기 2008~2013년.

2주 정도의 회기로 1년에 단 한 차례 개최되는 것에 비해 전국인대 상무위원회 회의는 1주일 이내의 회기로 2개월에 1회, 1년에 6회 정도 개최된다. 또한 위원 수가 적기 때문에 의회가 개최되어 안건을 심의할 때도 유리하다.

또한 전국인대 대표들이 '겸직 대표(兼職代表, amateur deputies)', 즉 본업을 가지고 있는 상태에서 '부업'으로 대표 직무를 수행하는 것과는 달리, 전국인대 상무위원회 위원은 대부분 '전임 대표(專業代表, full-time deputies)'다. 특히 이들은 정부·법원·검찰원 등 다른 공직을 맡을 수 없다. 다만 군(軍)은 이 규정의 예외로 인정되어, 현역군인이 전국인대 상무위원회 위원을 겸직할 수 있다.

실제로 전국인대 상무위원회 위원 대다수(약 70% 정도)는 베이징에 거주하고 있고, 전국인대 전문위원회(한국의 국회 상임위원회)에 소속되어 활동한다. 그래서 이들을 전국인대 대표의 '상임대표(常務代表)'라고 부르기도 한다. 이 표현은 이들의 성격을 잘 드러내는 것으로, 6기

전국인대 시기(1983~1988년)의 위원장이었던 펑전(彭眞)이 직접 사용한 말이다.

마지막으로 전국인대 상무위원회 위원은 전국인대 대표와 비교해서 전문성이 높고 업무 능력이 뛰어나다. 왜냐하면 이들 중에는 '모범대표(模範代表, role model deputies)', 즉 노동자·농민·지식인·예능인 등 각계각층을 대표하는 유명 인사 출신의 대표가 없기 때문이다. 대신 이들은 공산당·정부·학계·단체 등에서 능력과 경험을 축적한 전문가들이다. 따라서 전국인대 상무위원회 위원은 입법과 감독 등 의정 활동에 필요한 능력과 조건을 갖추고 있다.

다른 조직 구성과 운영: 전국인대 전문위원회

둘째, 조직과 운영 방식이 다르다. 전국인대 상무위원회는 전국인대의 상설 조직으로 일상 업무에 필요한 다양한 기구를 갖추고 있다. 지도조직으로는 위원장과 부위원장 및 비서장으로 구성되는 위원장회의(委員長會議)가 있고, 이를 보조하는 비서처(秘書處)가 있다. 실무 업무를 총괄하는 판공청(辦公廳)이 설치되어 전국인대 상무위원회의 일상 활동을 지원한다. 이에 비해 전국인대 주석단(主席團)과 대회 비서처(秘書處)는 전국인대 연례회의가 개최될 때만 구성되는 임시 조직이다.

한편, 전국인대 상무위원회가 입법과 감독 활동을 전개할 때 가장 중요한 기구는 전문위원회(專門委員會, special committees)—한국 국회나 미국 의회의 상임위원회와 성격이 같다—다. 전문위원회는 개회 중에는 전국인대, 폐회 중에는 전국인대 상무위원회의 지도를 받는다. 그런데 전국인대는 1년에 단지 2주 정도만 개회하기 때문에 전국인대 전문위원회는 전국인대 상무위원회의 지도하에 활동한다. 정확히 말하면, 전국인대 상무위원회와 전문위원회의 구성원이 상당수 겹치기 때문에, 이 두 기구는 사실상 한 몸으로 활동한다.

미국의 상·하원과 한국의 국회가 의정 활동을 수행할 때는 본회의가 아니라 상임위원회(standing committees)가 중심이 된다. 즉 이들이 의정 활동을 주도한다는 것이다. 그리고 각 국회 상임위원회에는 대개 소관 업무와 관련이 있는 의원들이 소속된다. 중국 의회도 예외가 아니다. 이런 면에서 전국인대 상무위원회가 제대로 활동하려면 전문위원회가 제대로 구성되어야 한다.

표 11-2에 따르면, 현재 전문위원회는 모두 열 개다. 각 전문위원회는 주임 위원 1인, 부주임 위원 약간 명, 일반 위원 10여 명으로 구성된

표 11-2 전국인대 전문위원회의 구성 상황: 14기 전국인대(2023년 3월 기준)

분류	주임(명)	부주임(명)	위원(명)	소계(명)
민족위원회	1	8	19	28
헌법·법률위원회	1	9	9	19
감찰·사법위원회	1	8	11	20
재정·경제위원회	1	9	9	19
교육·과학·문화·위생위원회	1	9	22	32
외사위원회	1	7	11	19
화교위원회	1	6	12	19
환경·자원보호위원회	1	7	18	26
농업·농촌위원회	1	8	13	22
사회간설위원회	1	9	15	25
총계	10	80	139	229

표 11-3 전국인대 전무위원회 위원의 출신 배경: 시기별 변화

시기	학계	기업·금융	민주당파·대중조직	인대·사법부	국무원	공산당 기관	지방 지도자	군	총계
9기	44 (21.0%)	9 (4.3%)	39 (18.6%)	6 (2.9%)	53 (25.2%)	8 (3.8%)	26 (12.4%)	25 (11.9%)	210 (100%)
10기	53 (22.6%)	10 (3.4%)	39 (16.6%)	15 (6.4%)	56 (23.8%)	9 (3.8%)	28 (11.9%)	27 (11.5%)	235 (100%)
11기	56 (23.8%)	10 (4.3%)	35 (14.9%)	11 (4.7%)	47 (20.0%)	13 (5.5%)	35 (14.9%)	28 (11.9%)	235 (100%)
총계	153 (22.5%)	27 (4.0%)	113 (16.6%)	32 (4.7%)	156 (22.9%)	30 (4.4%)	89 (13.1%)	80 (11.8%)	680 (100%)

〈해설〉 전국인대 회기: 9기 1998~2003년, 10기 2003~2008년, 11기 2008~2013년.

다. 또한 전문위원회 위원은 전국인대 연례회의에서 전국인대 대표 중에서 선출된다. 다시 말해, 전국인대 대표가 되어야 전문위원회 위원으로 선출될 수 있다. 또한 이들 중 다수는 전국인대 상무위원회 위원을 겸직하고 있다.

또한 표 11-3은 9기 전국인대 시기(1998~2003년)부터 11기 전국인대 시기(2008~2012년)까지 15년 동안 전문위원회 위원의 출신 배경을 시기별로 정리한 것이다. 이에 따르면, 전문위원 중에는 국무원 고위 관료 출신(22.9%)이 가장 많고, 다음이 학자, 즉 대학교수와 연구원(22.5%), 민주당파와 대중조직의 지도자(16.6%), 지방 지도자(13.1%), 군 지도자(11.8%) 순이다. 이를 보면, 이들은 각 분야의 '전문가' 출신이라고 말할 수 있다.

다른 직권: 상징적·비일상적 직권 대(對) 실제적·일상적 직권

셋째, 가장 중요한 것으로 두 기관의 직권이 다르다. 즉 전국인대

의 직권이 상징적이고 비일상적인 성격을 띠고 있다면, 전국인대 상무위원회의 직권은 실제적이고 일상적인 성격을 띠고 있다. **표 11-4**는 이를 정리한 것이다.

표 11-4 전국인대와 전국인대 상무위원회의 직권 비교

직권	전국인대	전국인대 상무위원회
입법권	· 헌법 제정과 수정 · 기본법률	· 기타 법률 · 기본법률의 부분 수정
법률 해석권	· 없음	· 헌법 및 법률 해석
중대사항 결정권	· 성/자치구/직할시의 설치 · 특별행정구 설립 · 전쟁과 평화 문제	· 외국 조약 및 협정 비준(폐기) · 군인/외교관의 계급 제도 · 국가 훈장/명예 칭호 부여 · 특별 사면 · 비상시 전쟁 선포 · 전국 전체 혹은 부분 동원령 선포 · 전국 혹은 일부 지역 긴급사태 선포
인사권	· 국가주석과 부주석 선거와 파면 · 국무원 총리와 국무원 구성인원의 인선 결정과 파면 · 중앙군위 주석 선거와 파면 · 중앙군위 위원 인선 결정과 파면 · 국가감찰위원회 주임 선거와 파면 · 최고법원장/검찰장 선거와 파면	· 국무원 부총리/구성인원 부분 인선 결정 · 중앙군위 부주석/위원 부분 인선 결정 · 국가감찰위원회 부주임/위원 임면 · 최고법원 부원장/심판원/심판위원 임면 · 최고검찰원 부검찰장/검찰원/검찰위원/성급 검찰원 검찰장 임면 · 해외 전권대사 임면
감독권	· 헌법 감독 · 국민경제/사회발전 계획 및 집행 상황의 심의 비준 · 예산안과 집행 상황의 심의 비준 · 전국인대 상무위원회의 부당 결정 수정과 폐기	· 헌법 해석과 헌법 감독 · 국민경제와 사회발전 계획 부분 조정 · 국무원/중앙군위/최고법원/최고검찰원의 업무 감독 · 국무원 행정법규의 위헌·위법 심사 · 지방인대 지방성법규의 위헌·위법 심사
직권 총수	16개	22개

예를 들어 입법권의 경우, 전국인대는 헌법·민법·형법 등 '기본법률' 제정권을 갖고 있다. 그런데 이런 법률은 종류가 한정되어 있을 뿐만 아니라 자주 제정하는 법률도 아니다. 이에 비해 전국인대 상무위원회는 '기타 법률'의 제정권과 기본법률의 수정권을 갖고 있다. 기타 법률은 법률의 대다수를 차지하기 때문에, 또한 전국인대 상무위원회도 전국인대의 위임을 받아 기본법률을 제정하거나 수정할 수 있으므로 전국인대 상무위원회의 입법권은 범위가 훨씬 넓다.

이들의 역할도 이와 비슷하다. 즉 전국인대가 상징적인 역할을 주로 수행한다면, 전국인대 상무위원회는 실제적인 역할을 주로 수행한다. 예를 들어, 전국인대는 5년에 한 번 국가기관의 최고 지도자를 선출하거나 결정함으로써 이들에게 합법성을 부여한다. 또한 매년 한 번씩 계층·정당·조직·민족 등을 대표하는 전국인대 대표들이 모여 경제 및 사회발전 계획과 국가예산안을 심의하고 비준하는 행위도 감독보다는 통치의 합법성과 정통성을 부여하는 상징적인 의미가 크다. 이에 비해 전국인대 상무위원회는 다른 국가기관의 업무를 일상적으로 감독하고, 통치 활동에 필요한 법률을 수시로 제정하는 등 실제적인 활동을 전개한다.

'이중구조 현상'의 의미

전국인대의 이중구조 현상은 양면적인 성격을 띠고 있다. 먼저 이 현상은 의회 역할을 강화하는 데 도움을 주었다. 이것은 〈82헌법〉을 제정하면서 등장했지만, 완전한 모습을 갖추게 된 것은 의회 지도부가 전국인대 상무위원회의 구성·조직·활동을 강화한 이후였다. 앞에서 말했듯이, 〈82헌법〉의 제정 과정에서는 전국인대 그 자체의 역할을 강화하는 방안이 제시되었지만 채택되지 않았다. 이런 상황에서 의회 지도자들은 전국인대 상무위원회와 전문위원회를 개선하고 활발히 활동함으로써 의회 위상을 높이고 역할을 강화할 수밖에 없었다.

그러나 이중구조 현상은 의회 발전에 부정적인 영향을 미쳤다. 우선 이 현상은 의회의 위상 제고와 역할 강화가 전국인대 대표의 참여를 배제한 형태로 이루어졌다는 사실을 보여준다. 즉 이 현상에 의해 의회 활동이 활성화되었어도 대표는 여전히 겸직 대표로서 1년에 2주 정도인 개회 기간에만 의정 활동에 참여할 수 있을 뿐이다(물론 폐회 기간에도 대표 활동을 전개하지만, 그 한계는 분명하다). 이처럼 이 현상으로 인해 전국인대 대표가 '상임대표'에 의해 다시 대표되고, 이들 상임대표가 의회 활동을 수행하는 옥상옥의 문제가 생겼다.

또한 이중구조 현상은 의회 활동이 공산당의 강한 통제하에 이루어지도록 만들었다. 다시 말해, 공산당이 의회를 통제하기 위한 책략의 결과로 이중구조 현상이 등장했다는 것이다. 공산당 중앙이 전국인대 대표 선거를 주도하지만, 이들 대표가 모두 공산당 중앙이 관리하는 간부직무명칭표에 속하지는 않는다. 그러나 전국인대 상무위원회 위원은 전원 공산당 중앙이 관리하는 간부(黨管幹部)로, 공산당의 엄격한 통제를 받는다. 이들이 의정 활동을 주도함으로써 전국인대는 공산당 중앙의 통제를 벗어날 수 없는 것이다.

마지막으로 이중구조 현상은 중국 의회를 분석할 때 주의할 점을 알려준다. 즉 중국 의회의 역할을 분석할 때는 전국인대 그 자체(전국인대 대표·직권·활동)와 함께 전국인대 상무위원회(위원·직권·활동)도 반드시 보아야 한다는 것이다. 오히려 전자보다는 후자에 집중해서 보는 것이 타당하다. 왜냐하면 의회의 실제 활동은 전국인대 상무위원회가 수행하기 때문이다.

따라서 만약 1년 한 번, 2주 회기로 개최되는 전국인대 연례회의만 보고 중국 의회는 '고무도장(橡皮圖章, rubber stamps)'이나 '거수기(擧手器, yesmen)'에 지나지 않는다고 평가한다면, 이는 잘못이다. 일상적으로 활동하는 전국인대 상무위원회와 전문위원회는 전국인대와는 상당히 다르고, 실제로 그 역할이 강화되었기 때문이다. 이는 지방 의회에도 그대로 적용된다.

중국 의회의 역할 강화: '선택적 역할 강화 현상'

중국 의회의 역할 수행을 분석할 때는 '선택적 역할 강화 현상'에 주목해야 한다. 이는 '중앙 및 지방 의회가 행정단위별(級別)로 비교적 분명한 차이를 보이면서 역할이 강화된 현상'을 가리킨다.

구체적으로 전국인대는 입법을 중심으로 역할이 강화되었고, 현급(顯級) 인대는 감독을 중심으로 역할이 강화되었다. 이처럼 전국인대와 현급 인대의 역할은 상당히 다르고, 따라서 이들은 의회 역할의 양극단에 위치한다고 말할 수 있다. 반면 성급(省級) 및 시급(市級) 인대는 입법 활동을 강조한다는 점에서는 전국인대와 비슷하지만, 감독 활동도 비교적 활발히 전개하고 있다는 점에서는 현급 인대와 비슷하다. 이런 면에서 이들은 전국인대와 현급 인대의 중간에 위치한다고 평가할 수 있다.

전국인대의 입법 역할 강화

개혁기에 전국인대가 보여준 활동을 평가할 때, '가장 특출한 성과'를 거둔 영역은 입법이다. 두 가지의 평가 기준, 즉 입법 산출과 입법 자율성(autonomy)에서 평가할 때, 전국인대의 입법 역할은 분명히 강화되었다.

입법 산출의 증가

첫째, 전국인대가 제정한 법률과 법률 관련 결정(決定)—법률과 동등한 효력을 가짐—이 급격하게 증가했다. 예를 들어, 전국인대가 개혁 이전인 1949년 9월부터 1978년 말까지 약 30년 동안 제정한 법률은 단지 15건뿐이다. 만약 여기에 세 차례(1954년, 1975년, 1978년) 제정된 〈헌법〉을 포함하면 모두 18건에 불과하다. 특히 문화대혁명 10년(1966~1976년) 동안에는 단 한 건의 법률만이 제정되었다.

이에 비해 **표 11-5**에 따르면, 제6기 전국인대 시기(1983~1988년)부터 제13기 전국인대 시기(2018~2023년)까지 40년 동안 전국인대는 모두 776건의 입법 활동을 전개했다. 이는 전국인대의 입법 활동이 개혁기에 들어와서 크게 활성화되었다는 사실을 보여준다.

입법 자율성의 증가

둘째, 전국인대의 입법 자율성, 즉 공산당 중앙의 간섭 없이 전국인대가 독자적인 판단하에 법률을 제정할 수 있는 권한이 크게 확대되었다. 입법 자율성의 증대는 전국인대의 입법 역할이 실제로 얼마나 강화되었나를 판단하는 매우 중요한 기준이 된다. 의회의 입법 산출이

표 11-5 전국인대와 전국인대 상무위원회의 입법 통계(1983~2018년)

시기(년)		헌법 (수정)	법률 (제정·수정)	법률 해석	법률 결정	소계	
6기 (1983~1988)	전국인대	0	6	0	6	12	65
	상무위원회	-	36	0	17	53	
7기 (1988~1993)	전국인대	1	11	0	15	27	88
	상무위원회	-	38	0	23	61	
8기 (1993~1998)	전국인대	1	8	0	17	26	119
	상무위원회	-	70	1	22	93	
9기 (1998~2003)	전국인대	1	3	0	9	13	114
	상무위원회	-	72	8	21	101	
10기 (2003~2008)	전국인대	1	3	0	8	12	100
	상무위원회	-	69	5	14	88	
11기 (2008~2013)	전국인대	0	2	0	6	8	86
	상무위원회	-	63	2	13	78	
12기 (2013~2018)	전국인대	0	3	0	6	9	124
	상무위원회	-	69	9	40	115	
13기 (2018~2023)*	전국인대	1	75	0	4	80	80
	상무위원회	-					
총계		5	528	25	221	776	776

〈해설〉 * 13기 전국인대 시기의 법률 통계 자료는 전국인대와 전국인대 상무위원회를 구분하지 않았다.

아무리 증가했어도 만약 그것이 공산당 중앙과 국무원이 주도권을 쥐고 있는 상태에서 전국인대는 단지 기술적이고 절차적인 역할만 수행한 결과라고 한다면, 전국인대의 입법 역할이 강화되었다고 주장할 수는 없다.

전국인대의 입법 자율성은 〈입법 공작 영도 강화 의견(意見)〉(1991)(일명 '중앙 8호' 문건)이라는 공산당 중앙의 내부 문건에 의해 공식화되었다 (자세한 내용은 뒤에서 검토한다). 이에 따르면, 〈헌법〉 등 일부 중요한 법률을 제외한 나머지 법률은 전국인대가 자율적으로 제정할 수 있다. 모든 법률을 공산당 중앙에 보고해야 했던 이전과 비교할 때, 이는 획기적인 변화다. 그래서 전국인대 지도자들은 〈의견〉을 매우 높게 평가했다. 즉 공산당 중앙이 "전국인대가 〈헌법〉에 근거하여 효과적으로 입법권을 행사하도록 충분히 존중하고 지지"한다는 것이다.

그러나 전국인대의 감독 역할은 그렇게 강화되지 않았다. 정부 예산안 심의를 사례로 살펴보면, 전국인대는 정부 예산감독을 강화하기 위해 1990년대 중반 이후 많이 노력했다. 예를 들어, 1998년 12월에는 이를 전담하는 예산공작위원회(豫算工作委員會)를 전국인대 상무위원회의 공작기구로 신설했다. 또한 1999년 12월에는 〈중앙 예산 심사 감독 강화 결정〉이라는 법률 성격의 결정을 통과시켰다.

그렇지만 현재까지 전국인대의 재정감독이 그렇게 힘 있게 전개되고 있다고는 말할 수 없다. 예를 들어, 예산공작위원회에는 여전히 10여 명의 인원이 있을 뿐이다. 또한 예산 심사는 구체적인 항목과 계수(수치)가 아니라 예산 편성의 기본원칙에 대한 추상적인 심사가 주를 이룬다. 심사 방식도 세목별 심사를 통해 구체적인 액수를 조정하는 한국 국회의 방식이 아니라, 전체 예산을 일괄적으로 심사하여 통과 여부만을 결정하는 총괄 심사 방식으로 진행된다. 이런 이유로 전국인대의 재정감독은 여전히 문제가 많다.

성급 및 시급 인대의 역할 강화

입법 역할

성급 및 시급 인대는 전국인대처럼 입법 산출과 입법 자율성 두 가지 면에서 보았을 때 역할이 강화되었고 말할 수 있다. 먼저, 성급 인대의 입법 산출은 급격하게 증가했다. 특히 제8기 전국인대 시기 (1993~1997년)에 이들은 연평균 876건의 지방성법규(地方性法規)를 제정하거나 수정했다. 그 결과 2003년에는 전국적으로 8,000건이 넘는 지방성법규가 있었다.

성급 인대의 입법 자율성 증가도 전국인대와 대동소이하다. 즉 1990년대 들어 의회는 중요하거나 정치적으로 민감한 법규를 제정할 때 지방 공산당 위원회에 보고하는 것을 제외하고 일반 법규는 자신의 판단과 권한 하에서 제정할 수 있게 된 것이다. 예를 들어, 상하이시 인대에서는 2000년부터 10년 동안 입법과정에서 공산당 위원회에 사전에 승인을 요청한 개별 법규가 단 한 건도 없었다.

감독 활동

성급 인대는 전국인대와는 달리 감독도 적극적으로 전개했고, 일부 지역은 입법뿐만 아니라 감독에서도 적지 않은 성과를 거두었다. 다만 현급 인대와 비교해서는 그렇게 강화되지 않았다. 그래서 성급 인대는 전국인대와 현급 인대의 중간에 있다고 말한 것이다. 이는 시급 인대도 마찬가지다.

첫째, 인사직무평가(述職評議), 업무평가(工作評議), 개별 안건 감독(個

案監督) 등 법률에는 없지만 뛰어난 감독 효과를 자랑하는 새로운 감독 수단을 채택했다. 예를 들어, 2002년 무렵 전국 31개 성급 인대 중에서 톈진시(天津市)와 티베트(西藏) 자치구를 제외한 29개가 업무평가 감독을 도입해서 정부와 법원을 감독했다.

둘째, 일부 성급 인대는 질문권(質詢權, interpellation)과 특별조사위원회(特定問題的調查委員會) 구성 등 비교적 강력한 감독 수단을 동원하여 정부와 법원을 감독했다. 예를 들어, 1996년에는 쓰촨성(四川省) 인대가 쓰촨성 고등법원을 대상으로, 1999년에는 허난성(河南省) 인대가 성 정부를 대상으로 질문권을 행사한 것이 대표적인 예다.

셋째, 좌담회 개최, 지방성법규(지방조례) 제정 등의 방식을 통해 관할 내에 있는 하급 지방 인대가 감독 활동을 적극적으로 전개하도록 격려하고 지원했다. 예를 들어, 저장성(浙江省) 및 산시성(陝西省) 인대는 현급 인대가 직무평가 감독을 도입하도록 적극 격려했고, 그 결과 1995년 무렵 저장성은 약 90%, 산시성은 100%의 현급 인대가 이 감독을 도입했다.

현급 인대의 역할 강화

1980년대 초부터 의회 지도자와 관계자는 지방 의회의 가장 중요하고 일상적인 활동은 감독이라고 강조했다. 실제로 개혁기에 들어 지방 의회는 감독에 많은 시간과 노력을 투자했고, 적지 않은 성과를 거두었다. 특히 현급 인대는 몇 가지 이유로 감독 활동에 더욱 집중해야만 했다.

우선 현급 인대는 성급 및 시급 인대와 달리 입법권이 없다. 따라서 이들은 감독 활동에 집중할 수밖에 없다. 또한 현급 인대 대표는 성급 및 시급 인대 대표나 전국인대 대표와는 달리 유권자의 직접선거로 선출된다. 그래서 이들은 국가기관에 대한 감독과 관련해서 지역 주민의 요구에 민감할 수밖에 없다. 마지막으로 이들은 향급 인대와는 달리 독자적이고 일상적으로 감독 활동을 전개할 수 있는 상설 조직, 즉 상무위원회와 전문위원회(공작위원회)를 갖추고 있다.

중국 의회는 국가기관을 감독할 때 다양한 방법을 사용한다. 우선 〈헌법〉과 〈감독법(監督法)〉(2006년 제정)이 부여한 수단, 소위 '법정 수단(法定手段)'이 있다. 예를 들어, 매년 개최되는 인대 연례회의와 2개월에 1회 개최되는 인대 상무위원회 회의는 정부 업무보고(工作報告)를 청취하고 심의한다. 또한 필요할 경우 특정 문제와 관련하여 정부 부서에 문제를 제기하고 해명을 듣는 질문권을 행사하거나, 특별조사위원회를 구성하여 조사를 진행한다.

그런데 법정 감독 수단은 주로 짧은 개회 기간(지방인대는 1년에 1주일 정도)에 비교적 까다로운 절차를 거쳐야만 사용할 수 있다(정부 업무보고 청취와 심의는 아니다). 또한 어렵게 법정 감독 수단을 동원해서 감독 활동을 전개해도 정부 활동을 통제하는 실제 효과가 그렇게 크다고 보장할 수도 없다. 이 때문에 지방 의회는 폐회 기간에 감독 역할을 강화하기 위해 1980년대 초부터 법률에 규정되어 있지 않은 다양한 방법을 개발하여 사용하기 시작했다.

예를 들어, 국가기관의 법률 및 정책 집행 상황을 조사하고 문제점을 찾아내어 시정하도록 강제하는 법률 집행 감독(執法檢查, examination of law enforcement)이 있다. 이것은 일부 지방 의회가 1980년대에 개발하여 1990년대 들어서는 전국적으로 사용된 방법이다. 의회가 국가기관과 공직자를 대상으로 직무 수행 정도를 조사하고 평가하는 직무평가(評議, performance appraisal) 감독도 역시 1980년대에 일부 지역에서 사용되기 시작하여 1990년대는 전국적으로 확대된 감독 방법이다. 여기에는 부서 책임자를 대상으로 하는 인사직무평가(述職評議, self-reporting of performance appraisal)와 부서 전체를 대상으로 하는 업무평가(工作評議, work appraisal) 혹은 대표평가(代表評議, deputies appraisal)가 있다.

'선택적 역할 강화 현상'을 초래한 원인

이상에서 살펴보았듯이, 중국 의회는 행정단위에 따라 역할 수행 면에서 비교적 분명한 차이를 보인다. 그렇다면 왜 이러한 차이가 발생했을까? 공산당과 다른 국가기관 간의 실제 권력관계 때문에 이런 현상이 발생한다.

법적 관계와 실제 관계의 괴리

현재 공산당·의회·정부 간의 법적 관계와 실제 권력관계 간에는 심한 괴리가 있다. 법적으로 전국인대는 '최고 국가 권력기관'이고, 지방인대는 해당 지역의 '국가 권력기관'이다. 이에 비해 정부는 의회의 집행기관에 불과하다. 이처럼 법적으로 보면 전국인대와 지방인대는 입법뿐만 아니라 감독에서도 권한을 행사할 수 있고, 그 결과 행정단위별로 역할 수행에서 차이가 나는 현상이 나타나지 않아야 한다.

그러나 실제 권력관계는 그렇지 않다. 우선 공산당은 간부 관리(黨管幹部) 원칙에 따라 국가기관과 사회단체의 고위 인사에 대한 추천권,

사실상의 결정권을 행사한다. 이 때문에 의회의 인사 감독은 제약받지 않을 수 없다. 정책 결정권도 마찬가지다. 즉 공산당은 주요 정책에 대한 결정권을 보유한 사회주의 사업의 '영도 핵심'이고, 의회와 정부는 각자 자신의 영역에서 이것을 집행하는 국가기관일 뿐이다. 이 때문에 공산당과 의회 간의 실제 권력관계에서 의회는 절대적인 열세에 있다.

한편, 각 국가기관의 실제 관계는 법적 관계와는 달리 그들의 정치적 지위와 실제 능력이 어떤가에 따라 결정된다. 이런 면에서 보면 전국인대가 아닌 국무원이, 지방인대가 아닌 지방 정부가 실제 권력 면에서 우월한 위치를 차지하고 있다. 예를 들어, 정부 지도부의 당내 지위가 의회 지도부의 당내 지위보다 높기 때문이다. 중국에서 "국가에서는 의회가 정부를 감독하지만, 당내에서는 정부가 의회를 감독한다"라는 말이 있는 것은 이 때문이다.

그 결과 전국인대와 성급 및 시급 인대의 감독은 심한 제약을 받을 수밖에 없다. 왜냐하면 입법과는 달리 감독은 정부와 법원·검찰원, 상황에 따라서는 공산당의 권한을 통제하는 것이고, 이런 이유로 감독 활동에서는 이들 간의 법적 관계가 아니라 실제 권력관계가 문제가 되기 때문이다. 이렇게 되면 실제 권력관계에서 약자인 의회는 정부를 제대로 감독할 수 없다.

예를 들어, 전국인대가 국무원을 감독한 결과에 근거해서 공산당 중앙이 임명한 국무원 부서의 책임자, 즉 부장(部長)이나 주임(主任)을 파면하는 일은 현재로서는 상상하기 어렵다. 국무원 총리나 최고법원장의 파면은 말할 필요도 없다. 이것은 전국인대가 공산당 중앙의 인사권에 도전하는 활동으로 비추어질 수 있기 때문이다. 성급 및 시급 인대도 마찬가지다. 이처럼 공산당·정부·의회 간의 실제 권력관계로 인해 전국인대와 성급·시급 인대의 감독 역할은 지금까지 크게 강화될 수 없었다.

현급 인대의 유리한 조건

이에 비해 현급 인대는 감독과 관련해서 상급 인대보다 유리한 위치에 있다. 우선 이들은 공산당 중앙의 방침과 지지 속에서 조금 더 과감하게 정부와 소속 공무원을 감독할 수 있다. 1989년 톈안먼 민주화 운동 이후, 공산당은 당정간부의 부정부패가 정권의 생존에 영향을 미치는 중대한 문제라는 판단하에 이를 해결하기 위해 여러 가지 방법을 동원했다. 그중 하나가 바로 의회를 통해 지방 정부와 공무원을 감독하는 것이다. 이 때문에 지방 정부는 자신의 의지나 선호와는 상관없이 공산당 중앙과 상급 공산당의 정책에 의해 의회 감독을 수용할 수밖에 없다.

이러한 추세는 1990년대 들어 의법치국(依法治國: 법률에 근거한 국가 통치)과 의법집권(依法執政: 법률에 근거한 집권) 방침이 시행되면서 더욱 강화되었다. 그 결과 현급 인대는 비록 동급 단위의 실제 권력관계에서 공산당이나 정부와 비교해서 열세에 있다는 점에서는 전국인대와 성급·시급 인대와 크게 다르지 않지만, 중앙과 상급 공산당의 지지 속에서 활동할 수 있다는 점에서는 큰 차이가 있다. 이런 지지에 힘입어 현급 인대는 과감하게 국가기관과 공무원을 감독할 수 있고, 그 결과로 감독 역할이 강화될 수 있었다.

12장
의회의 입법 활동

중국의 입법 체제

중국의 입법 체제(legislation system)는 중앙과 지방의 '이급(二級)'과 다양한 입법 주체가 관계하는 '다층(多層)'의 체제, 즉 '이급 다층체제(two-level, multilayer system)'라고 말할 수 있다. **표 12-1**은 이를 정리한 것이다.

중앙 단위에는 전국인대와 국무원, 지방 단위에는 성급 인대와 정부, 시급(市級) 인대와 정부, 전국인대로부터 입법권을 부여받은 경제특구 지역의 인대, 소수민족 지역인 자치주(自治州)와 자치현(自治縣)의 인대가 입법권을 행사한다.

이와 같은 '이급 다층체제'에서 중앙 단위의 입법 주체는 공산당 중앙, 전국인대, 국무원이다. 우선 공산당 중앙은 법률이나 법규를 제정하는 입법기관은 아니지만, 입법과정에서 매우 중요한 역할을 담당한

표 12-1 중국의 입법 체제

층위	입법기관		입법 형식	조건
중앙 입법	전국인대	전국인대	헌법·기본법률	-
		상무위원회	· 기타 법률 · 기본법률 수정	· 기본법률 수정 시 법률 기본원칙 준수
	국무원	국무원	행정법규	· 헌법과 법률에 근거할 것
		부·위원회	행정규장	· 헌법/법률/행정법규에 근거할 것 · 국무원에 비치(備案)
지방 입법	성급 (省級)	성·직할시 인대	· 지방성법규	· 헌법/법률/행정법규에 저촉되지 않을 것 · 전국인대 상무위원회와 국무원 비치
		자치구 인대	· 자치법규 · 단행조례 · 지방성법규	· 자치법규와 단행조례: 전국인대 비준 · 지방성법규: 성·직할시 인대와 같음
		성·시· 자치구 정부	· 지방규장	· 헌법/법률/행정법규/지방성법규(성급)에 저촉되지 않을 것
	경제특구 (수권 입법)	인대	· 지방성법규	· 헌법/법률/행정법규의 기본원칙 준수 · 전국인대 상무위원회, 국무원, 성급 인대 상무위원회 비치
		정부	· 지방규장	· 헌법/법률/행정법규/지방성법규(성급)에 저촉되지 않을 것
	시급 (市級)	인대	· 지방성법규	· 헌법/법률/행정규장/지방성법규(성급)에 저촉되지 않을 것 · 성급 인대 상무위원회 비준 · 전국인대 상무위원회와 국무원 비치
		정부	· 지방규장	· 헌법/법률/행정규장/지방성법규(성급)에 저촉되지 않을 것
	자치주· 자치현	인대	· 자치조례 · 단행조례	· 성급 인대 상무위원회 비준 · 전국인대 상무위원회 비치

〈해설〉 수권입법(授權立法): 경제특구는 전국인대로부터 입법권을 받아 지역에 필요한 지방성법규를 제정할 수 있다. 여기에는 선전(深圳), 주하이(珠海), 샤먼(廈門), 산터우(汕頭) 등 1979년에 지정된 네 곳과 1988년에 지정된 하이난성(海南省)이 포함된다. 지방성법규 제정권을 가진 시급(市級) 지역은 '구를 설치한 시(設區的市)'로서 모두 235개 지역이다.

다. 반면 전국인대는 다른 어떤 국가기관도 수행할 수 없는 〈헌법〉과 법률을 제정하는 국가 입법기관이다. 이에 비해 국무원은 전국인대와 상관없이 독자적으로 행정법규를 제정할 수 있는 행정기관이다. 또한 국무원은 전국인대가 제정하는 법률의 80% 정도의 초안을 작성한다.

이처럼 중국의 입법 체제는 다양한 주체들로 구성되어 있고, 따라서 어떤 법률이 제정될 때는 이런 입법 주체가 관여한다. 그래서 법안은 다양한 입법 주체의 상호작용 속에서 변화를 겪으면서 최종적으로 법률이 된다.

공산당과 의회 간의 관계: 입법 자율성 문제

공산당 중앙이 수행하는 입법 영도는 1991년에 발표한 '중앙 8호' 문건, 즉 〈입법 공작 영도 강화 의견〉에 잘 나와 있다. 이에 따르면, 공산당은 '중요한' 법안, 즉 "〈헌법〉, 정치 관련 법률, 중대한 경제 및 행정 관련 법률"의 기초와 심의 과정에 직접 개입한다. 그러나 이를 제외한 다른 법률을 제정할 때는 전국인대 상무위원회 당조(黨組)가 공산당 중앙에 보고할지를 스스로 결정할 수 있다.

먼저, '헌법'은 공산당 중앙만이 개정안을 발의할 수 있고, 〈헌법〉 개정안의 기초와 심의도 공산당 중앙이 직접 담당한다. 구체적으로 공산당 정치국은 〈헌법〉 개정의 필요성을 제기하고, 개정 여부를 결정한다. 또한 공산당 중앙위원회 혹은 정치국은 〈헌법〉 개정안을 토론하여 확정하고, 이를 공산당 중앙의 명의로 전국인대에 제출한다. 이처럼

〈헌법〉에 대해서는 공산당 중앙만이 입법권을 행사할 수 있다. 물론 법적으로는 전국인대 대표도 〈헌법〉 수정을 요구할 수 있지만, 실제로 그렇게 한 경우는 없었다.

다음으로, '정치 관련 법률'은 법안을 기초하기 전에 기초 담당 기관이 법률의 지도 사상과 입법 원칙을 전국인대 상무위원회 당조를 통해 공산당 중앙(즉, 정치국과 정치국 상무위원회)에 보고하여 승인받아야 한다. 다시 말해, 정치 관련 법률의 제정은 초안 작성 이전에 공산당 중앙의 사전 승인이 필수다. 여기에는 전국인대, 국무원, 최고법원·검찰원, 국가감찰위원회, 중앙군사위원회 등 국가기관의 구성과 운영에 관한 법률, 입법·감독·행정 등 국가기관의 직무 및 활동에 관한 법률 등이 포함된다.

마지막으로, '정치 관련 법률'과 '중대한 경제 및 행정 관련 법률'은 초안이 완성되어 전국인대(상무위원회)가 본격적인 심의에 들어가기 전에 전국인대 상무위원회 당조를 통해 공산당 중앙에 초안을 보고하고 승인받아야 한다. 즉 '정치 관련 법률'과 '중대한 경제 및 행정 관련 법률'은 공산당 중앙의 사전심의를 거쳐야만 전국인대(상무위원회)가 법안 심의에 들어갈 수 있다. 이런 이유로 이 범주에 속하는 중요한 법률은 공산당 중앙의 방침에 따라 공산당이 요구하는 내용을 담을 수밖에 없다.

반면 이런 범주에 속하지 않는 나머지 법률에 대해서는 전국인대 상무위원회 당조가 그것을 공산당 중앙에 보고할지를 자체적으로 결정할 수 있다. 이런 면에서는 전국인대의 입법 자율성이 크게 높아졌다고 말할 수 있다. 의회 지도부가 '중앙 8호' 문건을 매우 높게 평가한 이유는 바로 이 때문이다.

한편, 공산당 중앙이 '중앙 8호' 문건을 제정하여 실행한 것처럼, 지방 공산당 위원회도 유사하게 관련 규정을 제정하여 실행한다. 예를 들어, 공산당 저장성(浙江省) 위원회는 1996년에 〈지방 입법 강화 의견〉을 제정하여, 공산당이 법규 제정 전에 토론해야 하는 종류를 명시했다. 첫째는 정치, 둘째는 중대한 경제 및 행정, 셋째는 국민경제 발전 및 거시경제 관리와 관리 체제, 넷째는 국민 권리와 의무, 다섯째는 대만과 화교, 여섯째는 외교와 군사 관련 법규다.

정부와 의회 간의 관계: 부서 이기주의 문제

의회의 입법과정에서 나타나는 의회-정부 간의 관계는 의회-공산당 간의 관계와는 성격이 다르다. 의회-공산당 간의 관계에서 핵심은 의회의 입법 자율성 확보 여부다. 이에 비해 의회-정부 간의 관계는 '권력기관 대 집행기관'으로 법적으로는 의회가 정부보다 우위에 있으므로 이런 성격의 문제는 발생하지 않는다.

정부의 입법 주도권 행사

대신 의회-정부 간에는 정치적 지위·조직·인원·재정 등 거의 모든 면에서 월등한 지위에 있는 정부가 입법과정을 주도하면서 발생하는 문제, 즉 정부의 '부서 이기주의(部門主義, departmentalism)'가 핵심 문제다. 이런 면에서 의회가 당면한 최대 과제는 정부의 입법 주도와 그것에 의해 발생하는 부서 이기주의 문제를 해결하는 일이다.

정부는 의회 내에서 이루어지는 입법과정에서 중요한 역할을 담당한다. 우선 입법 제기와 관련하여 매년 제정되는 법규의 대다수는 정부가 요청한 것이다. 예를 들어, 2000년에서 2002년까지 3년 동안 상하이시 인대의 입법계획에 포함된 총 41건의 법규 중에서 35건(전체의 85.4%)이 정부가 요청한 것이다. 이는 다른 국가에서 나타나고 있는 '90% 규칙(90 percent rule)', 즉 정부가 법안의 90%를 제청하고, 정부가 제청한 법안의 90%는 통과되는 현상이 중국에도 나타나고 있다는 사실을 보여준다.

또한 의회가 제정하는 법규의 대다수는 정부가 초안을 작성한다. 예를 들어, 1998년에서 2002년까지 상하이시 인대가 제정한 40건의 법규 중에서 정부가 기초한 것이 34건(85%)이고, 의회가 기초한 것은 6건(15%)뿐이다.

정부 부서 이기주의의 사례와 문제점

입법과정에서 나타나는 정부의 부서 이기주의는 '특정 부서가 법규 초안을 기초하면서 자신의 권한은 확대하고 책임은 회피하는 현상'을 말한다. 여기에는 수많은 사례가 있고, 문제도 역시 마찬가지다.

부서 이기주의의 사례

정부의 부서 이기주의는 구체적으로 다음과 같은 방식으로 나타난다. 첫째, 법안 기초 부서는 입법을 통해 여러 부서로 분산된 권한을 자신의 것으로 귀속시킨다. 예를 들어, 수자원 관리는 수리부서와 농업부서 등에서 공동으로 맡아왔는데, 법안 기초 부서는 이것을 자신의 권한으로 만드는 것이다.

둘째, 법안 기초를 담당한 부서는 입법을 통해 새로 생긴 업무의 관할권을 독점한다. 예를 들어, 사회보장 업무는 조직·노동·인사·재정 관련 부서가 분할하거나 공동으로 관리하는 것이 상례인데, 법안 기초 부서는 그것을 자기 부서의 독점적인 관할권으로 만든다.

셋째, 법안 기초 부서는 인허가권·처벌권·증명서 발급권 등 부서의 이익을 증진할 수 있는 권한은 최대한 확대하고, 반대로 부서가 담당해야 하는 책임과 의무는 최대한 축소하는 방향으로 초안을 작성한다.

넷째, 정부 부서가 입법을 통해 자기 부서에 속한 기업의 이익을 보장하거나 확대하는 일도 많이 있다. 예를 들어, '소방 관리 조례' 제정을 통해 소방 용품은 반드시 정부 소방부서의 비준을 받은 것만 사용하게 하거나, '건축 시장 관리 조례'를 통해 건축자재와 설비는 반드시 정부 건축 관리 부서가 지정하는 것만 사용하게 만드는 것이다.

부서 이기주의의 문제점

정부의 부서 이기주의는 현실적으로 많은 문제를 야기하고 있다. 우선 사회적으로 시급한 법률이 정부 부서 간의 이권 다툼으로 인해 지연된다. 예를 들어, 1993년에 국무원 공안부(公安部)가 기초를 시작하여 10년 후인 2003년 10월 전국인대 상무위원회를 통과한 〈도로교통 안전법〉이 있다. 여기서는 농업용 차량에 대한 관할권을 놓고 농업기계 부서와 도로교통 부서가 대립하면서 입법이 지연되었다. 최종적으로 농업용 차량 전체에 대해서는 도로교통 부서가 관리하고, 트랙터 면허증에 대해서만 농업기계 부서가 관리하는 방식으로 타협이 이루어짐으로써 법이 통과될 수 있었다.

복수의 정부 부서가 동일 대상에 대해 서로 모순된 법규를 제정하여 혼란을 일으키는 사례도 있다. 예를 들어, 국도(國道) 운수사업은 정부 교통관리부서, 시내(市內) 운수사업은 정부 도시건설 부서가 관련 법규를 제정했는데, 처벌 규정이 서로 모순되어 집행이 제대로 안 되는 경우가 있다. 부동산 개발과 관련하여 정부 토지관리 부서와 도시건설 부서가 서로 모순되는 규정을 제정한 사례도 있다.

입법제도의 개선과 발전

이처럼 정부 부서 이기주의 문제가 심각해지면서 이 문제를 해결해야 한다는 목소리가 높아갔다. 그 결과 입법과정에서는 의회가 정부의 입법 주도권을 견제하여 부서 이기주의를 막는 것이 최대의 과제가 되었다. 이를 위해 의회는 제도 개혁에 나섰다.

'경험 입법'과 '사전 입법': 입법 이념의 변화

1990년대 들어 입법 이념이 '경험 입법(經驗立法, legislation based on experiences)'에 더해 '사전 입법(超前立法, legislation in advance)'이 등장했다. 1980년대에 의회는 전국인대 위원장이었던 평전이 제기한 경험 입법 이념에 근거하여 법률을 제정했다. 법률은 기본적으로 실제 상황과 경험에 근거해야 하고, 법률의 집행 조건이 성숙해야만 관련 법률을 제정할 수 있다는 것이 경험 입법 이념의 핵심 내용이다. 이에 따라 입법은 현실의 변화를 선도하는 것이 아니라 추종하게 되고, 조건의 미성숙을 들어 시급한 입법이 지연되는 문제가 발생했다.

또한 경험 입법 이념으로 인해 정부가 입법을 주도하는 일이 발생했다. 정부는 이 이념에 따라 법률 대신에 행정법규를 제정하여 실행하고, 그것에 근거하여 입법 시기와 내용을 결정할 수 있다. 이에 비해 의회는 정부가 입법 필요성을 제기하고 초안을 작성하여 제출하기만을 기다리는 수동적인 존재로 전락한다.

그 밖에도 경험 입법 이념에 따른 '법률 도구주의'가 만연한 것도 문제다. 이 이념에 따르면, 법률은 정부가 경제와 사회를 관리하는 도구라는 생각이 지배적이고, 입법을 통해 사전에 국민의 권리를 보장하고 정부 행위를 규제한다는 생각은 약하다.

그런데 1990년대에 들어 설사 법률 집행 조건이 성숙하지 않았어도 필요할 경우 입법을 통해 개혁을 선도해야 한다는 사전 입법 이념이 등장했다. 이 이념에 따라 의회는 사회가 필요로 하는 법률 수요를 조사하여 입법계획을 수립하고, 그 계획에 따라 법률을 제정하는 것이 가능하게 되었다. 동시에 의회와 정부 간의 관계에도 변화가 있었다. 즉 의회가 입법계획의 수립 과정에서 수동적인 존재에서 능동적인 존재로 바뀐 것이다.

또한 사전 입법 이념이 도입됨에 따라 법률 도구주의에서 벗어나 입법을 통해 사전에 국민의 권리를 보호하고 정부 행위를 통제해야 한다는 생각도 널리 퍼지기 시작했다. 〈행정소송법〉(1989년), 〈소비자 권익보호법〉(1993년), 〈국가배상법〉(1994년), 〈행정처벌법〉(1996년), 〈형사소송법〉(1997년), 〈행정재심법(復議法)〉(1999년) 등 국가의 통치 행위를 규제하고, 국민과 소비자의 권리를 보호하는 다양한 법률이 제정된 사실은 이를 잘 보여준다.

입법과정의 제도화: 의회의 주도권 확보

1990년대 들어 입법 이념의 변화와 함께 입법과정의 제도화도 진행되었다. 특히 2000년에 〈입법법(立法法, Legislative Law)〉이 제정되면서 입법제도는 비교적 완전한 체제를 갖출 수 있게 되었다.

의회의 입법계획 주도와 법안 기초의 다원화

먼저 의회가 입법계획을 작성하는 과정에서 주도권을 잡기 시작했다. 예를 들어, 상하이시 인대는 1993년에 최초로 3년 입법계획을 제정했고, 1998년과 2003년에는 5년 장기 입법계획과 1년 단기 입법계획을 각각 작성했다.

이처럼 입법계획을 작성하는 과정에서는 의회가 총괄 업무를 맡는다. 또한 여기에 정부 법제판공실, 공산당 정책연구실, 주요 대학교와 국책연구소가 입법 제안서나 의견서를 제출하는 방식으로 참여한다. 이렇게 되면서 정부가 아니라 의회가 입법계획의 주도권을 행사할 수 있게 된 것이다. 이는 다른 지역도 마찬가지다. 전국인대는 말할 필요도 없다.

또한 정부 부서가 법안 기초(起草, drafting)를 주도하면서 발생했던 부서 이기주의를 예방하는 조치도 취해졌다. 우선 기초 주체를 다원화했다. 의회와 관련된 법규뿐만 아니라 사회 전체에 영향을 미칠 수 있는 중요한 법규를 의회가 직접 기초를 담당한다. 또한 설사 정부 특정 부서가 초안을 기초할 경우도 관련 단체나 전문가를 참여시켜 정부의 전횡을 막으려는 노력도 기울인다.

'개방 입법'의 확대

의회는 법안 심의 과정에서 의견 청취 제도, 소위 '개방 입법(開門立法)' 혹은 '민주 입법(民主立法)' 제도도 확대했다. 여기에는 두 가지 방법이 있다. 하나는 입법청문회(立法廳證會, legislative hearings)나 전문가 좌담회의 개최다. 다른 하나는 법률 초안을 인터넷 홈페이지나 신문 등 언론 매체를 통해 대중에게 공표하여 의견을 듣는 방법이다.

입법청문회는 1999년에 광둥성 인대가 〈광둥성 건설 공정 공개입찰 관리 조례〉를 제정하면서 최초로 도입했다. 이후 〈입법법〉(2000년)에 이 제도를 명문화하면서 전국적으로 확대되었다. 지금은 의회가 중요한 법률을 제정할 때는 대부분 입법청문회를 개최한다. 전국인대도 2001년에 〈혼입법〉을 수정할 때 전문가 좌담회, 공개 의견 수렴과 함께 입법청문회를 개최했다.

대중 의견 청취 제도는 1990년대 후반부터 전국적으로 광범위하게 사용되었다. 최근에 국민 생활과 밀접히 연관된 법률이나 법규를 제정할 때는 거의 보편적으로 초안을 공표하여 대중의 의견을 청취한다. 또한 중요하거나 의견 차이가 심한 법안의 경우에는 관련 분야 전문가들을 초빙하여 좌담회를 개최하여 의견을 조정하기도 한다.

다단계 법안 심의: '3심제'와 '2심3독제'의 도입

그런데 정부의 부서 이기주의 문제를 해결하는 가장 중요한 방법은 의회의 법안 심의 과정을 더욱 엄격하게 만드는 것이다. 법안 기초 주체의 다원화나 입법과정 공개 등은 한계가 있기 때문이다. 이것은 크게 두 가지 제도 개선을 통해 이루어졌다.

첫째는 다단계 법안 심의 제도의 도입이다. 구체적으로 전국인대는 '3심제(三審制)', 지방인대는 '2심3독제(兩審三讀制)'를 도입했다. 예를 들어, 이전에 지방 의회가 법안을 심의할 때는 대개 1차 심의 후 곧바로 법안을 통과시키는 경우가 많았다. 이 때문에 의회의 법안 심의는 형식적이고, 정부 부서가 기초한 대부분 법안은 큰 수정 없이 통과되었다. 그런데 1998년 이후에는 자구(字句) 수정으로 끝나는 것을 제외한 모든 법안은 의회에서 최소한 두 번 심의하고, 세 번째 심의에서 독회 후 표결하는 2심3독제가 도입되었다.

지방인대 상무위원회는 2개월에 1회 의회를 개최하기 때문에 2심3독제가 도입된 이후 법안 심의에는 최소한 4개월이 소요된다. 우선 법규 초안에 대한 의견 대립이 적을 경우는 2차 심의 이후 바로 표결한다. 이러면 4개월 만에 법규를 제정할 수 있다. 그런데 2차 심의 이후에도 이견을 해소하지 못할 경우는 2개월 후에 개최되는 3차 회의 직전까지 심의를 계속한다. 마지막 단계로 3차 회의에서는 토론 없이 수정된 최종안을 정독한 이후에 표결한다. 이렇게 하면 법안 심의에는 최소한 6개월이 걸린다.

전국인대는 지방인대의 입법 심사보다 더욱 까다로운 3심제를 운영하고 있다. 따라서 전국인대(상무위원회)에서 제정되는 법률은 6개월 이상의 심의를 거쳐야만 제정될 수 있다. 참고로 전국인대(상무위원회)가 제정한 전체 법률 중에서 제정 기간이 5년 이상인 것이 48%나 되고, 10년 이상인 것도 12%나 된다. 예를 들어, 2000년에 제정된 〈입법법〉

은 7년이 걸렸고, 2006년에 제정된 〈감독법〉은 20년이 걸렸다. 2024년 여름에 전국인대 상무위원회가 심의를 시작한 〈에너지법(초안)〉도 기초에만 18년이 걸렸다. 이처럼 중요한 법률은 긴 기간의 기초와 지루한 심의 과정을 통해 제정된다.

'통일 심의제'의 도입

둘째는 '통일 심의제(統一審議制)'를 도입한 것이다. 이는 〈입법법〉을 제정하면서 전국인대가 먼저 도입했고, 이후에 지방인대가 뒤를 따랐다. 상하이시 인대를 예로 들면, 전에는 의회의 각 전문위원회가 관련 초안을 심의했다. 이런 경우 법안 심의에서 전문성을 발휘할 수 있다는 장점은 있었지만, 문제도 적지 않았다.

우선 의회 전문위원회와 정부 유관 부서가 밀접히 연관되어 있기 때문에 정부가 기초한 법안에 대해 의회가 엄격히 심사하지 못하는 문제가 발생한다. 즉 정부의 부서 이기주의 문제를 해결하지 못한다. 또한 의회 전문위원회는 심의 과정에서 법안의 적법성보다는 내용을 중시함으로써 통과된 법규가 상위법과 충돌하는 문제가 발생한다. 그 밖에도 의회 전문위원회가 각자 심의하여 통과시킨 법규가 서로 모순된 내용을 담고 있어 실제 집행 과정에서 문제가 발생하는 경우가 있다.

이 문제를 해결하기 위해 의회 법제위원회(法制委員會)가 통일 심의를 주도한다. 반면 다른 전문위원회는 해당 법안을 사전에 심의하고 그 결과를 의회의 1차 심의에 보고하는 역할을 맡는다. 또한 각 전문위원회는 법제위원회가 법안을 통일적으로 심의할 때 관련 회의에 참석하여 자신의 의견을 개진할 수 있는 권리가 있다. 이처럼 법제위원회가 법안에 대해 통일적으로 심의함으로써 정부의 부서 이기주의를 상당히 방지할 수 있게 되었다.

〈상하이시 노동계약 조례〉(2001년) 제정 사례

중국 의회가 실제로 법규를 어떻게 제정하는지를 사례 분석을 통해 살펴보자. 상하이시는 전국에서도 경제가 발달한 지역 중 하나다. 따라서 상하이시 의회는 경제발전을 뒷받침하기 위해 일찍부터 입법 활동을 활발히 전개해왔다. 이런 면에서 상하이시 의회의 입법 활동은 중국 의회의 일상 활동을 엿볼 수 있는 좋은 사례라고 할 수 있다.

특히 상하이시 인대는 전국인대와 다른 지방인대가 아직 법률이나 법규를 제정하지 않은 상황에서 경제발전에 필요한 '창조성(創造性) 법규'를 많이 제정하여 이들이 참고할 수 있는 자료를 제공했다. 이런 면에서 상하이시 인대는 입법 분야에서 '시범지역(試驗田)' 역할을 담당했다고 평가할 수 있다. 마치 광둥성 선전시(深圳市)가 경제특구로서 개혁·개방 정책의 '시범지역' 역할을 담당한 것처럼 말이다.

〈노동계약 조례〉의 성격과 입법 배경

〈상하이시 노동계약(勞動合同) 조례〉(이하 〈노동계약 조례〉)의 제정 과정에서는 정부 부서, 의회 전문위원회, 노조, 기업가단체 간에 심각한 의견 대립과 갈등이 있었다. 이 법규는 기업과 노동자 간의 노동계약 체결을 법률로 규정한 것으로, 노동자뿐만 아니라 기업의 이해와도 밀접히 연관되어 있기 때문이다.

　이에 따라 노동자의 이익을 대변하는 상하이시 총공회는 입법과정에 적극적으로 참여하여 노동자에게 유리한 규정을 담기 위해 노력했다. 반대로 공상업연합회(工商業聯合會, 공상련)와 사영기업가협회(私營企業家協會)와 같은 기업가단체, 업종협회(行業協會: 업종별 직능단체)와 정부 경제위원회(經濟委員會) 같은 관방 단체와 정부 부서는 기업의 이익을 대변하기 위해 노력했다.

　노동계약을 규정하는 상위법인 〈노동법(勞動法)〉은 1994년에 전국인대가 제정했다. 상하이시 정부는 이에 기초하여 1994년에 〈상하이시 노동계약 규정(規定)〉이라는 지방규장(地方規章)을 제정했다. 이후 상하이시에서는 노동 계약제(勞動合同制)가 보편화되었고, 2000년 말 무렵에는 300만여 명의 노동자가 기업과 노동계약을 체결하여 노동계약 체결 비율이 98%에 달했다.

　그런데 〈상하이시 노동계약 규정〉은 변화된 현실을 제대로 반영하지 못함으로써 여러 가지 사회 문제가 발생했다. 예를 들어, 기업이 파산한 후에 노동계약 관계는 어떻게 되는지에 대한 명확한 규정이 없었다. 이런 규정의 미비로 인해 노동계약 관련 노동쟁의 건수가 급증했다. 이에 따라 상하이시 인대는 〈노동계약 조례〉을 2001년도 입법계획에 포함해 법규 제정을 추진했다.

　법규의 초안 작성(起草)은 정부 노동사회보장국(勞動和社會保障局, 노동국)과 경제위원회, 상하이시 총공회가 맡았다. 또한 정부 법제판공실, 상하이시 인대 재정경제위원회와 법제공작위원회도 기초에 참가했다. 실제 법안의 기초 과정을 보면, 정부 노동국이 기초소조(起草小組) 조장, 총공회가 부조장을 맡아 기초를 주도했다. 나머지 정부 부서와 의회 전문위원회는 내부 토론용 초고에 대해 의견을 제시하는 정도였다.

또한 법규 초안 작성 과정에서는 정부 노동국이 정부 대표로서 정부의 경제 방침에 따라 기업 요구와 노동자 요구를 모두 수용하려는 자세를 보였다. 이에 비해 상하이시 총공회는 노동자와 노조의 이익을 대변하려고 노력했다. 그래서 초안 작성 과정에서는 주요 쟁점을 놓고 주로 정부 노동국과 총공회가 첨예하게 맞섰다.

세 가지 쟁점

〈노동계약 조례〉의 제정 과정에서는 세 가지 쟁점이 있었다. 첫째는 입법목적이다. 〈노동계약 조례〉의 상위법인 〈노동법〉 제1조에는 "노동자의 합법적 권익을 보호하고, 노동관계를 조정하여 사회주의 시장경제에 부응하는 노동계약 제도를 수립 및 유지하기 위해 법을 제정한다"라고 밝히고 있다.

상하이시 총공회는 이에 근거하여 만약 법규에 입법목적을 명시해야 한다면 "노동자의 합법적인 권익 보호"가 〈노동계약 조례〉의 제1조에 들어가야 한다고 주장했다. 이에 대해 기업가단체와 정부 경제 관련 부서는 노동계약 당사자의 하나인 기업의 합법적인 권익도 중요하다고 주장했다. 그러면서 "노동계약 쌍방 당사자의 합법적 권익 보호"를 입법목적으로 〈조례〉에 포함할 것을 제기했다.

둘째는 '10+3 규정'의 존폐다. 1994년의 〈상하이시 노동계약 규정〉에는 노동자가 한 기업에서 10년 이상 근무한 경우, 퇴직 직전 3년 동안에는 노동계약을 해지할 수 없다는 조항이 있었다. 이것이 '10+3 규정'이다. 상하이시 총공회는 이 조항이 노동자의 이익을 보호하는 데 필요하다는 근거로 조항의 존속을 주장했다. 반면 기업가단체와 정부 부서는 이것이 시대에 뒤떨어진 낡은 규정임을 들어 폐지를 주장했다.

셋째는 노동계약에 대한 노조의 권한을 강화하는 규정이다. 상하이시 총공회는 약자인 노동자를 보호하기 위해서는 노조가 노동계약 체결과 해지에 개입해야 한다고 주장했다. 그래서 "기업 단독으로 노동계약을 해지할 때는 반드시 노동조합의 의견을 청취해야 하고, 만약 그렇지 않으면 계약 해지는 무효다"라는 규정을 〈노동계약 조례〉에 포함할 것을 주장했다. 이에 대해 정부 부서와 기업가단체는 반대했다. 계약 당사자는 기업과 노동자이지 노조는 아니라는 이유에서였다.

의회 전문위원회 간의 대립: '철의 삼각형' 현상

세 가지 쟁점에 대해 상하이시 인대 전문위원회 간에도 의견 대립이 있었다. 그리고 이것은 상하이시 인대 법제위원회의 조정을 거쳐서 해결될 수 있었다.

의회 전문위원회 간의 의견 대립

상하이시 인대 재정경제위원회(財政經濟委員會, 재경위원회)는 총공회의 입장에 섰다. 먼저, 인대 재경위원회는 상하이시 인대 상무위원회가 1차로 법안을 심의할 때 제출한 〈심의 의견 보고〉에서 〈노동계약 조례〉는 약자인 노동자를 보호해야 하며, 이를 위해서는 초안에 빠진 "노동자의 합법적 권익 보호"라는 입법목적을 추가해야 한다고 주장했다. 다음으로, 의회 재경위원회는 초안에서 '10+3 규정'을 폐지한 것은 경제적 효율성만을 중시한 기업의 입장에 치우친 것으로, 노동자의 권리를 보호하기 위해서는 이 규정도 반드시 유지해야 한다고 주장했다. 마지막으로, 의회 재경위원회는 노동계약에 대한 노조의 권한을 강화하는 규정, 즉 노동계약의 체결과 해지에 노조가 개입할 수 있는 권한을 보장하는 것도 타당한 조항으로 반드시 법규에 포함해야 한다고 주장했다.

그러나 의회 법제위원회는 다른 견해를 주장했다. 우선 입법목적에 대한 의회 재경위원회의 의견을 수용하지 않았다. 동시에 경제단체의 요구도 수용하지 않았다. 그 결과 최종 제정된 〈노동계약 조례〉 제1조에는 "노동관계를 조정하고, 사회주의 시장경제에 부응하는 노동계약 제도를 건립 및 유지하기 위해 법규를 제정한다"라고 규정했다.

또한 의회 법제위원회는 '10+3 규정'을 유지해야 한다는 의회 재경위원회의 주장도 거부했다. 이 규정은 다국적기업에는 적용되지 않고 중국기업에만 적용되는데, 중국이 2001년에 세계무역기구(WTO)에 가입한 이후 이 같은 차별 규정을 두는 것은 합리적이지 않다는 이유에서였다. 게다가 이 규정을 그대로 두면 기업들이 나이 많은 노동자의 고용을 꺼리게 되고, 그렇게 되면 노동자에게도 해가 된다는 이유도 제시했다. 다만 노동계약에 대한 노동조합의 권한을 강화하는 규정은 수용했다.

의회 전문위원회 간에 의견 차이가 발생한 이유

그렇다면 법안 심의 과정에서 상하이시 인대 재경위원회와 법제위원회 간에 이처럼 큰 의견 차이가 발생한 이유는 무엇 때문인가? 여기에는 몇 가지 이유가 있다. 우선 법안 심의에서 무엇에 중점을 두는가에서 차이가 난다. 각 전문위원회는 기본적으로 법규의 내용에 신경을 쓰지만, 법제위원회는 법규의 논리적 타당성과 적법성, 상위법 및 다른 법규와의 충돌 여부에 중점을 둔다.

또한 법안 심의 방식이 다르다. 각 전문위원회는 주로 자신의 독립된 의견에 기초하여 법안을 심의한다. 다시 말해, 각 전문위원회가 법안을 심의할 때는 다른 전문위원회나 전문가 혹은 시민의 의견에 크게 신경을 쓸 필요 없이 자체적으로 실시한 조사와 연구에 기초하여 자신들의 독자적인 심의 의견을 제출하면 된다.

이에 비해 의회 법제위원회는 무엇보다 법안 심의 과정에서 제기된 다른 인대 상무위원회 위원과 대표의 의견, 입법청문회, 좌담회, 언론 매체 공고 등을 통해 청취한 전문가와 대중의 의견에 근거하여 법안을 심의해야 한다. 즉 법제위원회는 독자적인 목소리를 내기보다는 제기된 다양한 의견을 종합하고 정리하는데 더 큰 비중을 둔다.

그런데 보다 직접적인 원인은, 각 전문위원회는 정부 부서 및 사회단체와 밀접히 연관된 것에 비해 의회 법제위원회는 그렇지 않다는 사실이다. 이는 전국인대와 지방인대 모두에 해당한다. 일반적으로 의회 전문위원회, 정부 유관 부서, 사회단체는 매우 밀접한 관계를 유지하고 있다. 이들 전문위원회는 정부 특정 부서나 사회단체와 유사한 '계통(系統)'의 업무를 수행하면서 장기간에 걸쳐 협조 관계를 유지해왔기 때문이다.

또한 의회 전문위원회, 정부 유관 부서, 사회단체 간에는 인적 구성 면에서도 밀접한 관계가 있다. 예를 들어, 의회 재경위원회 주임과 소속 위원의 상당수는 정부 관련 부서나 노조 같은 사회단체의 고위

간부 출신이다. 내무·사법위원회, 교육·과학·문화·위생위원회, 도시건설·환경보호위원회도 마찬가지다. 이런 이유로 이들 전문위원회는 소관 법안을 심의할 때, 정부 관련 부서나 사회단체의 이익을 대변하는 경향이 있다. 이처럼 의회에서 나타나는 다양한 세력 간의 협력 관계를 '철의 삼각형(iron triangle)' 현상이라고 부른다.

이에 비해 의회 법제위원회는 법안의 통일 심의를 담당하기 때문에 정부 특정 부서나 사회단체와 일상적으로 업무를 교류하는 경우가 거의 없다(정부 법제 판공실과는 일상적으로 교류하지만, 법제 판공실이 특정 계층 혹은 집단의 이익을 대변하는 부서가 아니기 때문에 이들 간에는 '철의 삼각형' 현상이 나타나지 않는다). 또한 의회 법제위원회의 경우 정부 특정 부서나 사회단체 출신의 위원이 다수를 차지하는 경우도 거의 없다. 한마디로 말해, 의회 법제위원회는 정부의 특정 부서나 사회단체와 '밀접한 관계'를 맺고 있지 않다.

'철의 삼각형' 현상과 법제위원회의 중재

〈노동계약 조례〉 입법과정에도 이런 '철의 삼각형' 현상이 나타났다. 우선 법규 초안의 작성 과정에서는 정부 노동국이 주로 정부의 경제 관련 부서와 기업가단체의 입장에서 이들에게 유리한 방향으로 법안을 기초했다. 즉 기초 과정에서는 기업 연합 세력(즉, 정부 노동국+경제위원회+기업가단체) 대 노동조합(상하이시 총공회)이라는 대립 구도가 형성되었다.

또한 법안 심의 과정에서는 의회 재경위원회가 총공회의 입장에서 기업에 유리하게 만들어진 법규 초안을 수정하려고 노력했다. 이에 대해 정부의 해당 부서와 기업가단체는 원래의 초안을 유지하려고 노력했다. 즉 법안 심의 과정에서는 기업 연합 세력(즉, 정부 유관 부서+업종협회) 대 노조 연합 세력(의회 재경위원회+상하이시 총공회)의 대립 구도가 형성된 것이다.

반면 의회 법제위원회는 법안의 통일 심의에서 기본적으로는 기업 연합 세력의 입장에 섰지만 동시에 대립하는 두 집단의 견해를 절충하려고 노력했다. 그 결과 세 가지 쟁점 중에서 입법목적과 '10+3 규정' 등 두 가지는 기업에 유리하게 해결되었다. 반면 노동조합의 권한 강화, 즉 노동계약 체결과 해지에 노조가 개입할 수 있는 권한을 부여하는 문제는 노조에 유리하게 해결되었다. 이처럼 타협이 이루어지면서 법규는 제정될 수 있었다.

〈상하이시 소비자보호 조례〉(2002년) 수정 사례

〈상하이시 소비자보호 조례〉(이하 〈소비자보호 조례〉)는 입법과정에서 〈상하이시 노동계약 조례〉만큼이나 논란이 많았다. 〈소비자보호 조례〉에서 규정하고 있는 내용이 단순히 소비자와 기업뿐만 아니라 정부 관련 부서와 상하이시 소비자협회(消費者協會)의 이해와도 밀접히 연관되어 있기 때문이다.

입법 배경과 초안의 작성 과정

상하이시는 시장경제가 발전한 지역으로 소비자보호 문제가 비교적 일찍부터 사회적 관심사가 되었다. 상하이시 인대는 이 문제에 대응하기 위해 1988년에 〈상하이시 소비자 합법 권익보호 조례〉를 제정했다. 그런데 이후 시장경제가 확대되면서 이 조례는 변화된 현실을 제대로 반영하지 못하는 문제가 발생했다.

예를 들어, 주택·자동차·의료·교육 등 대형 내구성 상품과 서비스 재화와 관련된 소비가 확대되었다. 그러나 이에 대한 법규가 제대로 갖추어지지 않음으로써 소비자 권익 침해 사례가 빈번하게 발생했다. 또한 방문판매나 통신판매(인터넷 판매) 등 이전에 없었던 새로운 소비 행위에 대해 기존의 조례는 아무런 언급이 없었다. 그래서 상하이시 인대는 〈소비자보호 조례〉 수정을 2001년도 입법계획에 포함했다.

법규 제정을 위한 준비 작업은 2000년 말부터 시작되었다. 초안 작성은 정부 공상행정관리국(工商行政管理局, 공상국)과 상하이시 인대 법제공작위원회(법공위)가 참여한 기초소조가 맡았다. 대외적으로는 이렇지만 실제로 기초를 전담한 것은 상하이시 소비자협회였다. 상하이시 인대 법공위는 기초 과정에서 이 법규의 적법성에 대한 검토만을 맡았다.

〈소비자보호 조례〉는 시민의 소비 및 기업의 생산활동과 밀접히 관련된 중요한 문제를 다루고 있으므로 기초 과정에서부터 논란이 많았다. 그래서 정부 관련 부서와 사회단체에 내부 토론용 초고를 돌려 의견을 청취한 것 외에도 정부 법제 판공실 주최로 입법청문회가 열렸다. 이후 〈소비자보호 조례〉는 상하이시 인대 상무위원회의 심의를 거쳐 2002년 10월에 통과되었다.

세 가지 쟁점

〈소비자보호 조례〉의 수정 과정에서 쟁점은 세 가지였다. 첫째는 소비자협회의 조정 범위다. 상하이시 소비자협회는 소비자의 불만이 많았던 세 가지 항목, 즉 의료, 학원 등의 영리성 교육, 상업용 주택을 소비자협회의 조정 범위에 모두 포함해야 한다고 주장했다.

이에 대해 정부 관련 부서(즉, 교육위원회와 위생국), 교육 및 의료 관련 사회단체는 의료와 교육은 정부가 제공하는 공공재로 일반 소비재와는 다르다고 주장했다. 따라서 이를 소비자협회의 조정 범위에 포함하는 것은 타당하지 않다고 주장했다. 특히 의료분쟁은 전문 법규가 이미 제정되었으므로 〈소비자보호 조례〉에 이에 대한 별도의 규정을 둘 필요는 없다고 강조했다.

둘째는 상하이시 소비자협회의 권한을 강화하는 '세 가지 제도'의 신설이다. 소비자협회는 소비자 권익 보호를 위해서는 협회의 권한을 강화해야 한다고 주장했다. 또한 이를 위해서는 ① 소비 정보의 공포 제도, ② 연말 감독 평가제도, ③ 소비자 투서 공포 제도를 신설해야 한다고 강조했다. 이에 대해 정부 관련 부서, 업종협회, 기업가단체는 아무런 견제 장치도 없이 소비자협회의 권한만 일방적으로 강화하는 규정은 문제라는 근거로 이 제도의 도입을 반대했다.

셋째는 리콜(召回, recall) 제도의 도입이다. 상하이시 소비자협회는 자동차나 가전제품 등 내구성 소비재에 대한 소비자의 불만을 해소하기 위해서는 리콜 제도를 반드시 도입해야 한다고 주장했다. 특히 문제가 있는 동일한 제품에 대해 미국과 유럽 선진국에서는 리콜 제도가 있어서 소비자가 보상받을 수 있는 데 비해 중국에는 이 제도가 없어서 소비자가 손해를 보고 있다는 사실을 지적했다.

리콜 제도의 도입에 대해 정부 관련 부서와 기업가단체는 시기상

조임을 들어 반대했다. 상위법인 〈소비자 권익보호법〉에도 리콜 제도 규정이 없을 뿐만 아니라 전국적으로 리콜 제도를 도입하고 있는 지역은 하나도 없다는 것이다. 이런 상황에서 상하이시에서만 리콜 제도를 도입하면 상하이시 소속 기업만 손해라고 이들은 주장했다.

법안의 기초 과정에서 정부 공상국은 상하이시 소비자협회의 주장을 비교적 충실히 수용했다. 사실 소비자협회는 공상국의 한 부서인 소비자권익보호처(消費者權益保護處)가 관리하는 산하단체였다. 인적 구성 면에서도 공상국과 소비자협회는 밀접히 연결되어 있다. 즉 소비자협회 회장을 제외한 주요 간부와 직원 대부분은 정부 공상국에서 옮겨 온 사람들이다. 따라서 법안 기초 과정에서 공상국이 소비자협회의 주장을 수용한 것은 당연했다.

법안 심의와 '철의 삼각형' 현상

〈소비자보호 조례〉 수정안이 상하이시 인대 상무위원회에 상정되어 심의에 들어갈 때, 정부 부서, 의회 전문위원회, 사회단체 간에 심한 대립과 갈등이 있었다.

정부 부서와 사회단체 간의 대립

우선 정부 교육위원회와 교육 관련 사회단체는 학교 교육뿐만 아니라 영리성 교육(즉, 학원 교육)도 소비자협회의 조정 범위에 포함해서는 안 된다고 주장했다. 또한 정부 위생국과 의료 관련 사회단체는 의료 서비스를 조정 범위에서 제외한 초안을 유지해야 한다고 주장했다. 비슷하게 주택 건설과 관련된 기업가단체와 정부 관련 부서는 이 규정을 완화하기 위해 노력했다.

이처럼 정부 관련 부서와 유관 사회단체의 반대에 직면하여 정부 공상국과 소비자협회는 자신들의 주장을 일부 철회할 수밖에 없었다. 우선 의료와 교육 서비스가 소비자협회의 조정 범위에서 완전히 제외되었다. 이것은 광둥성 인대가 1999년에 〈광둥성 '소비자 권익보호법' 실시 방법〉를 제정할 때 의료 서비스를 소비자협회의 조정 범위에 포함한 것과는 좋은 대조를 이룬다. 반면 주택 규정은 원안대로 확정되었다(즉, 조정 대상에 포함되었다).

이처럼 교육 및 의료 서비스는 소비자협회의 조정 범위에서 제외된 것에 비해 주택은 포함된 것은 정부 관련 부서와 사회단체의 교섭력(권위)에서 차이가 났기 때문이다. 즉 교육 및 의료와 관련된 정부 부서와 사회단체의 힘(특히 로비 능력)은 막강한 데 비해 주택 건설 관련 정부 부서와 사회단체의 힘은 그에 미치지 못했다는 것이다.

상하이시 소비자협회의 권한 강화를 위한 '세 가지 제도'와 리콜 제도의 도입도 정부 관련 부서와 기업가단체의 반대에 직면했다. 소비자협회에서 주장하는 '세 가지 제도'가 그대로 시행되면 소비자협회의 권한을 강화하고 동시에 소비자에게도 어느 정도 이익이 되겠지만 기업에는 불리한 측면이 많기 때문이다. 리콜 제도도 마찬가지다. 중국의 다른 지역에서는 리콜 제도를 실시하지 않는데 상하이시가 이것을 실시하면 결국 상하이시 기업만 불리해진다. 그래서 기업가단체가 이 제도의 도입을 반대했다.

이와 같은 반대에 직면하자 법안 기초 과정에서는 '세 가지 제도'의 도입에 동의했던 정부 공상국도 법안 심의 과정에서는 지지를 철회했다. 대신 리콜 제도에 대해서는 상하이시가 중국에서 모범역할을 담당해야 한다는 소비자협회의 끈질긴 주장에 동의하여 계속 지지했다.

이렇게 되면서 법안 심의 과정에서 소비자협회가 주장한 '세 가지 제도'의 핵심 내용은 모두 삭제되었다. 대신 소비자협회에는 소비자 문제에 대한 조사 권한만이 허용되었다. 동시에 소비자협회의 월권이나 과도한 행위를 제약하기 위한 새로운 조항이 추가되었다. 즉 소비자협회가 소비 정보를 공개하고 조사를 진행할 때는 "마땅히 법에 합당해야 하고, 객관적이고 공정해야 한다"라는 규정이 추가된 것이다.

의회 전문위원회 간의 대립

또한 법안 심의 과정에서는 상하이시 인대 전문위원회 간에도 대립과 갈등이 있었다. 우선 법안의 사전심의를 담당한 의회 재경위원회는 〈심의 의견 보고〉에서 정부 공상국과 소비자협회의 주장을 적극 지지했다. 소비자협회의 조정 범위에 주택뿐만 아니라 교육과 의료도 포함한 것이다. 이에 대해 교육과 위생 분야를 담당하는 전문위원회인 교육·과학·문화·위생(敎科文衛)위원회는 의료계와 교육계를 대변하면서 재경위원회의 주장에 반대했다.

한편, 법안의 통일 심의를 담당했던 의회 법제위원회는 기본적으로 정부 공상국, 소비자협회, 재경위원회의 주장에 반대했다. 먼저 의회 법제위원회가 제출한 〈심의 의견 보고〉에는 교육 및 의료 서비스가 소비자협회의 조정 범위에서 제외되었다. 또한 소비자협회가 강력히 주장했던 '세 가지 제도'도 받아들여지지 않았다. 대신 앞에서 말한 대로 소비자협회의 행위를 제약하는 새로운 조항이 추가되었다. 다만 판매용 주택은 조정 범위에 포함되었고, 리콜 제도의 도입도 수용했다.

이상에서 보았듯이, 〈소비자보호 조례〉의 수정 과정은 의회의 입법 정치에서 나타나는 특징을 전형적으로 보여주고 있다. 우선 법규 제정 과정에서 정부 공상국과 함께 소비자협회가 중요한 역할을 담당했다. 또한 자신의 권한과 이익을 확대하기 위해 정부 관련 부서, 의회 전문위원회, 사회단체가 서로 연합하고 경쟁하는 '철의 삼각형' 현상이 나타났다.

구체적으로 이 조례의 경우 소비자 연합 세력(즉, 정부 공상국+소비자협회+의회 재경위원회)을 한편으로 하고, 이에 반대하는 기업 연합 세력(즉, 정부 경제 관련 부서+기업가단체+의사·교육 관련 사회단체+의회 교과문위원회)을 다른 한편으로 하는 대립 구도가 형성되었다. 상하이시 인대 법제위원회는 이런 대립 구도에서 기본적으로 후자의 관점에서 이들의 의견 대립과 갈등을 조정하는 역할을 담당했다. 최종 통과된 〈소비자보호 조례〉는 이런 의회 법제위원회의 조정 결과를 반영한 것이었다.

이처럼 상하이시 인대의 입법 사례를 통해 우리는 의회가 공산당 및 정부가 수행한 역할과는 다른 역할을 담당한다는 사실을 알 수 있다. 먼저 의회는 정부 부서와 사회세력 간에 나타나는 이익갈등을 조정하는 '조정자(coordinator)' 역할을 담당한다. 이런 역할은 이전에는 주로 공산당이 담당했던 것인데, 이제는 의회가 담당한다. 또한 의회는 사회의 다양한 목소리를 수렴하는 '대변자(representative)' 역할을 담당한다. 의회의 이런 역할로 인해 사회적 약자가 입법과정에서 소외되는 현상은 일부 완화될 수 있다.

13장 결론
중국 정치체제의 평가와 전망

중국의 '당-국가' 체제는 공산당 영도 체제와 국가 헌정 체제로 구성된 권위주의 정치체제를 말한다. 그런데 그것의 결합 방식은 고정된 것이 아니라 상황과 조건에 따라 달라진다. 그 결과 1949년 중국의 건국 이후 지금까지 여러 유형의 당-국가 체제가 존재했다. 이와 마찬가지로 앞으로도 중국의 정치체제는 다양한 형태로 변화할 수 있다.

세 가지 유형의 '당-국가' 체제

중국의 당-국가 체제는 세 가지 이상형(ideal type)으로 구분할 수 있다. 이 정치체제는 국가 헌정 체제가 아니라 공산당 영도 체제가 주도하기 때문에 공산당 영도 체제를 중심으로 그 유형을 나눌 수 있다. 다

표 13-1 당-국가 체제의 세 가지 유형

구분	시기	당정관계	특징
통합형	1958~1976년	당정결합(黨政不分) (일원화 영도 체제)	· 공산당이 국가를 대체하는 체제 · 대약진운동과 문화대혁명을 위한 체제
분리형	1987년	당정분리(黨政分開) (이원화 영도 체제)	· 공산당과 국가의 직능분리 체제 · 미완의 개혁(실패한 시도)
절충형	1997년~현재	당정결합(黨政不分) (법제화 영도 체제)	· 공산당과 국가의 결합을 전제로 한 체제 · 의법치국과 의법집권 원칙의 실행 체제

시 말해, 이를 그냥 '공산당 영도 체제의 세 가지 유형'이라고도 부를 수 있다. 표 13-1은 이를 정리한 것이다.

'통합형' 체제: 마오쩌둥 시기의 '당정결합' 체제

첫째는 '통합형(unified-type)' 체제다. 학계에서는 이를 '일원화(一元化, unific)' 영도 체제라고 부른다. 이것은 공산당 영도 체제가 국가 헌정 체제를 흡수 통합한 정치체제를 가리킨다. 당정관계(黨政關係)의 관점에서 말하면, 공산당과 국가가 완전히 하나로 통합된 '당정결합(黨政不分)' 체제다. 시기적으로는 마오쩌둥 시기 중에서 1958년 대약진운동(1958~1960년) 이후 1976년 문화대혁명(1966~1976년)이 끝날 때까지 약 20년이 이에 해당한다. 그림 13-1은 '통합형' 체제를 표현한 것이다.

'통합형' 체제에서는 국가 헌정 체제가 아예 없거나, 아주 좁은 공간에서만 겨우 남아 있을 뿐이다. 다시 말해, 공산당 및 국가와 관련된 영역에서 공산당 영도 체제가 관철되는 것은 말할 필요도 없고, 경제와 사회의 개인 영역에서도 공산당 영도 체제가 지배하는 것이 바로

그림 13-1 당-국가 체제 유형 1: '통합형' 체제

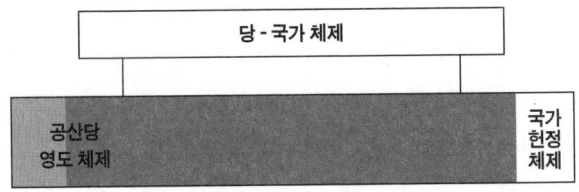

'통합형' 체제다. 의식주 같은 개인의 일상생활, 교육·취업·이주·결혼·출산·취미 등 사생활(privacy)로 보호받아야 하는 영역에서조차 공산당 영도 체제가 침투해 지배한다는 것이다.

'분리형' 체제: '실패한 1987년 당정분리 체제'

둘째는 '분리형(separated-type)' 체제다. 학계에서는 이를 '이원화(二元化, dichotomous)' 영도 체제라고 부른다. 이것은 공산당 영도 체제와 국가 헌정 체제가 거의 분리되어 운영되는 정치체제, 다시 말해 전자가 후자를 영도 및 대체하는 영역이 거의 없거나 최소화되는 정치체제를 말한다. 이런 면에서 '분리형' 체제는 '통합형' 체제의 대척점에 있다고 말할 수 있다. **그림 13-2**는 이것을 표현한 것이다.

그림 13-2 당-국가 체제 유형 2: '분리형' 체제

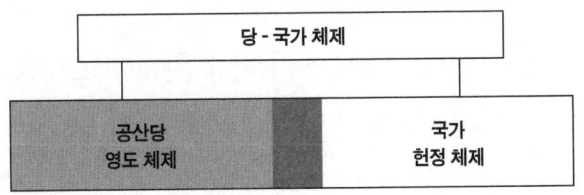

현실에서 '분리형' 체제가 실현된 적은 없다. 다만 공산당이 이를 시도한 적은 있었다. 1987년 공산당 13차 당대회에서 제기된 '당정분리(黨政分開)' 개혁 방침이 바로 그것이다. 핵심은 법률과 제도에 근거하여 공산당과 국가기관 간의 직능(職能)을 분리하고, 이를 통해 국가기관의 자율성과 효율성을 높이는 것이다. 물론 이 방침은 공산당 영도 체제를 부정하는 것이 아니었다. 다만 당-국가 체제 내에서 국가 헌정 체제의 영역을 법률과 제도에 근거하여 대폭 확대하려고 시도한 것이 특징이다.

먼저 국가 헌정 체제를 확대하기 위해 공산당과 국가기관 간의 인적 분리를 시도했다. 즉 당정간부를 '정무류(政務類)' 공무원과 '업무류(業務類)' 공무원으로 나누고, 전자는 공산당이 관리하고 후자는 정부가 관리하는 인사제도를 도입하려고 시도했다. 이렇게 하면, 공산당은 국가기관의 고위직인 '정무류', 즉 영도간부만 관리하고, 나머지 '업무류'는 각 국가기관이나 정부의 인사 부서가 관리하게 된다. 이 정책이 그대로 실현되면, 공산당만이 당정간부를 관리한다는 '당관간부' 원칙이 사실상 폐기된다.

또한 같은 목적에서 공산당과 국가기관 간의 조직적 결합을 해체하는 정책도 추진되었다. 첫째, 공산당 부서 중에서 정부 부서와 중복되는 부서를 폐지했다. 1987년에는 공산당 정법위원회가 남아 있었는데, 이 부서는 국무원 공안부와 국가안전부, 최고법원, 최고검찰원 등과 업무가 중복되었다. 그래서 정법위원회가 폐지되고, 대신 정법 영도소조가 설치되었다. 둘째, 국가기관과 공공기관에 있는 당조(黨組)가 점차로 폐지되었다. 셋째, 공산당 영도소조(領導小組)도 점진적으로 폐지되었다.

그러나 이런 당정분리 방침의 정치개혁은 곧바로 중단되었고, '분리형' 체제를 만들겠다는 시도는 실패하고 말았다. 1989년 톈안먼 민주화 운동과 1991년 소련 붕괴 이후, 권력 상실의 두려움을 느꼈던 공산당 지도부가 1992년 공산당 14차 당대회에서 당정분리 개혁 방침을 공식적으로 폐기한 것이다.

'절충형' 체제: '의법치국 방침을 실현하는 정치체제'

셋째는 '절충형(mixed-type)' 체제다. 이 체제는 앞에서 살펴본 '통합형' 체제와 '분리형' 체제가 가지고 있는 특징을 부분적으로 흡수하여 만든 혼합형의 정치체제다. 그래서 '절충형'이라고 이름 붙였다. 이 체제는 '법제화(法制化, law-based)' 영도 체제라고도 부를 수 있다. **그림 13-3**은 이를 표현한 것이다.

'절충형' 체제는 크게 두 가지 특징을 가지고 있다. 첫째, 당정분리 방침이 아니라 당정결합 원칙에 근거한다. 이런 면에서 이 체제는 마오쩌둥 시기의 '통합형' 체제와 비슷하다. 그 결과 '절충형' 체제는 비록 마오 시기의 '통합형' 체제만큼은 아니지만, 공산당 영도 체제가 국가

그림 13-3 당-국가 체제 유형 3: '절충형' 체제

헌정 체제를 상당히 흡수한 정치체제라고 말할 수 있다.

둘째, 법률과 당규에 따라 운영된다. '절충형' 체제에서는 공산당 영도 체제와 국가 헌정 체제가 의법치국 및 의법집권 방침에 따라 각자의 역할과 임무를 수행한다. 이런 점에서 이 체제는 1987년의 '분리형' 체제와 비슷하다. '분리형' 체제도 법률과 제도에 근거하여 공산당과 국가기관 간의 직능을 분리하려고 시도했기 때문이다.

동시에 '절충형' 체제는 의법치국 및 의법집권 방침에 따른다는 점에서 마오쩌둥 시기의 '통합형' 체제와는 결정적으로 다르다. 마오 시기의 '통합형' 체제는 이렇지 않았기 때문이다. 그 결과 문화대혁명 시기(1966~1976년)에는 국가 헌정 체제가 사실상 사라진 공산당 영도 체제의 '전성시대'였다. 이런 이유로 비록 '절충형' 체제가 '통합형' 체제처럼 당정결합 원칙에 근거하고 있지만, 실제 정치과정에서 '통합형' 체제로 퇴화할 가능성은 거의 없다.

당-국가 체제의 순환(cycle)

한편, 우리는 중국 정치체제의 변화를 시각적으로도 표현할 수 있다. **그림 13-4**가 바로 그것이다. 먼저 마오쩌둥 시기의 문화대혁명 기간에는 공산당 영도 체제만 있었고, 국가 헌정 체제는 사실상 없었다. 단적으로 의회·법원·검찰원 등 국가기관이 폐쇄되면서 기능이 정지되었다. 그래서 중국의 정치체제(즉, '당-국가' 체제)는 공산당 영도 체제의 정점에 놓여 있었다.

반면 공산당 13차 당대회(1987년)에서는 '당정분리' 방침이 확정되면서 중국의 정치체제는 국가 헌정 체제에 가장 근접했다. 물론 이때도

그림 13-4 당-국가 체제의 순환(cycle) 그래프

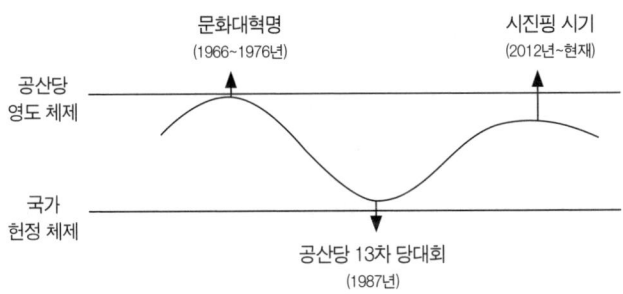

공산당 영도 체제는 건재했다('당정분리' 방침에는 공산당 영도 체제를 부정하는 내용이 없다). 이후 공산당 영도 체제가 다시 강화되면서 중국의 정치체제는 오른쪽 위로 향하고, 그것은 시진핑 시기(2012년~현재)에 들어 정점을 이루게 된다. 그러나 문화대혁명 시기와는 달리 이때에도 국가 헌정 체제는 건재하다.

중국의 정치체제는 당분간 이런 모습으로 유지될 가능성이 크다. 우선 공산당 영도 체제는 건재하면서 계속 국가 헌정 체제를 영도 및 대체한다. 동시에 국가 헌정 체제는 위축되는 것이 아니라 현재보다 더욱 발전한다. 즉 정부와 의회는 〈헌법〉의 규정대로 주어진 직책을 수행하고, 법원과 검찰원도 마찬가지다. 그것이 공산당 영도 체제를 유지 및 강화하는 데 도움이 되기 때문이다. 마지막으로 공산당 영도 체제와 국가 헌정 체제는 서로 결합한 상태에서, 때로는 갈등하고 때로는 협력하면서 서로 작용한다. 그 속에서 공산당 영도 체제의 주도성은 흔들리지 않는다.

다만 상황에 따라서는 당-국가 체제의 그래프가 다시 아래로 내려오는 변화가 발생할 수도 있다. 정치는 살아 움직이는 '생물(生物)'로, 중국의 정치체제가 지금까지와는 반대로 다시 국가 헌정 체제 쪽으로 가까워질 수도 있다는 것이다. 그런 변화는 공산당 영도 체제를 지나치게 강화한 결과 정치·경제·사회·외교 등 여러 영역에서 심각한 부작용이 발생하고, 공산당 지도부와 일반 국민이 더 이상 이를 방치하면 안 된다고 생각할 때 시작될 수 있다.

예컨대, 정치권력의 지나친 집중과 정책 결정 과정의 하향식 운영, 이에 따른 사회와 기업의 활력 저하와 여러 문제의 누적, 경제성장률의 지속적인 하락과 국민의 생활 수준 저하, 국제사회에서의 고립 심화와 주변국과의 갈등 지속 등의 문제가 심각해지면, 공산당 지도부는 현재의 정치체제를 개혁해야 한다고 판단할 수 있다. 이런 판단에 따라 정치개혁에 대한 합의가 이루어지면, 문제의 원인인 공산당 영도 체제의 지나친 강화를 완화하려고 시도할 수 있다. 그 결과 국가 헌정 체제가 다시 강화되면서 당-국가 체제의 그래프가 하향 곡선을 그릴 수 있다는 것이다. 실제로 중국에서는 2024년 하반기부터 이런 현상이 나타나기 시작했다.

중국 정치체제의 전망

중국의 '당-국가' 체제는 앞으로도 위에서 살펴본 세 가지 유형에서 벗어날 수 없을 것이다. 즉 세 가지 유형 중에서 하나의 길을 선택할 것이다. 물론 아래로부터의 민주화 운동이 일어나서 공산당 영도 체제가 붕괴한다면 새로운 유형의 정치체제가 등장할 수 있지만, 현재 관점에서 보면 그럴 가능성은 매우 낮다.

첫째는 '통합형' 체제의 길이다. 이는 대약진운동과 문화대혁명 시기처럼 공산당 영도 체제가 국가 헌정 체제를 사실상 흡수 통합함으로써 국가 헌정 체제가 소멸하는 길이다. 단적으로 정부와 의회·법원·검찰원이 사실상 기능을 상실하게 된다는 것이다. 만약 이렇게 된다면 중국 정치는 다시 크게 후퇴할 것이다. 현재 관점에서 보면 중국이 이 길을 갈 가능성은 크지 않다.

둘째는 '분리형' 체제의 길이다. 이는 국가 헌정 체제가 공산당 영도 체제로부터 분리되어 운영되는 길이다. 동시에 공산당 영도 체제가 크게 약해지거나 소멸하는 길(즉, 민주화의 길)이기도 하다. 만약 공산당이 급진적인 정치개혁을 추진한다면 이 길로 갈 수 있겠지만, 현실적으로는 그런 일이 일어나지 않을 가능성이 훨씬 크다. 1987년 공산당 13차 당대회 이후에 그랬던 것처럼, 당정간부들이 기득권을 절대로 포기하지 않으려 할 것이기 때문이다.

셋째는 '절충형' 체제의 길이다. 이는 공산당 영도 체제와 국가 헌정 체제가 현재처럼 전자의 주도하에 결합해 있고, 동시에 공산당 영도 체제가 강화되면서도 국가 헌정 체제도 계속 발전하는 길이다. 이는 공산당 영도 체제를 공고히 하는 데 매우 유리한 길이기도 하다. 이 때문에 현 단계에서 볼 때는 공산당이 이 길을 선택할 가능성이 가장 크다.

그렇다면 왜 중국의 정치체제는 현재의 '절충형'이 앞으로도 계속될 것인가? 두 가지 현상이 동시에 일어났기 때문이다. 첫째, 공산당 영도 체제가 지금까지 계속 강화되었다. 단적으로 시진핑 시기에 들어 인사 통제, 조직 통제, 사상 통제, 무력 통제, 경제 통제가 강화되었다. 둘째, 국가 헌정 체제도 발전했다. 〈헌법〉에 규정된 정부와 의회의 기능이 강화된 것은 이를 잘 보여준다. 특히 두 번째 현상으로 인해 중국의 정치체제는 앞으로도 마오쩌둥 시기의 '통합형'으로 후퇴하지 않는다는 것이다.

공산당 영도 체제의 강화

인사 통제의 강화

먼저, 시진핑 시기에 들어 공산당의 인사 통제가 강화되었다. 이것은 크게 두 가지 측면에서 확인할 수 있다. 우선 2000년대 상반기에 시험적으로 실시되던 공산당 내의 '경쟁 선거'가 중단되었다. 이런 경쟁 선거는 후진타오 정부의 '당내 민주(黨內民主, intra-party democracy) 확대' 방침에 따라 전국적으로 실시된 것이었다. 그런데 이것이 전면적으로 중단되었다는 것이다.

구체적으로 2003년부터 2007년까지 전국의 300여 개의 향(鄕)과 진(鎭)에서는 공산당 위원회 서기와 부서기를 선발하는 과정에서 '공개 추천(公推) 공개 선거(公選)', 혹은 '공개 추천(公推) 직접선거(直選)' 같은 다양한 선거 방법이 시행되었다. 일부 지역에서는 현급 및 시급 공산당 위원회 지도자 선발에도 이런 방법이 적용되었다. 이는 당서기 같은 당 지도부뿐만 아니라 일반 당원의 참여를 통해 공산당 지도자를 선발하는 '당내 민주 확대'의 실험이었다.

그러나 후진타오 집권 2기에 들어서는 이런 실험이 축소되었고, 시진핑 시기에 들어서는 완전히 중단되었다. 공산당이 필요로 하는 인재가 아니라 당원에게 인기가 있는 간부가 선발되면서, 공산당의 인사권이 약해지는 결과가 나타났다고 판단했기 때문이다. 대신 공산당 위원회, 특히 당서기의 인사권을 강화하는 방침이 재도입되었다. 이렇게 되면서 '당내 민주 확대' 방침은 사라지고, 대신 '공산당 전면 영도' 원칙이 인사제도에도 강력하게 적용되었다.

다음으로, 시진핑 시기에 들어 미래 지도자를 양성하기 위한 '쾌속 승진 경로'가 대폭 축소되었다. 후진타오 시기까지 일부 당정간부는 공청단 경로, 겸직 단련, 파격 발탁 등의 방법을 이용하여 빠르게 승진할 수 있었다. 이런 쾌속 승진 과정에서는 공개 선발과 경쟁 방식이 적용되었고, 이 때문에 다양한 당정간부의 의견이 인사 결정에서 중요한 역할을 담당했다. 또한 이를 통해 인사제도의 투명성과 공정성을 강화할 수 있었다. 이런 면에서 이것도 '당내 민주 확대'의 한 정책이라고 할 수 있다. 그런데 이 제도는 반대로 공산당의 인사권을 약하게 만드는 결과를 초래했다. 결국 공산당 전면 영도 원칙이 강조되면서 쾌속 승진 경로도 대폭 축소되었다.

조직 통제와 사상 통제의 강화

공산당의 조직 통제도 마찬가지다. 단적으로 공산당 중앙의 영도소조가 시진핑 시기에 들어 대폭 증가했고, 시진핑 총서기가 이 중에서 중요한 영도소조의 조장을 독점했다. 지방에서는 당서기가 영도소조를 주도하고 있다. 공산당 중앙은 이를 통해 정부와 의회 등 국가기관에 대한 통제를 강화하려고 시도한 것이다. 또한 '영도소조 정치', 즉 영도소조가 국가를 통치(小組治國)하는 현상도 나타났다. '공산당 전면 영도' 원칙이 조직 제도에도 적용된 것이다.

공산당의 사상 통제도 계속 강화되었다. 장쩌민 시기에는 두 번, 후진타오 시기에는 네 번 진행된 정풍운동이 시진핑 시기에 들어서는 2년에 한 번씩 연속적으로 시행되고 있는 것이 이를 보여주는 대표적인 사례다. 즉 시진핑 집권 1기와 2기 10년 동안에만 모두 5회의 정풍운동이 추진되었다. 이는 시진핑 집권 3기(2022년~현재)에 들어서도 마찬가지다. 즉 2023년부터 새로운 정풍운동이 전개되고 있다.

특히 시진핑 시기에는 영도 간부를 대상으로 하는 '8항 규정(八項規定)'이 제정되고, 이를 철저히 실천하는 운동이 정풍운동과 함께 전개되었다. 이것은 영도 간부의 특권 의식, 사치 풍조, 형식주의, 관료주의라는 '네 가지 풍조(四風)'를 타파하고, 실질적이고 견실한 업무 태도를 회복하여 국민의 신뢰를 다시 얻자는 운동이다. 실제로 시진핑 시기에는 매년 이를 위반한 당정간부가 수만 명씩 처벌되었다.

마지막으로, 시진핑 시기에는 부패 척결 운동도 강력하게 전개되었다. 예를 들어, 2017년 10월 공산당 19차 당대회에서 발표된 중앙기율검사위원회의 업무보고에 따르면, 시진핑 집권 1기 5년(2012~2016년) 동안에만 모두 440명의 성부급(省部級: 장·차관급) 간부가 부패 혹은 당 기율 위반 혐의로 조사를 받거나 처벌되었다. 이는 약 3,000명의 성부급 간부 중 약 15%에 해당하는 큰 규모다. 이 중에는 중앙위원 43명, 중앙기율검사위원회 위원 9명이 포함되었다. 연(年) 단위로 계산하면, 매년 88명의 성부급 간부가 조사를 받거나 처벌된 셈이다.

국가 헌정 체제의 발전

시진핑 시기에 들어 공산당 영도 체제가 계속 강화되었다고 해서 국가 헌정 체제가 위축되거나 공산당 영도 체제 내로 흡수된 것은 아니다. 반대로 국가 헌정 체제는 장쩌민 시기에 본격적으로 시작하여 현재까지 계속 발전하고 있다. 이처럼 공산당 영도 체제와 국가 헌정 체제는 서로 작용하면서 동시에 강화 및 발전하는 새로운 현상이 나타나고 있다. 이는 국가 헌정 체제가 공산당 영도 체제를 유지 및 강화하는 데 도움이 되기 때문에 나타난 현상이다.

또한 공산당 영도 체제의 강화와 국가 헌정 체제의 발전이 동시에 진행되는 현상은, 마오쩌둥 시기의 '통합형' 체제와 현재의 '절충형' 체제가 다른 가장 중요한 특징이기도 하다. 의법치국과 의법집권 방침이 등장하여 공산당이 국가를 통치하고 사회를 영도하는 새로운 원칙으로 확립했기 때문에 이런 현상이 나타난 것이다. 따라서 현재의 중국 정치체제를 이해할 때는 이 점에 특별히 주의해야 한다.

의법치국 방침의 등장과 발전

국가 헌정 체제는 1997년 공산당 15차 당대회에서 "의법치국과 사회주의 법치국가(法治國家) 수립"이 새로운 공산당 방침으로 확정되면서 공식적으로 등장했다. 이어 1999년 3월에 개최된 9기 전국인대 2차 회의에서 중국이 "의법치국을 실시하여 사회주의 법치국가를 건설한다"라는 문구가 〈헌법〉에 추가되었다. 이로써 의법치국과 사회주의 법치국가 수립은 국가 방침으로 확정되었다.

이후 공산당과 국가기관은 의법치국 방침을 추진하기 위한 세부 방침과 정책을 마련하여 집행하기 시작했다. 예를 들어, 국무원은 1999년 11월에 〈의법행정의 전면 추진 결정〉을 발표하면서, 정부 개혁의 핵심 목표이자 행정 방침으로 의법행정(依法行政: 법률에 근거한 행정)을 결정했다. 최고법원도 1999년 10월에 〈인민법원 5년 개혁 요강(綱要)〉, 2005년에 〈제2차 5개년(2004~2008년) 법원개혁 요강〉, 2009년에 〈제3차 5개년(2009~2013년) 법원개혁 요강〉을 발표했다. 목표는 '사법공정(司法公正)의 실현'이었다.

공산당도 마찬가지였다. 즉 2002년 공산당 16차 당대회에서 공산당은 의법치국을 공산당 집권에 적용한 의법집권 방침을 공식 채택했다. 이후 2004년에 열린 공산당 16기 중앙위원회 제4차 전체회의(16기 4중전회)에서는 공산당의 '집권 능력(執政能力) 강화'가 공산당 방침으로 결정되었고, 의법집권 방침의 강화는 그 가운데 하나가 되었다. 이렇게 하여 의법치국이 공산당의 방침에서 국가 방침으로, 다시 공산당의 통치 원칙으로 확정되는 일련의 과정이 완성되었다.

시진핑 시기의 의법치국 방침 강조

이런 움직임은 시진핑 시기에도 이어졌다. 단적으로 2014년 10월에 개최된 공산당 18기 4중전회에서 〈의법치국의 전면 추진 결정〉(〈법치 결정〉)이 통과된 사실이 이를 잘 보여준다. 공산당 역사에서 법제(法制) 혹은 법치(法治)를 단일 주제로 중앙위원회 전체회의를 개최한 것은 이것이 처음이었다. 이처럼 시진핑 정부는 이전 정부보다 의법치국 방침을 더욱 중시한다.

시진핑 총서기는 위의 〈법치 결정〉을 2013년 11월의 공산당 18기

3중전회에서 통과된 〈개혁의 전면 심화 결정〉의 자매편(姉妹篇)이라고 부르면서 높이 평가했다. 이런 〈법치 결정〉에 따르면, 의법치국 방침의 총 목표는 "사회주의 법치(法治) 체계의 수립과 사회주의 법치국가의 건설"이다. 이렇게 해서 '법치 체계의 수립'과 '법치국가의 건설'이 다시 한번 공산당과 국가의 통치 원칙으로 강조되었다.

오랜 시간을 거쳐 의법치국과 의법집권 방침이 공산당의 통치 원칙으로 확정되고, 이를 통해 국가 헌정 체제가 발전한 것은 중요한 의미가 있다. 시진핑 시기에 들어서 공산당 영도 체제를 강화하는 정책이 추진되지만, 마오쩌둥 시기의 '통합형' 체제로는 다시 돌아가지 않겠다는 방침을 분명히 한 것이기 때문이다. 다시 말해, 공산당은 마오 시기처럼 최고 지도자의 명령이나 공산당의 지시로 국가를 통치하고 인민을 동원하는 방식 대신에, 법률을 이용하여 정치체제를 합리화(rationalization)하고 표준화(standardization)하는 법제화된 방식(legalized process)으로 국가를 통치하고 사회를 영도하겠다고 선언한 것이다.

만약 현재처럼 국가 헌정 체제가 계속 발전한다면, 공산당 영도 체제도 그에 따라 더욱 공고화될 것이다. 1997년 공산당 15차 당대회 이후의 경험이 보여주었듯이, 국가 헌정 체제는 공산당 영도 체제를 위협하는 것이 아니라 오히려 그것을 안정적이고 효과적으로 유지하는 데 큰 도움을 주기 때문이다. 1991년에 소련과 소련공산당은 완전히 붕괴했는데, 중국과 중국공산당은 권위주의 정치체제를 굳건히 유지하고 있다는 단순한 사실이 이를 증명한다.

중국 정치발전의 평가와 전망: 나의 관점

지금까지 살펴본 중국의 통치 체제에 대한 분석에 근거하여, 중국의 정치발전을 평가하고 전망하면서 이 연구를 정리하도록 하자.

관점 1: 정치 제도화의 길

첫째, 중국은 개혁기 40여 년 동안 정치 제도화(political institutionalization)를 중심으로 한 정치개혁을 지속적이고 적극적으로 추진했다. 겉으로 보면, 중국은 시종일관 확고하게 공산당 영도 체제(일당제)를 유지하는 권위주의 정치체제로서, 40여 년 전이나 지금이나 변한 것이 없어 보인다.

또한 경제체제가 시장 제도와 사적 소유제도를 도입하면서 '사회주의 시장경제'로 변화한 것과 비교할 때도 정치체제의 변화는 매우 미약해 보인다. 그러나 중국 정치는 지속적인 개혁을 통해 많이 변화했다. 다만 그 변화가 다당제나 직선제 도입 등 정치 민주화(political democratization)를 동반하지 않았기 때문에 겉으로 잘 드러나지 않을 뿐이다.

이는 중국이 정치 민주화가 아니라 정치 제도화를 목표로 정치개혁을 추진했기 때문에 나타난 현상이다. 따라서 중국은 다당제와 직선제의 도입, 인권과 정치적 자유의 보장, 국민의 정치 확대 등 민주제도 수립(democracy-building)에서는 많은 한계를 보여주었지만, 법률제도의 수립과 집행, 정부 행정의 합리화, 당정관계의 제도화, 군(軍)의 전문화와 직업화 등 국가 제도 수립(state-building)에서는 상당한 성과를 거두었다. 이런 정치적 성과가 있었기 때문에, 중국은 지난 40여 년 동안 연평균 9%의 높은 경제성장률을 달성하면서 상대적으로 안정적인 사회관계를 유지할 수 있었다.

관점 2: 두 번의 정치개혁 방침 결정

둘째, 중국의 정치개혁 방침은 두 번의 공산당 당대회를 통해 수립 및 수정되면서 지금까지 이어져 오고 있다. 첫째는 1987년의 공산당 13차 당대회이고, 둘째는 1997년의 공산당 15차 당대회다.

먼저 공산당 13차 당대회에서는 '당정분리(黨政分開)'—내용 면에서 말하면, '당정 직능 분리(黨政職能分開)'—를 중심으로 한 정치개혁 방침이 결정되었다. 이 방침은 공산당으로 권력이 집중되고, 이 때문에 권력 남용, 관료주의, 가부장적 통치 등의 문제가 발생하는 것을 해결하려는 정치개혁이다. 이 방침의 핵심 내용은 정부·의회·법원·검찰원 등 국가기관을 공산당으로부터 '기능적으로' 분리하고, 동시에 법과 제도를 통해 이들에게 일정한 자율권을 보장함으로써 국가기관이 자신들의 고유한 직능을 제대로 수행할 수 있도록 만드는 것이다.

다만 '당정분리' 방침에서도 공산당 영도 체제는 계속 유지된다. 다시 말해, 이는 민주화 개혁 프로그램이 아니다. 이런 점에서 이 방침은 '통치 체제의 효율화'를 위한 정치개혁 프로그램이라고 말할 수 있다. 물론 이 방침이 제대로 추진된다면 '부분적인 민주화'가 가능할 수도 있다. 현급 및 향급 지방 정부 수장의 직접선거나, 전국인대 대표의 직접선거가 도입될 수 있다는 것이다.

그런데 '당정분리' 방침은 공산당이 국가권력을 장악하는 데 문제가 생길 수 있다는 위험성이 있다. 즉 국가기관이 공산당 영도 체제에서 분리되는 현상이 나타날 수 있다는 것이다. 특히 정부의 역할이 더욱 강화되고, 의회의 지위가 더욱 높아지면, 공산당의 권위가 떨어질 가능성이 있다. 이 때문에 당내 기득권 세력(주로 보수파)은 이 방침을 수용하지 않았다. 이로 인해 '당정분리' 개혁은 실패했다. 미래에도 공산당 영도 체제를 고수하는 한 이 개혁은 추진될 수 없을 것이다.

10년이 지난 1997년에 개최된 공산당 15차 당대회에서 의법치국을 중심으로 한 새로운 정치개혁 방침이 결정되었다. 이는 공산당이 국가와 사회를 통치하는 데 이전처럼 공산당의 자의적인 명령과 지시가 아니라 국가 법률에 근거하겠다고 선언한 것이다. 따라서 이 방침은 '통치 방식의 법제화'를 위한 정치개혁 프로그램이라고 말할 수 있다. 동시에 의법치국 방침은 '당정분리' 대신에 '당정결합(黨政不分)'을 주장하기 때문에 당내 기득권 세력도 수용할 수 있다.

관점 3: 의법치국 방침의 두 가지 특징

셋째, 의법치국 방침, 즉 '통치 방식의 법제화'는 두 가지의 특징을 가지고 있는 정치개혁 프로그램이다. 먼저 공산당 영도 체제라는 현행 통치 체제를 전제로 한다. 그래서 기득권 세력은 '통치 방식의 법제화'로 인해 잃을 것이 별로 없다. 다만 법과 제도를 통한 통치를 강조하기 때문에 기존의 자의적인 통치 행위, 특히 부정부패 등에 일정한 제약을 받을 뿐이다.

또한 국민의 정치참여는 최대한 배제한다. 즉 의법치국 방침에는 직선제의 확대나 다당제의 도입과 같은 민주적인 정치개혁 내용이 전혀 들어 있지 않다. 대신 공산당은 의법치국 방침을 통해 당정간부의 관료주의와 일탈행위를 줄임으로써 국민의 불만과 비판을 완화하려고 노력한다. 또한 공산당은 '통치 방식의 법제화'를 통해 고도의 경제발전을 지속하고, 국민의 생활 수준을 높여, 국민의 정치참여 요구를 최소화하려고 노력한다.

관점 4: 의법치국 방침의 장단점

넷째, 의법치국 방침은 장단점이 있다. 먼저 의법치국 방침은 경제발전에 필요한 정치체제를 수립하여 '정치적 공공재(political public goods)'(정치재)를 제공할 수 있다. 경제발전을 위해서는 '정치 민주화'가 아니라 '정치 제도화'가 무엇보다 필요하다. 의법치국 방침은 바로 '통치 방식의 법제화'를 목표로 추진되는 것으로, '정치 제도화'에 부합한다.

따라서 공산당은 이를 통해 경제개혁과 경제발전에 필요한 정치재, 즉 안전(security), 질서(order), 복리(welfare)를 제공할 수 있다. 한국·대만·싱가포르의 경험이 이를 뒷받침한다. 반면 '정치 민주화'는 자유·평등·법치 등 가치(value)를 제공할 수는 있어도, 안전·질서·복지 등 다른 정치재를 공급한다는 보장은 없다(민주화 이행을 경험한 개발도상국의 상황을 보면, 민주화 이후에도 대부분 국가에서는 정치재가 제대로 공급되지 않았고, 그 결과 이들 국가에서는 민주화 후퇴 현상, 즉 권위주의 정치체제가 다시 등장했다. 러시아와 튀르키예가 대표적이다).

또한 '통치 방식의 법제화'를 통해 공산당은 권위주의 정치체제에서 발생하는 문제점을 일부 완화할 수 있다. 당정간부의 일탈행위(예를 들어, 부정부패)와 정부의 비효율성(즉, 관료주의) 문제는 공산당 영도 체제의 최대 문제인데, 의법치국 방침을 철저히 집행함으로써 이를 일정 부분 완화할 수 있다는 것이다.

그러나 의법치국 방침만으로는 권력 집중과 이에 따른 당정간부의 부패와 행정 비효율 문제를 근본적으로 해결할 수 없다. 이 문제는 상층보다 하층에서 더욱 심각한데, 통치 방식의 법제화만으로는 해결할 수 없다는 것이다. 이를 해결하려면, 권력분립을 통한 견제와 균형의 체제 수립, 국민의 정치참여 보장과 확대, 언론의 자유와 시민사회의 활동 보장 등 민주적인 정치개혁이 필요하다. 또한 법치의 철저한 집행과 투명하고 공정한 행정 체제 수립 등 싱가포르식의 행정 개혁도 추진해야 한다.

또한 국민의 정치 권리와 자유, 특히 정치참여 요구를 계속 외면할 수만은 없다는 단점도 있다. 사회 모순이 축적되고, 정치적 억압이 지속되면, 국민은 시민의 기본적인 정치 권리(특히 자유)와 정치참여를 더욱 강력하게 요구할 수 있다. 그런데 '통치 방식의 법제화'는 이런 국민의 요구를 제대로 수용할 수 없다는 것이다. 따라서 장기적으로 볼 때, 다당제와 직선제의 도입, 국민의 정치 권리 보장과 정치참여의 확대 같은 정치 민주화를 위한 정치개혁은 피할 수 없다.

다만 중국에서 실제로 정치 민주화가 이루어질지는 장담할 수 없다. 국민의 민주화 요구가 얼마나 강력하고, 경제발전과 국민의 생활수준 향상으로 이런 민주화 요구를 얼마나 완화할 수 있는지, 세계적으로 '제3의 민주화 물결(the third wave of democratization)'과 같은 새로운 '민주화의 물결'이 일어나 중국에 어떤 압력으로 작용할지 등 여러 가지 상황이 아직 미지수이기 때문이다. 결국 공산당이 실제로 국민의 민주화 요구를 수용하여 민주적 정치개혁을 추진할지는 현재로서는 알 수 없다.

관점 5: '중국의 개혁 방침 = 사회주의 시장경제론 + 의법치국 방침'

다섯째, 1990년대 중반에 '사회주의 시장경제론'과 '의법치국 방침'이 확정되면서 중국은 정치와 경제 모두를 포괄하는 사회주의 개혁 방침을 확립했다. 또한 중국은 지난 20여 년 동안 이를 꾸준히 추진해왔다. 시장경제가 확산하고, 정부와 의회 등 국가기관이 자기 기능을 수행하기 시작한 것은 그런 개혁의 결과다.

1992년의 공산당 14차 당대회에서는 '사회주의 시장경제론'이 정식 수용되면서 소유제도의 다양화와 시장 제도의 전면 도입을 기본 내용으로 하는 경제개혁 방침이 확립되었다. 이를 바탕으로 1990년대는 민영기업이 급증했고, 시장 제도가 정착할 수 있었다. 2001년에 등장한 '삼개대표(三個代表論) 중요사상'(즉, 장쩌민 이념)은 이를 통해 성장한 민영기업가 계층을 정치적으로 수용하기 위한 공산당의 새로운 방침이다.

또한 대외무역과 해외직접투자(FDI) 등 경제적 대외 개방도 급속하게 추진되어, 중국 경제의 세계 경제로의 편입이 가속화되었다. 이는 2001년에 중국이 세계무역기구(WTO)에 가입함으로써 일단락되었다. 이렇게 되면서 중국은 경제적 세계화의 최대 수혜자이자 동시에 가장 강력한 지지자가 되었다(미국은 그 반대다). 중국은 이런 일련의 경제개혁을 토대로 2000년대에 들어 비약적인 경제성장을 달성할 수 있었다.

여기에 더해 1997년 공산당 15차 당대회에서 의법치국 방침이 공식 결정되면서, 1989년 톈안먼 민주화 운동과 1991년 소련 붕괴 이후에 혼란스러웠던 정치개혁 방침도 확립할 수 있었다. 동시에 이를 기초로 공산당은 1990년대 후반부터 공산당·정부·의회·법원·검찰원 등 국가기관을 대상으로 하는 종합적이고 체계적인 정치개혁, 즉 국가 헌정 체제의 발전을 위한 개혁을 20여 년 동안 계속 추진할 수 있었다.

관점 6: '중국 모델'과 '중국식 현대화'

여섯째, 만약 중국 정부가 주장하는 것처럼, '중국 모델(中國模式, Chinese model)'이나 '중국식 현대화(中國式現代化, Chinese-style modernization)'가 실제로 있다면, 그것은 정치적으로는 의법치국 방침(즉, 정치 제도화 우선)을 주요 내용으로 하고, 경제적으로는 사회주의 시장경제론을 주요 내용으로 하는 사회주의 개혁 프로그램이라고 말할 수 있다.

그런데 이런 중국 모델이나 중국식 현대화도 결코 '중국만의 고유한 그 무엇'은 아니다. 그것은 일본·한국·대만·싱가포르·홍콩이 1950년대부터 1980년대까지 경험한 동아시아 발전국가(East Asian developmental state) 모델이 사회주의 중국에 적용된 것일 뿐이다. 즉 중국 모델이나 중국식 현대화는 동아시아 발전국가 모델의 사회주의적 변종(socialist version)이다. 미래에도 중국은 계속 이를 선전하고, 실제로 이 길을 걸으려고 노력할 것이다. 그러나 그것이 언제까지 지속될 수 있는 것은 아니다. 중국은 싱가포르나 홍콩이 아니기 때문이다.

따라서 중국 앞에는 두 가지 선택지 중에 하나를 골라야 하는 어려운 과제가 놓여 있다. 하나는 한국이나 대만처럼 정치 제도화를 달성한 이후에 정치 민주화로 나아가는 길이다. 그러나 중국의 방대한 영토와 인구 규모, 한족과 소수민족의 다민족 사회, 혼란의 역사 경험과 질서 지향의 정치문화를 고려할 때, 중국이 이 길을 선택하기는 쉽지 않고, 설사 선택한다고 해도 성공한다는 보장도 없다. 다른 하나는 현 체제를 고수하면서 '시장경제 + 권위주의'의 어정쩡한 체제를 지속하는 길이다. 중국이 이 길을 가면 정치적 안정은 유지할 수 있지만, 국민의 정치 권리와 참여는 여전히 보장되지 않고, 여러 가지의 정치·경제·사회·환경 문제가 계속 발생할 수 있다. 중국이 어느 길을 갈지 선택은 오롯이 중국 인민의 몫이다.

KI신서 13730

한 권으로 읽는 중국의 통치 체제
중국은 어떻게 작동하는가

1판 1쇄 인쇄 2025년 8월 8일
1판 1쇄 발행 2025년 8월 20일

지은이 조영남
펴낸이 김영곤
펴낸곳 (주)북이십일 21세기북스

인문기획팀 팀장 양으녕 **책임편집** 이정미 **마케팅** 김주현
표지 디자인 THIS-COVER **본문 디자인** 푸른나무디자인
영업팀 정지은 한충희 장철용 강경남 황성진 김도연 이민재
제작팀 이영민 권경민

출판등록 2000년 5월 6일 제406-2003-061호
주소 (10881) 경기도 파주시 회동길 201(문발동)
대표전화 031-955-2100 **팩스** 031-955-2151 **이메일** book21@book21.co.kr

© 조영남, 2025
ISBN 979-11-7357-440-5 (93340)

(주)북이십일 경계를 허무는 콘텐츠 리더

21세기북스 채널에서 도서 정보와 다양한 영상자료, 이벤트를 만나세요!
페이스북 facebook.com/jiinpill21 **포스트** post.naver.com/21c_editors
인스타그램 instagram.com/jiinpill21 **홈페이지** www.book21.com
유튜브 youtube.com/book21pub

당신의 일상을 빛내줄 **탐**나는 **탐**구 생활 〈탐탐〉
21세기북스 채널에서 취미생활자들을 위한 유익한 정보를 만나보세요!

· 책값은 뒤표지에 있습니다.
· 이 책 내용의 일부 또는 전부를 재사용하려면 반드시 (주)북이십일의 동의를 얻어야 합니다.
· 잘못 만들어진 책은 구입하신 서점에서 교환해드립니다.